Christine Stelzer

Seenland

Mecklenburg-Vorpommern

Rund um Schwerin und die gesamte Seenplatte
Natur pur & Kultur, Schlösser, Kirchen, Kleinstadtflair

steffen verlag

1 Schwerin mit Sternberger Seenland und Güstrow

Karte siehe Seite 256

2 Im Südwesten, entlang der Elbe und am Schaalsee

Karte siehe Seite 258

3 Mecklenburgische Schweiz mit Kummerower See und oberem Peenetal

Karte siehe Seite 260

4 Zwischen Müritz und Plauer See

Karte siehe Seite 262

5 Feldberger Seenlandschaft und Neustrelitzer Kleinseenland

Karte siehe Seite 264

6 Um Neubrandenburgs Tollensesee und in den Brohmer Bergen

Karte siehe Seite 266

Service

Zur Autorin

Christine Stelzer ist im Osten Mecklenburgs und auf der vorpommerschen Insel Usedom zuhause. Nach Volontariat und Studium war sie langjährig im Tages- und Magazinjournalismus tätig und arbeitet jetzt als freie Autorin mit dem Schwerpunkt Reiseliteratur. Bisher erschienen von ihr im Steffen Verlag Reiseführer zu Mecklenburg-Vorpommern und Brandenburg, des Weiteren mehrere Titel über die Grenzregionen von Deutschland zu Polen beiderseits von Oder und Neiße sowie zu Polen und Tschechien im Dreiländereck. Kurz voraus ging dem vorliegenden Reiseführer zum Seenland Mecklenburg-Vorpommern einer zur Ostseeküste des Landes. Zudem brachte die Autorin gemeinsam mit dem Fotografen Bernd Lasdin die Bild-Text-Bände »doppelbett« und »Mein Neubrandenburg« auf den Markt.

Nutzer-Hinweise

Der Reiseführers gliedert das seenreiche Binnenland von Mecklenburg-Vorpommern in sechs Reise-Regionen. Den Anfang macht die Landeshauptstadt Schwerin mit ihrer Umgebung, es folgen weitere Regionen von der westlichen Landesgrenze bis hinter Neubrandenburg im Osten.
Die Karten im Umschlag geben vorn einen Überblick über die Reise-Regionen, hinten wird auf zehn besonders empfehlenswerte Sehenswürdigkeiten hingewiesen. Dazu stehen auf der vorderen Klappe die Kontaktdaten der Tourismusverbände in Mecklenburg-Vorpommern und auf der hinteren in gebotener Kürze Zahlen und Fakten über das Bundesland.
Im Anhang ist – nach Reise-Regionen und in ihnen alphabetisch geordnet – ein Überblick über dortigen Tourist-Informationen zu finden. Es folgen sechs Karten. Für jede Region steht eine detaillierte Karte zur Verfügung mit der Verortung der jeweiligen Sehenswürdigkeiten und diese versehen mit Nummern wie im Inhaltsverzeichnis und an den Texten. Eine kleine Chronik des Landes sowie etwas Plattdeutsch für Touristen komplettieren den Reiseführer. Ausführliche Orts-, Personen- und Sachregister zur schnellen Orientierung setzen den Schlusspunkt.
(Stand Frühjahr 2017)

Im Winter am Schweriner Schloss

Landeshauptstadt Schwerin mit Sternberger Seenland und Güstrow

Karte siehe Seite 256

Schwerin mit seinen nicht einmal 100 000 Einwohnern ist die kleinste Landeshauptstadt Deutschlands, dafür aber besonders schön – dank einer traumhaften Lage zwischen Seen und Wäldern, eines märchenhaften Schlosses und des Alten Gartens davor, des mächtigen Domes und der lebendigen Altstadt mit klassizistischen Prachtbauten und traditionellen Fachwerkhäusern. Vor den Toren der Stadt liegt östlich des Schweriner Sees das Sternberger Seenland mit über 100 Seen, malerischen Hügeln, ausgedehnten Wäldern und den Durchbruchstälern der Warnow. Besuchenswert sind hier unter anderem das Archäologische Freilichtmuseum Groß Raden, der Boitiner Steintanz unter alten Buchen sowie das Kloster Rühn. Die nahe Barlach-Stadt Güstrow lockt mit besonderen Sehenswürdigkeiten.

1 Mikelenburg – Wo die Wiege Mecklenburgs stand

DORF MECKLENBURG. Ein Findling mit der Aufschrift »Burg Meklenburg« im Dorf Mecklenburg nördlich von Schwerin lässt wissen: Hier ist die Wiege Mecklenburgs zu finden. Gründeten doch an dieser Stelle der Überlieferung nach Anfang des 7. Jahrhunderts n. u. Z. die elbslawischen Obodriten die Burg Wiligrad (Große Burg). Sie wurde zum Sitz des obodritischen Fürstengeschlechts der Nakoniden und von dem arabischen Chronisten Ibrahim ibn Jakub als »Nakons Burg« bezeichnet.

Findling auf dem alten Burgwall

Stammvater Niklot am Schloss

Im Jahr 995 unterzeichnete der deutsche König und spätere Kaiser Otto III. eine Urkunde, auf der die Anlage erstmals als »Mikelenburg« erwähnt wurde. Der Name übertrug sich auf das hier beheimatete Geschlecht der slawischen Fürsten sowie auf das von ihm beherrschte Gebiet und veränderte sich später zu Mecklenburg. Die aus diesem Stammesverband hervorgegangenen Obodriten/Haus Mecklenburg herrschten, beginnend mit ihrem Stammvater Niklot, bis 1918 ununterbrochen in Mecklenburg.
Die Burg wurde mehrfach zerstört und immer wieder aufgebaut, letztendlich zerfiel sie im 14. Jahrhundert. Aus der Siedlung der alten Vorburg entstand das Dorf Mecklenburg. Der Burghügel wurde nach ersten Vermessungen und Grabungen im 19. Jahrhundert zum Bodendenkmal, das Dorf legte 1870 im 1,4 Hektar großen geschützten Innenraum seinen Friedhof an. Auf dem noch gut erkennbaren Wall mit jeweils maximal 234 Metern Außenlänge, 185 Metern Außenbreite und 12,75 Metern Höhe steht heute der erwähnte Findling. Ein Modell der Burg, die einer ganzen Region ihren Namen gab, ist neben vielem anderen im Agrarmuseum des Kreises Nordwestmecklenburg im Dorf Mecklenburg zu sehen.

i Kreisagrarmuseum: Rambower Weg 8 a, 23972 Dorf Mecklenburg
Tel. 03841-79 00 20/79 65 10, www.kreisagrarmuseum.de
Öffnungszeiten: April bis Oktober täglich 10–16 Uhr,
November bis März Mo–Fr 10–16 Uhr

2 Schloss – Wahrzeichen, Landtagssitz, Museum

SCHWERIN. Große Attraktion der Landeshauptstadt Schwerin ist ihr prächtiges, von Türmen und anderen Aufbauten geschmücktes Schloss auf einer kleinen, grünen Insel im südlichen Schweriner See. Von seiner Fassade grüßt Obodritenfürst und Stammvater Niklot als monumentales Reiterstandbild. Hier residierten bis 1918 Herzöge und Großherzöge des Hauses Mecklenburg, heute ist dieses Märchenschloss viel besuchtes Wahrzeichen der Stadt und der unbestreitbar schönste Landtagssitz Deutschlands. Als eines der bedeutendsten Baudenkmale des Historismus in Deutschland und Europa wurde es zwischen 1845 und 1857, am Ort einer einstigen slawischen Burg stehend, unter Einbeziehung vorhandener Gebäude aus dem 16. und 17. Jahrhundert errichtet. Der Berliner Hofbaumeister Friedrich August Stüler und der Dresdner Architekt Gottfried Semper hinterließen hier Spuren. Vor allem jedoch prägten Schwerins Hofbaurat Georg Adolph Demmler (siehe S. 19) sowie der Baukondukteur (beamteter Bauingenieur) und Architekt Hermann

Umgeben von Gärten: Schwerins Schloss

Willebrand das Aussehen des Schlosses, als sie nach einer gemeinsamen Studienreise mit ihm ihr Hauptwerk im Stil der französischen Renaissance schufen. Beim Umrunden des Gebäudes werden seine vielen Gesichter an sechs unterschiedlichen Fassaden erkennbar, zugleich lassen sich der Burggarten im englischen Stil und der sich anschließende Schlossgarten nach französischem Vorbild entdecken. Um das Schloss und direkt am See hatten im 19. Jahrhundert die Großherzöge von Mecklenburg-Schwerin in ihren Grundzügen eine Kultur- und Parklandschaft

Blick in den Innenhof

Märchenschloss am Wasser

anlegen lassen. Heute laden hier auf 55 Hektar mehrere schöne Gärten nicht zuletzt dank der Bundesgartenschau 2009 zum Spazieren ein. Das Schloss wird auf vielfache Weise genutzt. Etwa die Hälfte der Gesamtfläche steht seit 1990 dem Landtag von Mecklenburg-Vorpommern zur Verfügung. Als Museum sind 30 der Wohn-, Gesellschafts- und Prunkräume auf drei Etagen zugänglich. So können der prachtvolle Thronsaal sowie die mit herzoglichen Porträts geschmückte Ahnengalerie, die Bibliothek und das Wohnzimmer der Großherzogin besichtigt werden. Es werden Gemälde, Skulpturen und Kunsthandwerk präsentiert, des Weiteren eine wertvolle Porzellansammlung unter anderem mit Stücken aus den Manufakturen von Meißen und Berlin. Im alten Festsaal mit schönen Renaissance-Gewölben, der sogenannten Hofdornitz, ist die fürstliche Waffensammlung und in einer Silberkammer Tafelgerät vom Feinsten zu sehen. Im Aufwartungsraum der Beletage kann man dem legendären Schlossgeist, dem zwergenhaften Petermännchen, begegnen, dessen Abbild mit hohem Hut, Halskrause und Stulpenstiefel im 17. Jahrhundert auf eine quadratische Holztür gemalt wurde. Über ihn, der zu Schwerins überall präsentem Maskottchen wurde, gibt es zahlreiche Sagen, so auch diese:

Das Petermännchen war ein verwunschener Prinz und Erbe des Reiches Mecklenburg, auf dem ein Fluch lastete. Er soll einen Priester getötet haben und musste deshalb bis zu seiner Erlösung in kleiner Gestalt leben. Schwerins Schlossgeist war den Fleißigen gegenüber gutmütig und dem Fürstenhaus treu. Es verteidigte die Schlossherren und wachte über die Pflichterfüllung der Diener. Meistens war das Petermännchen aber unsichtbar. Fanden im Schloss Festlichkeiten statt, ließ der Schlossherr immer ein Gedeck zu dessen Ehren auflegen – auch wenn es sich nicht zeigte.

Ein Restaurant-Café im ehemaligen Königssaal und das Orangerie-Café im Burggarten laden zum Verweilen ein. Veranstaltet werden Schlossfeste und Tage der offenen Tür im Landtag.

i Landtag Mecklenburg-Vorpommern: Lennéstraße 1, 19053 Schwerin
Tel. 0385-52 50, www.landtag-mv.de

i Schlossmuseum: Lennéstraße 1, 19053 Schwerin
Tel. 0385-5 25 29 20, www.museum-schwerin.de, www.schloss-schwerin.de
Öffnungszeiten: Mitte April bis Mitte Oktober Di–So 10–18 Uhr,
Mitte Oktober bis Mitte April Di–So 10–17 Uhr

3 Schlosskirche – Faszinierende Sterne auf blauem Grund

SCHWERIN. Viele Besucher warten an der Nordseite des Schweriner Schlosses vor dem Eingang zur Schlosskirche, wenn dort Führungen und Konzerte stattfinden. Von außen ist sie am Choranbau und dem seitlich stehenden Glockenturm zu erkennen. Diese Kirche gilt dank ihrer Architektur und ihrer künstlerischen Ausstattung als ein Kleinod. Auch ist sie Mecklenburgs erster protestantischer Kirchenbau, zwischen 1560 und 1563 auf Initiative von Johann Albrecht I., Herzog zu Mecklenburg, errichtet. Sie hatte sächsische Vorbilder – die Kirche des Schlosses Hartenfels in Torgau sowie die Schlosskapelle Dresden – und wurde nach den Vorstellungen des Reformators Martin Luther für Predigtgottesdienste gestaltet: rechteckiger Raum, eingeschossige Empore, die Kanzel in der Mitte. Damit gehört die Schweriner Schlosskirche zu den bedeutendsten reformatorischen Sakralbauten. Ihre Kanzel ist feinste sächsische Renaissance-Kunst, Alabasterreliefs stammen aus dem flandrischen Antwerpen. Im 19. Jahrhundert erhielt die Kapelle während des großen Schlossumbaus einen neogotischen Chor nach Entwürfen des Kölner Dombaumeisters Ernst Friedrich Zwirner mit farbigen Glasfenstern aus einer Schweriner Werkstatt. Das Netzgewölbe der Kirchendecke ziert seitdem auch eine faszinierende Sternendekoration auf blauem Grund. Sie kann dank der Spendenaktion »Kauf dir einen Stern vom Himmel«, bei der Tausende Sternpatenschaften übernommen wurden, in vollem Glanz erstrahlen.

i Schlosskirche: Lennéstraße 1, 19053 Schwerin
Tel. 0385-56 25 67, www.schlosskirche-schwerin.de
Führungen: Mi, Fr, Sa jeweils 14 Uhr, So nach dem Gottesdienst für Gottesdienstbesucher
Kirchenmusik: siehe Homepage und aktuelle Aushänge

In der Schlosskirche mit ihrer besonderen Sternendecke

Schweriner See

Die Landeshauptstadt liegt am mit einer Fläche von 61,54 Quadratkilometern zweitgrößten norddeutschen See nach der Müritz und viertgrößten Deutschlands. Um den knapp 25 Kilometer langen Schweriner See (Foto: Blick vom Schloss auf den See) gibt es viele kleine, als Urlaubsdomizile beliebte Ortschaften. Im See liegen drei Inseln: Lieps, Ziegelwerder und der von Ausflugsschiffen angesteuerte Kaninchenwerder mit einem Aussichtsturm. Der Schweriner See ist ein einzigartiges Eldorado für Segler und Surfer. Zahlreiche kleinere Seen wie der Ziegelsee und der Ostdorfer See sind zudem in und um Schwerin herum zu entdecken, die Stadt bietet viele schöne Wasserblicke zum Beispiel auf den Pfaffenteich mitten im Zentrum. Seinen Abfluss hat der Schweriner See durch Stör und Störkanal in die Elde. Eine der schönsten Radwanderrouten Mecklenburg-Vorpommerns, die Blaue Acht, führt über 63 Kilometer auf Radwegen und wenig befahrenen Straßen rund um den Schweriner Außen- und Innensee.

Top! 4 Galerie Alte & Neue Meister – Von Rembrandt bis Uecker

SCHWERIN. Den Alten Garten von Schwerin, einem der wenigen in Deutschland erhaltenen historischen Plätze, prägt – neben Schloss (siehe S. 12) und Theater (siehe S. 18) – das Staatliche Museum/ Galerie Alte & Neue Meister. Markante Merkmale: goldene Lettern, das Säulen-Portal und eine monumentale Treppe, davor das Standbild des 1842 verstorbenen Großherzogs Paul Friedrich, der ursprünglich hier einen Schlossneubau in Auftrag gegeben hatte. Architekt des stattdessen 1882 eingeweihten prächtigen Museums für die herzogliche Kunst- und Raritätensammlung war der Schweriner Architekt Hermann Willebrand; das Gebäude entsprach damals den höchsten technischen Anforderungen. Seit dem 18. Jahrhundert hatten Mecklenburgs Herzöge Kunstwerke von berühmten Malern zusammengetragen, und so verfügt das heutige Staatliche Museum/Galerie Alte & Neue Meister Schwerin als das größte Kunstmuseum des Landes über die in Deutschland bedeutendste und umfangreichste Sammlung niederländischer und flämischer Malerei des 17. und 18. Jahrhunderts. 550 Werke berühmter Künstler wie Rembrandt,

Das Staatliche Museum (re.) und das Mecklenburgische Staatstheater am Alten Garten

Rubens, Frans Hals und Jan Brueghel d. Ä. sind in einer einzigartigen Kollektion vereint. Das Museum beherbergt die in der Welt größte Sammlung des französischen Tiermalers Jean-Baptiste Oudry, so seine berühmte Nashorn-Dame Clara. Meisterwerke sowohl namhafter Künstler des 20. Jahrhunderts wie Max Liebermann, Lovis Corinth und Pablo Picasso als auch mecklenburgischer Landschaftsmaler sind zu sehen. Es folgen nach kunsthistorischen Maßstäben gesammelte DDR-Malerei, Sammlungen von Werken des französisch-deutschen Malers und Konzeptkünstlers Marcel Duchamp und des gebürtigen Mecklenburgers Günther Uecker, der als einer der bedeutendsten deutschen Nachkriegskünstler gilt. In einem modernen Erweiterungsbau wird auf 800 Quadratmetern

Werke Günther Ueckers im Erweiterungsbau: Leinentücher, Sandspirale und Nageltisch

großzügig zeitgenössische Kunst einschließlich einer Sammlung Neue Medien gezeigt. Höhepunkt für Galeriebesucher sind hier die von Günther Uecker speziell für Schwerin gestalteten 20 Leinentücher. Er hatte in seiner Jugend auf der Halbinsel Wustrow 1945 die Leichen einiger der beim Untergang der Cap Arcona ertrunkenen KZ-Häftlinge mit bloßen Händen verscharren müssen. Erlebte Gewalt zwischen Menschen … Ein Film über Uecker und seine Arbeit an den Wustrower Tüchern stellt Bezüge zu den Flüchtlingsdramen der Gegenwart her.

i Staatliches Museum/Galerie Alte & Neue Meister:
Alter Garten 3, 19055 Schwerin
Tel. 0385-5 95 81 00, www.museum-schwerin.de
Öffnungszeiten: Mitte April bis Mitte Oktober Di–So 11–18 Uhr,
Mitte Oktober bis Mitte April Di–So 11–17 Uhr

5 Staatstheater – Ort anspruchsvoller Traditionen

SCHWERIN. Das Mecklenburgische Staatstheater am Alten Garten von Schwerin ist einer der ältesten Theaterstandorte Deutschlands und ein traditionsreiches Haus. Seine Entstehungsgeschichte beginnt im Jahr 1563, als mit David Köler der erste Hofkapellmeister berufen wurde und den Auftrag erhielt, eine Hofkapelle zu gründen. Die damals gegründete Kapelle ist der Vorläufer der heutigen Mecklenburgischen Staatskapelle Schwerin, die zu den drei ältesten Orchestern in Deutschland zählt. Fast 200 Jahre später, im Jahr 1753, erhielt Schwerin die erste deutsche Theaterakademie, an der Schauspieler ihr Handwerk lernen konnten und mit der die Stadt neben Hamburg zur Entwicklung des deutschen

Das Mecklenburgische Staatstheater am Alten Garten

Conrad Ekhof, Vater der deutschen Schauspielkunst

Nationaltheaters beitrug. Es war eine Gründung des Lessing-Freundes Conrad Ekhof, des sogenannten Vaters der deutschen Schauspielkunst. Aufführungen von Werken Richard Wagners im 19. Jahrhundert brachten Schwerin den ehrenvollen Beinamen »Bayreuth des Nordens« ein. Die mecklenburgische Residenzstadt galt ab Mitte des 19. Jahrhunderts als ein Zentrum der deutschen Theater- und Musikkultur. In den 70er und 80er Jahren des 20. Jahrhunderts sorgten Christoph Schroths Schauspiel-Inszenierungen, vor allem sein »Faust«, im Osten und im Westen Deutschlands für Furore.

Das Mehrsparten-Haus erweist sich in der Gegenwart seiner langen Geschichte nicht nur mit zahlreichen Neuinszenierungen würdig, sondern ist über die Grenzen Mecklenburg-Vorpommerns hinaus bekannt für Schlossfestspiele, die seit 1993 jährlich in den Sommermonaten auf dem Alten Garten stattfinden und großes Musiktheater unter freiem Himmel bieten. Aufführungen von Verdi-Opern erreichten Zuschauerrekorde. Gemeinsam mit dem Schloss und dem Staatlichen Museum bildet das repräsentative Theatergebäude, von Baumeister Georg Daniel zwischen 1882 und 1886 im Stil der italienischen Renaissance geschaffen, eine stimmungsvolle Kulisse.

i Mecklenburgisches Staatstheater: Alter Garten 2, 19055 Schwerin
Ticket-Tel. 0385-5 30 01 23, www.theater-schwerin.de

6 Alter Friedhof – 300 Grabmäler unter Denkmalschutz

SCHWERIN. Verschlungene Wege, alte Bäume und Lichtungen sowie interessante Grabstätten machen einen der ältesten Landschaftsfriedhöfe Norddeutschlands zu einem besuchenswerten Ort in der Landeshauptstadt. Das etwa 28 Hektar große Areal des Alten Friedhofs auf dem hügeligen Gelände am Galgenberg hatte Schwerins bekanntester Architekt und Schinkel-Schüler Georg Adolph Demmler ausgewählt. Die im 19. Jahrhundert wachsende Stadt brauchte einen neuen Gottesacker, der einen parkähnlichen Charakter haben sollte.

Georg Adolph Demmler

Der für damalige Zeiten unbequeme politische Ansichten vertretende Demmler regte vergeblich an, die Toten nach der Reihenfolge ihres Ablebens und nicht nach gesellschaftlichem Rang zu bestatten. Den parkähnlichen Friedhof auf dem hügeligen Gelände des Galgenbergs plante der Großherzogliche Gartendirektor Theodor Klett.

Die Demmlersche Grabkapelle auf dem Alten Friedhof

Demmler und seine Frau wurden auf diesem Schweriner Friedhof beigesetzt. Die Demmlersche Familiengrablege ist die prominenteste von 300 unter Denkmalschutz stehenden Grabmälern und stellt zugleich eine ungewöhnliche Besonderheit dar. Das in Sandstein eingefasste tempelartige Gebäude mit seinen zahlreichen schmückenden Elementen gilt als perfekt gelungenes Symbol der Freimaurerei. Schon in jungen Jahren hatte Demmler, dessen Werte Wahrheit, Freiheit und Recht waren, einer Schweriner Freimaurerloge angehört und bekannte sich mit dieser Grabkapelle dazu. Ein Verein engagiert sich für die Pflege der Grabstätten und ihren Erhalt.

i Förderverein Alter Friedhof: Obotritenring 245, 19053 Schwerin
Tel. 0385-7 60 79 35, www.alterfriedhofschwerin.de

7 Dom – Gewaltig und mit Mecklenburgs höchstem Kirchturm

SCHWERIN. Wer einen besonders schönen Blick auf Schwerin und seine Seen haben möchte, sollte bis zu einem Umgang in 50 Meter Höhe über 220 Stufen auf den mit 117,5 Metern höchsten Kirchturm Mecklenburgs steigen. Er gehört zum alles überragenden Dom in der Innenstadt, Hauptkirche der Evangelisch-Lutherischen Landeskirche Mecklenburg-Vorpommern.

Vorgängerin des Doms war eine kleinere romanische Kathedrale. Sie zählte mit denen von Lübeck und Ratzeburg zu den Löwendomen, die Heinrich der Löwe gestiftet hatte. Der 1248 geweihte Dom in Schwerin

Der Schweriner Dom vom Pfaffenteich aus

wurde dank einer Reliquie, eines von einem Kreuzzug mitgebrachten angeblichen Blutstropfens von Jesus Christus, bald ein bedeutender Wallfahrtsort und zu klein. Die vielen Pilger spendeten reichlich. Zudem sah man sich zu den großen Kirchen der reichen Hanse-Städte an der Küste in Konkurrenz. Das alles führte dazu, dass zwischen 1270 und 1426 ein neues Gotteshaus gebaut wurde: eine gewaltige gotische Backstein-Basilika, dreischiffig, 105 Meter lang, mit einer Gewölbehöhe von 26,5 Metern und heute das einzige verbliebene mittelalterliche Gebäude von Schwerin. Von der Vorgängerkirche blieb nur das romanische Turmsüdportal, die Paradiespforte, erhalten. Erst Ende des 19. Jahrhunderts wurde der neugotische Turm mit seiner Aussichtsplattform errichtet. Zur wertvollen Innenausstattung des Doms gehören ein gotischer Kreuzaltar von 1495, ein Bronze-Taufbecken von 1325 und eine Ladegast-Orgel mit 5200 Zinnpfeifen von 1871. Auf dieser Orgel geben Organisten aus aller Welt zahlreiche Konzerte. Eine besondere Geschichte hat das Triumphkreuz von 1420, das aus der in einer Bombennacht im April 1945 zerstörten Wismarer Marienkirche stammt. Es gelangte 1989 stark verschmutzt in den Schweriner Dom. Das Kreuz, seine Christusfigur und auch die beiden Assistenzfiguren Maria und Johannes konnten dank vieler Spenden restauriert werden.

i Dom St. Marien und St. Johannis: Am Dom 4, 19055 Schwerin
Tel. 0385-56 50 14, www.dom-schwerin.de
Öffnungszeiten: täglich, siehe Homepage oder Schaukasten
Turmbesteigung während der Öffnungszeiten

8 Schelfstadt – Flanieren in Straßen mit Flair

SCHWERIN. Bald hätte es die Schelfstadt nördlich des Schweriner Marktes nicht mehr gegeben. Viele Fachwerkgebäude und Bauten aus mehreren Epochen waren Ende der 1980er Jahre marode. Heute ist es ein Vergnügen, durch die geretteten Häuserzeilen der einst Neustadt auf der Schelfe genannten Gegend mit ihrem ganz eigenen Flair zu spazieren. Der Name Schelfstadt soll vom Schilf an den Ufern der angrenzenden Seen herrühren. Kleine außergewöhnliche Läden und Ateliers, originelle Cafés und Restaurants oder einfach nur optischer Genuss dank liebevoller Sanierung erwarten den Flaneur zwischen Ziegelsee und Ziegenmarkt. In der Puschkinstraße ist kurz hintereinander einiges Sehenswerte zu entdecken.

Weinhaus F. A. Wöhler: An der Ecke Fischerstraße hinter dem Markt bildet das Weinhaus F. A. Wöhler einen besonderen Blickfang. Es ist eines der ältesten Restaurants Schwerins und auch Hotel. Friedrich Albrecht Wöhler hatte im Jahre 1819 hier eine Weingroßhandlung gegründet, zu der später Gasträume und Weinstuben entstanden. Ein Wöhler avancierte zu Beginn des 20. Jahrhunderts zum königlichen Hoflieferanten. In den 1920er Jahren ließ die Familie die auffallend schöne Schmuckfassade des Hauses restaurieren.

Schleswig-Holstein-Haus: Das zum Teil aus der Mitte des 18. Jahrhunderts stammende heutige Schleswig-Holstein-Haus wenige hundert

Plastiken am Eingang zur Schelfstadt

Turm der barocken Schelfkirche

Das traditionsreiche Weinhaus Wöhler

In der Münzstraße

Meter weiter wurde nach 1990 von den Länder Schleswig-Holstein und Mecklenburg-Vorpommern gemeinsam saniert. Es dient als Kulturforum für Ausstellungen, Lesungen und kleine Konzerte.
Schelfkirche mit Fürstengruft: Nahe des Schelfmarktes steht eine der wenigen barocken Backstein-Kirchen Norddeutschlands und der erste große nachreformatorische Kirchenbau Mecklenburgs. Das Gotteshaus wurde als Kirche St. Nikolai zwischen 1708 und 1713 errichtet, seine Gruft war bis 1813 Grablege für Angehörige des mecklenburgischen Fürstenhauses. Zwölf Erwachsene und fünf Kinder sind hier bestattet. Durch eine Glastür ist es möglich, in die Fürstengruft zu blicken.

i Weinhaus Wöhler: Puschkinstraße 26, 19055 Schwerin
Tel. 0385-55 58 30, www.weinhaus-woehler.de

i Kirche St. Nikolai/Schelfkirche: Puschkinstraße 3, 19055 Schwerin
www.schelfkirche.org
Öffnungszeiten: täglich 11–16 Uhr

i Kulturforum Schleswig-Holstein-Haus: Puschkinstraße 12, 19055 Schwerin
Tel. 0385- 55 55 27, www.schwerin.de/sh-haus
Öffnungszeiten: täglich 11–18 Uhr

9 Schleifmühle – Schauanlage zu alter Handwerkskunst

SCHWERIN. Am Abfluss des Faulen Sees im Stadtteil Ostorf, in der Nähe des Schlossgartens, dreht sich noch ab und zu an einer historischen Wassermühle ein unterschlächtiges Mühlrad mit einem Durchmesser von über vier Metern. Es gehört zu einer in Europa einzigartigen Schauanlage aus dem 18. Jahrhundert zur Bearbeitung großer Natursteine, nutzt das 1,7 Meter hohe Gefälle des Wassers zwischen Faulem und Schweriner See und bewegt Steinsäge und Schleiftisch im Inneren des Mühlengebäudes.

Ein technisches Kulturdenkmal – die Schleifmühle

In der vormaligen Loh-, dann Graupenmühle waren früher nur so nebenbei in einer kleinen Steinschleiferei hübsche Stücke aus Halbedelsteinen gefertigt worden. Das weckte herzogliche Begehrlichkeiten. Die Mühle wurde zu einer richtigen Steinschleiferei umgebaut, aus tonnenschweren Granitfindlingen entstanden nun dekorative Tischplatten, Kaminverkleidungen, Fenstersimse, Denkmalsockel und vieles andere. Auch stellten geschickte Steinschleifer Schmuck und Gebrauchsgegenstände aus Edelsteinen und heimischen Mineralien her. Der berühmte Bildhauer Christian Daniel Rauch adelte die Schweriner Schleifmühle Mitte des 19. Jahrhunderts mit der Bezeichnung »führende deutsche Granitschleife«. Damals arbeiteten hier erfahrene Handwerker unter der Aufsicht von Hofbaumeister Demmler für den Umbau des Schweriner Schlosses (siehe S. 12). Für sie gab es keine Arbeit mehr, als der Fürstensitz fertig war. Nachdem eine Wollspinnerei nur ein Intermezzo in den Räumlichkeiten gegeben hatte, blieb die Anlage ungenutzt und verfiel. Zwischen 1983 und 1985 wurde das technische Kulturdenkmal jedoch rekonstruiert und mit seiner historischen Steinbearbeitungstechnik zu einer inzwischen von einem Verein betriebenen Schauanlage. Bei Führungen demonstrieren Vereinsmitglieder die alte Handwerkskunst des Steinschneidens und -schleifens. Die Mühle ist auch Ort kultureller Veranstaltungen.

i Schleifmühle: Schleifmühlenweg 1, 19061 Schwerin
Tel. 0385-56 27 51, www.schleifmuehle.de
Öffnungszeiten: April bis November täglich 10–17 Uhr

⑩ Zoo – Spannende Erlebnisse in der Nashornsavanne

SCHWERIN. Im Süden der Landeshauptstadt, zwischen Schweriner und Faulem See, erwartet ein unbedingt besuchenswerter, täglich geöffneter Zoologischen Garten seine Besucher. Hier leben an die 1500 Tiere in 165 Arten. Die etwa 25 Hektar umfassende grüne Oase mit altem Baumbestand hat in ihrem Zentrum eine drei Hektar große Wasservogelanlage mit rosaroten Kuba-Flamingos und den bei Besuchern besonders beliebten Humboldt-Pinguinen sowie weiteren 50 Vogelarten. Um diese Vogelwiese entstanden seit Gründung des Zoos im Jahr 1956 naturnahe Anlagen mit viel Bewegungsfreiheit und auch Versteckmöglichkeiten für die Tiere, der Besucher gewinnt Einblicke in das Zusammenleben verschiedener Tierarten und ihre typischen Verhaltensweisen. So halten sich beispielsweise im Bärenwald Braunbär und Wolf in einem Areal auf. Ein besonderes Erlebnis ist die über 8000 Quadratmeter große Nashornsavanne, in der Breitmaulnashörner, Grevy-Zebras, Afrikanische Zwergziege und Helmperlhühner wie in Afrika zusammenleben. In direkter Nachbarschaft strecken Giraffen und Afrikanischen Strauße ihre langen Hälse über die Hecke. Das ist in Norddeutschland einzigartig. Im tropisch warmen Humboldthaus erwartet

Am Eingang

Breitmaulnashörner in ihrer Savanne

Wilder Amurtiger

Ein Humboldt-Pinguin

den Besucher eine illustre Wohngemeinschaft von Faultier, Ameisenbär, Totenkopfaffen sowie Reptilien und Amphibien. Eine Besonderheit des Zoologischen Gartens Schwerin: Er profiliert sich als Artenschutz-Zoo und beteiligt sich am Europäischen Erhaltungszuchtprogramm (EEP) unter anderem für Breitmaulnashörner, Amurtiger, Giraffen und für weitere elf Tierarten.

Besucher können bei der Fütterung von Bären, Pinguinen, Pelikanen und anderen Tieren den Tierpflegern über die Schulter schauen oder auch an Abendsafaris teilnehmen. Ein Baumhaus, inszeniert wie eine

Baumhaus zum Übernachten

Freundlicher Roter Panda

Hütte des berühmten Naturforschers Alexander von Humboldt, lädt ein zum Übernachten mitten in der Außenanlage der Halsbandpekaris, Nasenbären und Rückenstreifen-Kapuziner.

i Zoologischer Garten Schwerin: An der Crivitzer Chaussee, 19061 Schwerin
Tel. 0385-39 55 10, www.zoo-schwerin.de
Öffnungszeiten: April bis Mitte Oktober Mo–Fr 9–18 Uhr, Sa/So und Feiertag 9–19 Uhr; Mitte Oktober bis Ende Oktober Mo–Fr 9–17 Uhr, Sa/So und Feiertag 9–18 Uhr; November bis Januar täglich 10–16 Uhr; Februar/März täglich 10–17 Uhr

11 Volkskunde – Von Uromas Wäsche bis zu Lehrers Garten

SCHWERIN. Im schon ländlichen Schweriner Ortsteil Mueß, einem ehemaligen Fischer- und Bauerndorf am Südufer des Schweriner Sees, zeigt ein Freilichtmuseum das Leben der Mecklenburger auf dem Lande vom 17. bis zu Beginn des 20. Jahrhunderts. Es ist Volkskunde zum Anfassen. Und sei es nur die Wäsche auf der Leine im Museumshof.
Der mecklenburgische Volkskundler Richard Wossidlo hatte einst mit seinen umfangreichen Forschungen die Grundlagen für ein derartiges Museum geschaffen. Auf 3,5 Hektar stehen 17 Gebäude einer historischen Dorfanlage. Besichtigt werden können unter anderem ein großes niederdeutsches Hallenhaus, eine Büdnerei, eine Hirtenkate …
In einer alten Schmiede wird mittwochs immer noch das Schmiedefeuer angeheizt. In einer Dorfschule von 1836 fesselt vor allem junge Besucher der original eingerichtete Klassenraum mit knarrenden Schulbänken, Tafel und hölzerner Rechenmaschine. Hinterfragt werden hier der Rohrstock des Lehrers und die Holzpantinen der Kinder auf dem Lande. Im

Wenn Waschtag war …

Viel Interessantes vor allem für junge Besucher

Blick in eine alte Dorfschule

Dorfschullehrergarten aus dem 19. Jahrhundert wachsen 60 unterschiedliche Gemüsesorten aus dieser Zeit. Eine Dauerausstellung zur Geschichte der Binnenfischerei auf dem Schweriner See zeigt Netze und anderes Fischereigerät, Seekarten und Fotos. Das Volkskundemuseum von Mueß betreibt lebendige Traditionspflege, veranstaltet Musik- und Tanzveranstaltungen, auch Handwerkermärkte, Kinderfeste und Theatervorführungen.

i Mecklenburgisches Volkskundemuseum, Freilichtmuseum:
Alte Crivitzer Landstraße 13, 19063 Schwerin OT Mueß
Tel. 0385-20 84 10, www.schwerin.de/freilichtmuseum
Öffnungszeiten: April bis September Di–So 10–18 Uhr,
Oktober Di–So 10–17 Uhr

Sternberger Seenland

Wälder, Seen und der zweitlängste Fluss Mecklenburgs, die Warnow (155 km), prägen das Sternberger Seenland. Der nordöstlich von Schwerin liegende, 2005 gegründete und damit jüngste deutsche Naturpark mit seinem Informationszentrum in Warin hat eine Fläche von 540 Quadratkilometern und umfasst eine idyllische Endmoränenlandschaft mit über 100 sauberen Seen rund um die Orte Neukloster, Warin und Sternberg sowie die Mittlere Warnow mit ihren tief eingeschnittenen Durchbruchstälern. Die größten Seen sind der große Wariner See, der Groß Labenzer See und der Sternberger See. In der wasserreichen Region fühlen sich Biber, Bachforelle, Seeadler und Fischotter wohl. Die Sternberger Seenlandschaft gilt als Paradies für Paddler und Kanuten, hier kann geradelt und gewandert werden.

i www.naturpark-sternberger-seenland.de

⑫ Stadtkirche – Walcker-Orgel, Reformation und Sündenfall

STERNBERG. Die anmutige Kleinstadt Sternberg mit mittelalterlicher Wallanlage und Stadtbefestigung, gelegen nordöstlich von Schwerin, wird weithin sichtbar überragt von der wuchtigen »Glucke«. So nennen die Sternberger ihre dreischiffige Hallenkirche St. Maria und St. Nikolaus, ein frühgotisches Backstein-Gotteshaus von Anfang des 14. Jahrhunderts mit quadratischem Westturm. Sein Markenzeichen ist eine ganz besondere Orgel. In den Sommermonaten erklingt bei Konzerten im riesigen Kirchenraum eine romantische Walcker-Orgel von 1895 – eine der wenigen noch vorhandenen und von europäischer Bedeutung. Hier kann der Besucher zudem mecklenburgischer Landesgeschichte nachspüren. In der Turmhalle empfängt ihn ein großes Fresko des Malchiner Malers Fritz Greve (siehe S. 134) aus dem Jahr 1896. Es stellt ein markantes Ereignis dar. Am 20. Juni 1549 beschloss in der Nähe von Sternberg, an der Sagsdorfer Brücke über die Warnow, der mecklenburgische Landtag auf einem außerordentlichen Treffen die Annahme der Reformation für ganz Mecklenburg, das daraufhin ein evangelisches

Fresko zum Sternberger Landtag

Am Markt von Sternberg

Gedenkstein an der Sagsdorfer Brücke

Mecklenburgs letzte Walcker-Orgel

Wieland Schmiedel: Stigma, 2007

Herzogtum wurde. Ein Gedenkstein an dieser Brücke erinnert heute noch daran. Schon seit 1275 hatten sich hier die mecklenburgischen Herrscher und Stände – Ritter, Geistliche, Bürgermeister – getroffen, um über Steuern und Gesetze, Privilegien und Kriegszüge zu beraten. Bis 1918 war dann Sternberg, neben Malchin, einer der Tagungsorte des Landtags und in der großen Stadtkirche fand jeweils die Eröffnung statt. Ein entsetzliches Ereignis hingegen hält in einer Seitenkapelle ein weiteres Kunstwerk, die Plastik Stigma des Bildhauers Wieland Schmiedel, in Erinnerung: Im Jahr 1492 war es in Sternberg zu einem Judenpogrom gekommen, 27 Juden wurden verbrannt; dem folgte die erbarmungslose Verbannung aller Juden aus Mecklenburg. Den Sternberger Juden war vorgeworfen worden, sich Hostien, »den Leib Christi«, beschafft und mit Nadeln durchstochen zu haben. Behauptet wurde danach, das dabei angeblich hervorgetretene Blut hätte den Hostien wundertätige Kraft verliehen. Sternberg wurde daraufhin ein florierender Wallfahrtsort mit einer der Kirche schnell angebauten »Heiligblutkapelle«. Pilger aus ganz Europa kamen scharenweise und brachten viel Geld in die Stadt. Die Kapelle ist heute ein Ort der eindringlichen Mahnung zu Toleranz.

Der 66 Meter hohe Turm der Kirche kann über 189 Stufen erklommen werden und bietet von seiner Plattform unter der barocken Haube eine wundervolle Aussicht auf das Sternberger Seenland.

i Kirche St. Maria und St. Nikolaus: Mühlenstraße 4, 19406 Sternberg
Tel. 03847-29 19, www.kirche-mv.de
Öffnungszeiten: Mai bis September Mo–Sa 10–12 Uhr und 14–17 Uhr

⑬ Sternberger Kuchen – Etwas Besonderes, aber ungenießbar

STERNBERG. Attraktion des Heimatmuseums von Sternberg ist ein großes Stück Sternberger Kuchen. An diesem Brocken würde man sich jedoch die Zähne ausbeißen, denn es handelt sich um ein fossilienreiches Gestein, das als geologische Besonderheit Mecklenburgs gilt, 28 Millionen Jahre alt ist und durch die Eiszeit und Gletschertransporte an die Oberfläche gelangte. Es kommt vor allem in der Gegend um die Kleinstadt vor. Das gesamte Fundgebiet erstreckt sich jedoch bis zum Elbe-Lübeck-Kanal in Schleswig-Holstein. Hier gingen und gehen Mineralien- und Fossiliensammler auf Suche nach dem hellbraunen bis dunkelbraunen Gestein. Anfang des 18. Jahrhunderts hatte ein Forscher erstmals dieses Geschiebe als Sternberger Gestein erwähnt und es gab zahlreiche Publikationen dazu. Wegen der Färbung und gut sichtbarer Fossilien – so Schnecken, Muscheln, Seeigel, Zähne und Wirbel von Haien, Fische und Korallen – machte der Volksmund daraus den Sternberger Kuchen.
Die umfangreichsten Sammlungen zu den in der Regel walnuss- bis kindskopfgroßen Geröllen sind privat, doch das bislang größte gefundene

Heimatmuseum Sternberg

Einschluss: eine große Schnecke

Das größte Stück Sternberger Kuchen

Stück dieses Gesteins kann das Heimatmuseum Sternberg zeigen. Es ist ein Exemplar von 110 x 80 x 25 Zentimeter und wiegt beachtliche 400 Kilogramm. Geborgen wurde es in einer Sandgrube bei Penzin im Landkreis Rostock. Sichtbar eingeschlossen sind Muscheln und auch eine große Schnecke – die Pleurotoma regularis.

i Heimatmuseum: Mühlenstraße 6, 19406 Sternberg
Tel. 03847-21 62, www.heimatmuseum.stadt-sternberg.de
Öffnungszeiten: April bis Juni Di und Do 10–15 Uhr,
Juli bis Oktober Di–Do 10–15 Uhr und So 14–16 Uhr
(auf Anfrage Tel. 0163-7 19 63 26 oder 0176-45 95 22 38)
Gruppenführungen jederzeit nach telefonischer Anmeldung

⑭ Kutschenparade – Rückblick auf eine Zeit ohne Autos

KOBROW. Kutsche ist nicht gleich Kutsche. Spätestens nach dem Besuch des Mecklenburgischen Kutschenmuseum in Kobrow südlich von Sternberg weiß der im Auto-Zeitalter groß gewordene Besucher: Es gibt Kutschen für die Stadt, Reisekutschen, Sportkutschen, Wirtschaftskutschen, Postkutschen, Jagdkutschen, Kinderkutschen … Über 200 davon, dazu Fuhrwerke und Schlitten aus der Zeit von 1800 bis 1950 füllen eine Hallenfläche von über 3000 Quadratmetern. Es ist eine der größten derartigen privaten Sammlungen in Deutschland. Ergänzt wird die beeindruckende Kutschenparade von stilvollen Reiseaccessoires und auch Pferdegeschirren, denn ohne Pferde wäre beispielsweise kein Postillion

Kutschen für eine längere Reise

Pferdegeschirre

Postkutsche aus Kaiser-Zeiten

mit seiner gelben Kutsche vorangekommen, hätten sich die Damen und Herren der feinen Gesellschaft von ihren Kutschern nicht ausfahren lassen können. Bedacht werden in der großzügigen Ausstellung auch die, die mit handwerklichem Können dafür sorgten, dass das möglich war. Zu sehen sind Zeugnisse der Arbeit von Stellmachern und Sattlern, von Schmieden und Radmachern. Eine nahezu überwältigende Fülle an Exponaten kann betrachtet werden. Das Museumscafé bietet Erholung davon.

i Mecklenburgisches Kutschenmuseum: Dorfstraße 11, 19406 Kobrow
Tel. 03847-43 57 37, www.kutschenmuseum-mv.de
Öffnungszeiten: April bis Oktober Di–So 10–17 Uhr,
November bis März: nur Gruppen bei Voranmeldung

Top! ⑮ Warnow-Durchbruchstal – Wandern am wilden Wasser

GROSS GÖRNOW. Ein Naturareal von urwüchsiger Schönheit nördlich von Sternberg, das Warnow-Durchbruchstal, gehört zu den beliebtesten Ausflugszielen im Binnenland von Mecklenburg-Vorpommern. Im größten Durchbruchstal im Norden hat sich die Warnow, der zweitlängste Fluss des Landes (155 km), in eine eiszeitliche Moräne ein bis zu 40 Meter tiefes Bett mit steilen Ufern gegraben. Eine vielfältige Fauna und Flora konnte sich entwickeln, so sind hier Fischotter, Biber, Seeadler, Kormoran, Graureiher und Eisvogel zu entdecken. Seit 1965 steht dieses Gebiet unter Naturschutz. Es kann zu Fuß oder per Boot erobert werden.

Das Gutsdorf Groß Görnow ist Ausgangspunkt einer vier Kilometer langen Wanderung durch eine herrliche Landschaftskulisse. Vom Parkplatz am Naturschutzgebiet führt der Weg hinab zur Warnow und einige hundert Meter an ihr entlang bis zu einer langen Holzbrücke, die einen schönen Blick auf den Fluss und seine Uferzone gestattet. Hier beginnt über einen schmalen Pfad der Aufstieg zu den Resten einer alten Slawen-

Holzbrücke über die Warnow in ihrem Durchbruchstal

burg, die noch viel größer gewesen sein soll als die im nahe gelegenen Groß Raden (siehe unten), und eine weitere bei Sternberg. Parallel zum Fluss geht es nun in bis zu 30 Metern Höhe durch Mischwald mit Weißbuchen hin zu einer Schafkoppel, dann über Feucht- und Naturwiesen zurück in den Wald. Bei Klein Raden ist eine Brücke zu überqueren, um am anderen Flussufer den Rückweg nach Groß Görnow anzutreten. Die Warnow hat jetzt einen wildwasserartigen Verlauf, gewandert wird neben dem Fluss in einem engen Tal mit steil aufragenden Ufern. Viele Findlinge, Spuren der letzten Eiszeit, sind unterwegs zu entdecken.
Eine sehr beliebte Variante zur Erkundung des Tals sind Kajak- und Kanufahrten. Dieses Wildwasser-Abenteuer wird von mehreren Verleihern angeboten.

16 Freilichtmuseum – Authentischer Tempelort der Warnower

GROSS RADEN. Eine uralte Slawensiedlung in der Nähe von Sternberg gilt als besondere Sehenswürdigkeit. In Groß Raden am Sternberger See, wo im 10. Jahrhundert das Heiligtum des Stammes der Warnower lag, kann heute das größte Archäologische Freilichtmuseum Mecklenburg-Vorpommerns besucht werden. Zwischen 1973 und 1980 hatten hier umfangreiche Grabungen stattgefunden, die dank des hohen Wasserspiegels gut erhaltene Reste von Wohngebäuden, eines Tempels und eines großen Ringwalls zutage brachten. Aus der Größe der Burg schlossen die Wissenschaftler, dass Groß Raden ein zentraler Tempelort gewesen war. Nach Rekonstruktion des Geländes errichtete man auf der idyllischen

Die nachgebaute Slawensiedlung von Groß Raden

Halbinsel eine frühmittelalterliche Siedlung als Museum – originalgetreu mit Burgwall, Bohlenweg und Brücke, mit Kultstätte und Flechtwandhütten. Besucher bewundern hier, wie die Menschen in dieser Zeit mit ihren bescheidenen Mitteln den Ringwall aus Eichenholz bauten und mit Sand und Steinen befestigten. Sie erleben an einem einzigartigen historischen Schauplatz, wie dort vormals geschmiedet, getöpfert und Brot gebacken wurde. Es kann auch selbst gewebt, geflochten oder gefilzt werden. Auf dem Freigelände gibt es vielfältige Veranstaltungen wie historische Spiele und Wettkämpfe sowie Mittelaltermärkte. Im modernen Museumsgebäude sind zahlreiche kostbare Funde aus der Slawenzeit, beispielsweise Silberschätze von Anklam und Schwaan, zu betrachten.

i Archäologisches Freilichtmuseum: Kastanienallee, 19406 Groß Raden
Tel. 03847-22 52, www.freilichtmuseum-gross-raden.de
Öffnungszeiten: April bis Oktober Mo–So 10–17.30 Uhr,
November bis März Di–So 10–16.30 Uhr

Eingang zum Wall

Am Sternberger See

17 Kloster Rühn – Kunstschätze in der Backstein-Kirche

RÜHN. Das ehemalige Zisterzienserinnen-Kloster Rühn bei Bützow, ein gern besuchtes großes Anwesen, hat eine bewegte Geschichte und sich bis heute noch nicht davon erholt. Einst lebten hier um die 30 bis 40 Nonnen. Nach der Reformation wurde es ein evangelisches Frauenstift und die Frau von Herzog Ulrich von Mecklenburg-Güstrow, Elisabeth von Dänemark und Norwegen, gründete hier die erste Mädchenschule des Landes. Nach dem Dreißigjährigen Krieg folgte eine lange Blütezeit unter der ersten fürstlichen Regentin Sophie Agnes. Später dann waren die Gebäude unter anderem Sanatorium, Jugendwerkhof, auch Öl- und Senfmühle. Ein Verein müht sich seit einigen Jahren um den Erhalt der großen und von der Zeit gezeichneten Klosteranlage Rühn, es finden Märkte und Feste, Konzerte sowie Ausstellungen statt. In der gemütlichen Klosterschänke St. Benedict wird gern eingekehrt. Dort ist auch der schwere Schlüssel für die gotische Klosterkirche erhältlich. Die hohe einschiffige Saalkirche aus Backstein wurde zwischen 1250 und 1270 errichtet, ihr hölzerner Glockenturm ist nachreformatorisch. Nach der Reformation wurde auch der Innenraum umgestaltet. Hier ist vor allem der Altaraufsatz bemerkenswert: ein aufwendig saniertes Triptychon des Niederländers Cornelius Krommeny von 1587. Dargestellt sind in der Mitte das Heilige Abendmahl und auf den Flügeln Herzog Ulrich und seine Frau Elisabeth. Die Fürstenempore mit ihren wert-

Die alte Klosteranlage Rühn

Restaurierte Friese-Orgel

Zeichnung aus den 1930er Jahren

vollen Schnitzereien sowie die Bleiglasfenster stammen aus der gleichen Zeit. Im üppigen Barock gestaltet ist ein Prunkepitaph, das Grabmal für Herzogin Sophie Agnes. Die Friese-Orgel auf der Westempore aus dem Jahr 1870 ist nach umfangreicher Sanierung seit 1999 wieder bespielbar. Auffällig sind zahlreiche, in der zweiten Hälfte des 19. Jahrhunderts an die Wand gesetzte Grabsteine aus dem 14. bis 18. Jahrhundert.

i Kloster/Klosterkirche: Klosterhof, 18246 Rühn
Führungen: Klosterverein Rühn e. V., Tel. 038464-2 04 36,
www.klosterverein.de
Kirchenbesichtigung: Kirchengemeinde Baumgarten, Tel. 038462-2 22 23,
www.kirche-baumgarten.de

i Klosterschänke St. Benedict: Klosterhof, 18246 Rühn

Altaraufsatz mit Abendmahl, auf den Flügeln Herzog Ulrich und Gemahlin Elisabeth

⑱ Boitiner Steintanz – Bodendenkmal unter alten Buchen

TARNOW/BOITIN. Ein magischer Ort ist bei Bützow im dichten Buchenwald zwischen Tarnow, Boitin und Dreetz zu finden. Dort liegt, über Waldwege erreichbar, eine prähistorische Kult- und Begräbnisstätte. Sie gilt als ein in Mecklenburg-Vorpommern einmaliges Bodendenkmal mit vier Steinkreisen, drei sind nebeneinander angeordnet und ein vierter liegt etwa 150 Meter abseits. Ein Revierförster hatte im Jahr 1890 die Kreise rekonstruiert und die Steine in der heutigen Form aufgerichtet. Der Volksmund fand dafür den Namen »Steintanz«. Die Kreise bestehen aus insgesamt 30 etwa 1,6 Meter hohen Steinen, deren Alter auf 3000 bis 4000 Jahre geschätzt wird. Der auffälligste von ihnen ist der Hauptstein des größten Kreises, die sogenannte Brautlade mit 13 vermutlich durch spätere Sprengungen verursachten Löchern, von denen nur elf sichtbar sind. Zum »Steintanz« ist folgende Sage überliefert:

Im Dorf Dreetz feierte eine Hochzeitsgesellschaft. Einige Gäste wurden übermütig und kegelten mit Würsten, Brot und Kuchen. Ein alter Mann warnte sie, doch sie lachten ihn aus … und wurden zu Stein (Großer Steintanz). Auch der Brautschatz (Brautlade) versteinerte. Ein Schäfer mit Hund und Herde hatte alles nur beobachtet, wurde aber von dem Alten aufgefordert zu fliehen und sich nicht umzudrehen. Der Schäfer machte sich aus dem Staub, schaute jedoch neugierig zurück. Sofort wurden auch er, sein Hund und die Schafe zu Stein (Kleiner Steintanz). Aus dem zwölften Loch des größten Steins am Großen Steintanz, der geheimnisvollen Brautlade, soll am Johannistag (24. Juni) ein roter Faden hängen. Wer mutig ist und ihn um Mitternacht herauszieht, kann alle zu Stein Gewordenen erlösen und den in der Lade aufbewahrten Schatz behalten.

Steinkreise im tiefen Wald

Die geheimnisvolle Brautlade

⑲ Barlach-Orte – Gertrudenkapelle, Atelierhaus und Dom

GÜSTROW. Etwa 60 Kilometer nordöstlich von Schwerin liegt Güstrow, eine Stadt mit 29 000 Einwohnern, viel Charme und einst »Paris des Nordens« genannt. Vor allem aber ist Güstrow die Barlach-Stadt. Hier lebte der berühmte Bildhauer, Graphiker und Dramatiker Ernst Barlach seit 1910 bis kurz vor seinem Tod, die umliegende Landschaft nannte er sein »Wohnzimmer«. Werke des Künstlers sind in Güstrow an mehreren, viel besuchten Orten zu finden.

Ernst Barlach: Selbstporträt, 1928

Gertrudenkapelle: Nahe dem Stadtzentrum liegt die gotische Gertrudenkapelle, ein Gebäude, das Barlach besonders liebte und sich als Hülle für seine Werke vorstellte. 1953 als Gedenkstätte eröffnet, bewundern heute Besucher dort unter anderem Holzskulpturen wie den »Lesenden Klosterschüler«, den »Wanderer im Wind« und die »Mutter Erde«. Letztere ist als Kalkstein-Grabmal auch im Garten der Kapelle zu finden.

Gertrudenkapelle, im Innenraum: Mutter Erde

Atelierhaus und Ausstellungsforum mit Graphikkabinett: Am Güstrower Inselsee etwas außerhalb des Stadtzentrums steht Barlachs Atelierhaus. Am Heidberg arbeitete er an seinen Werken in einer Zeit, als ihn die politischen Verhältnisse bereits stark beeinflusst und isoliert hatten. Nach Barlachs Tod 1938 wurde hier sein Nachlass verwaltet. In dem seit 1977 als museale Einrichtung dienenden Atelierhaus sind Holzplastiken wie »Der Träumer« und die »Lachende Alte« sowie Gips-Modelle zum Magdeburger Ehrenmal zu sehen; Informationstafeln geben Auskunft zu seiner Biografie. Neben dem Atelierhaus am Heidberg konnte 1998

»Fries der Lauschenden« im Atelierhaus

zum 60. Todestag Barlachs das Ausstellungsforum eröffnet werden. Es war der erste Museumsneubau in Ostdeutschland nach der Wende, er dient der Bewahrung und Pflege der Bestände und ermöglicht weitere Ausstellungen.

Dom: Ein besonderer Anziehungspunkt für Güstrow-Besucher ist die Bronzeskulptur des »Schwebenden«. Das 1927 entstandene Ehrenmal für die Gefallenen des Ersten Weltkrieges kann in aller Stille und Würde im Dom von Güstrow betrachtet werden. Barlach äußerte dazu einmal: »Für mich hat während des Krieges die Zeit stillgestanden … Sie schwebte. Von diesem Gefühl wollte ich in dieser im Leeren schwebenden Schicksalsgestalt etwas wiedergeben.« Die Gesichtszüge des Schwebenden ähneln denen der Künstlerin Käthe Kollwitz, die einen Sohn im Ersten Weltkrieg verloren hatte. Da den Nazis die Kunst Ernst Barlachs als »entartet« galt, wurde der »Schwebende« 1937 aus dem Dom entfernt und 1941 eingeschmolzen. Freunde Barlachs ließen jedoch nach der Gussform heimlich

Barlachs »Schwebender« im Innenraum des Güstrower Doms

einen Zweitguss herstellen und verbargen diesen auf einem Bauernhof in der Lüneburger Heide. Später wurde die Gussform bei einem Bombenangriff in Berlin zerstört. 1950 kam der Zweitguss in eine Kölner Kirche und 1953 erhielt die Domgemeinde Güstrow einen Neuguss, dessen Gussform vom Zweitguss abgenommen worden war.
Den Güstrower Dom hatte 1226 Fürst Heinrich Borwin II. auf seinem Sterbebett gestiftet. Das Backstein-Gotteshaus wurde in Güstrows Residenzzeiten (siehe unten) im Jahr 1568 zur fürstlichen Hofkirche und birgt – neben dem »Schwebenden« – wertvolle Kunstschätze wie einen spätgotischen Flügelaltar und ein Herzog-Ulrich-Monument.

i Gertrudenkapelle: Gertrudenplatz 1,18273 Güstrow
Tel. 03843-68 30 01, www.ernst-barlach-stiftung.de
Öffnungszeiten: April bis Oktober Di–So 10–17 Uhr,
November bis März Di–So 11–16 Uhr

i Atelierhaus und Ausstellungsforum: Heidberg 15, 18273 Güstrow
Tel. 03843-84 40 00, www.ernst-barlach-stiftung.de
Öffnungszeiten: April bis Oktober Di–So 10–17 Uhr,
November bis März Di–So 11–16 Uhr

i Dom: Domplatz, 18273 Güstrow
Tel. 03834-68 24 33, www.dom-guestrow.de
Öffnungszeiten: Mitte Mai bis Mitte Oktober Mo–Sa 10 bis 17 Uhr,
So nach dem Gottesdienst bis 12 Uhr und 14–16 Uhr;
April bis Mitte Mai sowie Mitte Oktober bis Mitte November Di–Sa 10–12 Uhr und 14–16 Uhr, So nach dem Gottesdienst bis 12 Uhr und 14–16 Uhr;
Mitte November bis Ende März Di–Sa 11–12 Uhr und 14–15 Uhr,
So nach dem Gottesdienst bis 12 Uhr und 14–15 Uhr

20 Renaissance-Schloss – Eine Perle Norddeutschlands

GÜSTROW. Umgeben von einem Wasserlauf liegt an einem Südhang am Rande der Altstadt von Güstrow eines der schönsten und bedeutendsten Renaissance-Schlösser Norddeutschlands. Erbaut als Residenz für die Mecklenburger Herzöge im 16. Jahrhundert auf den Resten einer mittelalterlichen Burg, besitzt es einen für hiesige Gefilde ungewohnten südländischen Charme. Zu verdanken ist diese Anmutung Baumeister Franz Parr, einem Lombarden, der zeitgenössisches italienisches, französisches und deutsches Bauen im Süd- und Westflügel miteinander verband. Weitere Teile des Schlosses gestalteten dann auf schlichtere Weise die Niederländer Philipp Brandin und Claus Midow. Vollendet wurde Schloss Güstrow mit dem barocken Torhaus und der imposanten Schlossbrücke in einer dritten Bauphase durch den vermutlich aus Holland stammenden Hugenotten Charles Phillipe Dieussart. Die Her-

Güstrows Schmuckstück - das Schloss

züge von Mecklenburg-Güstrow regierten von hier aus bis 1695, zwischendurch agierte Wallenstein, der siegreiche kaiserliche Heerführer im Dreißigjährigen Krieg, von 1628 bis 1631 als Herzog Albrecht VIII.
Das Aussterben der mecklenburgischen Herzoglinie Ende des 17. Jahrhunderts und nachfolgende Nutzung blieben nicht ohne Folgen für Ausstattung und Bausubstanz. Umfangreiche Arbeiten zur Rekonstruktion und für eine museale Nutzung setzten 1963 ein. Auf vier Etagen lassen sich heute Kunst und Kunsthandwerk der Antike, eine Mittelaltersammlung sowie eine Jagd- und Prunkwaffensammlung betrachten. Werke von berühmten Vertretern der Renaissance-Malerei können bewundert werden, so von Lucas Cranach dem Jüngeren und Jacopo Tintoretto.
Vor allem beeindrucken die prächtigen Repräsentationsräume mit ihrer einzigartigen Deckengestaltung noch aus der Erbauungszeit, die zu den

Am Eingang zum Schloss

Decke im Eingangsbereich

bemerkenswertesten Deutschlands zählen, so die Jagdszenen im Festsaal. Außerhalb des Schlosses lädt das nach historischen Vorlagen rekonstruierte Renaissance-Gartenparterre mit Lavendelgarten, Laubengängen und Wasserläufen zum Spaziergang ein.

i Schloss: Franz-Parr-Platz 1, 18273 Güstrow
Tel. 03843-75 20, www.schloss-guestrow.de
Öffnungszeiten: Di–So 11–17 Uhr

21 Entdeckungen – Stadtgeschichte und berühmte Güstrower

GÜSTROW. Ein Besuch des Stadtmuseums in einem klassizistischen Bau in Schlossnähe wird zum Erlebnis dank ausgezeichneter Sammlungsbestände, moderner Ausstellungstechnik und nicht zuletzt eines Films über Güstrow und Europa. Auf zwei Etagen sind auf 500 Quadratmetern Ausstellungsfläche Geschichte, Kunst und Kultur der Stadt am Flüsschen Nebel dargestellt. Die Residenzgeschichte des 16. und 17. Jahrhunderts ist eine vorzügliche Ergänzung oder auch Vorbereitung für eine Schlossbesichtigung (siehe S. 41). Gewürdigt wird der erste gebürtige Güstrower von europäischer Bedeutung: Georg Friedrich Kersting, der neben Caspar David Friedrich und Philipp Otto Runge zu den bedeutendsten Künstlern der Romantik gehörte. Das Museum verfügt über eine hervorragende Sammlung von Gemälden und Zeichnungen Kerstings. Von ihm stammen zahlreiche Interieur-, Landschafts- und Historienbilder sowie Porträts. Zu sehen ist in Güstrow die erste Fassung seines berühmtesten Bildes »Die Stickerin« von 1881. Zudem werden Arbeiten Kerstings für die Porzellanmanufaktur Meißen und ein wertvolles Skizzenbuch mit über 40 Alltagsszenen präsentiert. Auch der in Güstrow geborene Maler, Kopist und Restaurator Otto Vermehren, der als erster deutscher Künstler ab 1900 in Florenz die Restaurierungswerkstätten der Uffizien

Am Stadtmuseum von Güstrow

Herzog Ulrich und Gemahlin Elisabeth

Eine nachgestaltetete alte Merian-Stadtansicht von Güstrow (1653) mit Schloss, Rathaus, Pfarrkirche und Dom

leitete, wird vorgestellt anhand mehrerer seiner Bilder. Der Besucher begegnet dem Güstrower Lehrer John Brinckman, einem der Begründer der niederdeutschen Literatur, und dem sogenannten Schriftsteller beider Deutschland Uwe Johnson, der in Güstrow sein Abitur ablegte. Der berühmte Ernst Barlach (siehe S. 39) hat auch hier einen würdigen Platz. Zur im Museum präsentierten Kulturgeschichte gehört die des nahen Ernst-Barlach-Theaters, das 1828 nach Plänen des Architekten Georg Adolf Demmler im klassizistischen Stil errichtet wurde und eines der ältesten erhaltenen Theaterbauten des Landes ist. Es war unter anderem Sprungbrett für den berühmten Schauspieler Hans Albers.

i Stadtmuseum: Franz-Parr-Platz 10, 18273 Güstrow
Tel. 03843-76 91 20, www.guestrow.de
Öffnungszeiten: Mai bis September Mo–Fr 9–19 Uhr, Sa 10–17 Uhr, So und Feiertag 11–17 Uhr;
Oktober bis April Mo–Fr 9–18 Uhr, Sa 10–16 Uhr, So und Feiertag 11–16 Uhr

Werke von Otto Vermehren im Treppenaufgang

Plastiken zu Brinkmans Werk »Voß un Swinägel« (Fuchs und Igel)

㉒ Krippen-Ausstellung – Weihnachten das ganze Jahr über

GÜSTROW. Einer unermüdlichen Sammlerin von Weihnachtskrippen aus aller Welt ist ein ungewöhnliches Museum zu verdanken. In der über 700 Jahre alten Heilig-Geist-Kirche von Güstrow mit ihrer wertvollen barocken Bohlendielendecke und den Resten von Wandmalereien sind in einer Dauerausstellung rund 100 Weihnachtskrippen aus einer Sammlung von über 350 kleinen und größeren Kunstwerken zu betrachten. Die Hamburgerin Mechthild Ringguth hat sie in 40 Jahren aus 70 Ländern rund um den Erdball zusammengetragen und mit dem mittelalterlichen Baudenkmal einen würdigen Platz für diese Kostbarkeiten gefunden. Zu sehen sind Krippen, mit denen Künstler die Weihnachtsgeschichte nach ihrer jeweiligen christlichen Glaubensauffassung erzählen und dafür die

Peter Keller: Bauhaus-Wiege, 1922

Güstrows Heilig-Geist-Kirche

Krippe aus Muranoglas, Italien

Metall-Krippe, Mali

Krippe aus Akazienholz, Philippinen

unterschiedlichsten, auch landestypischen Materialien verwendeten. Das reicht von Bernstein aus Litauen und Akazienholz von den Philippinen über eine Helmkönigsmuschel aus Russland, Muranoglas aus Italien sowie Plastik aus den USA bis zu Marzipan und Schokolade aus Deutschland. Ein optischer Kontrapunkt dazu ist eine hölzerne Bauhaus-Wiege von 1922. Nicht nur in den Wochen vor Weihnachten erfreuen die Krippen die Besucher, doch in der Adventszeit kommen besonders viele in diese besondere Ausstellung.

i Norddeutsches Krippenmuseum: Heiligengeisthof 5, 18273 Güstrow
Tel. 03843-46 67 44, www.norddeutsches-krippenmuseum.de
Öffnungszeiten: 1. Advent bis Mitte Januar sowie Juni bis September täglich 11–17 Uhr, Mitte Januar bis Ende Mai sowie Oktober/November Di–So 11–16 Uhr

23 Wildpark MV – Bei Bären, Wölfen und Wildkatzen

GÜSTROW. Der Wildpark MV im Südosten Güstrows präsentiert eine großzügige Anlage mit heimischen Tieren, Gehegen und Volieren, mit Schaufütterungen und Tauchaktionen. Besonders aufregend ist ein Besuch der Wohngemeinschaft von Raubtieren, denn im Wildpark MV leben Bären, Wölfe, Luchse und Wildkatzen auf einer sechs Hektar großen Fläche unter Bedingungen fast wie in der Wildnis zusammen. Besucher können zwischen ihnen unterwegs sein dank Hochwegen, einer 100 Meter langen Beobachtungsbrücke, Tunnelgängen und Kletterpfaden. In einem Gehege mit einer Fläche von zwei Hektar streift ein Wolfsrudel

Wölfe in ihrem Revier

durch das Unterholz. Ein drei Hektar großes, natürlich gestaltetes Bärengehege bietet den Tieren einen Waldsee zum Baden und Baumstämme zum Klettern. Das ganze Jahr über finden Wolfswanderungen in der Dämmerung statt. Es gibt zudem ein acht Hektar großes und frei begehbares Wildtiergehege, einen Eulenwald und einen Streichelzoo. Weitere Besucherattraktionen sind ein zwölf Meter langer Aqua-Tunnel und ein Natur-Aquarium, die Einblicke in die Unterwasserwelt Mecklenburgs gewähren. Ein Kahn liegt hier auf dem Grund und ist für viele Fische Lebensraum. Rotfedern, Forellen, Hechte und Zander sowie große Karpfen, die auf dem Grund nach Fressbarem suchen, las-

Bei den Bären

Spaß im Aqua-Tunnel

sen sich im Aqua-Tunnel beobachten. Ein täglich ins Wasser steigender Taucher reinigt ihn und füttert die Fische. Der Tunnel führt direkt durch das Wasser des saubersten Flusses Mecklenburgs, der Nebel. Zu sehen sind des Weiteren die erste gläserne Fischtreppe Deutschlands und ein gläserner Bachlauf.

i Wildpark MV (Natur- und Umweltpark Güstrow): Primerburg, 18273 Güstrow
Tel. 03843-2 46 80, www.wildpark-mv.de
Öffnungszeiten: täglich, April bis Oktober 9–19 Uhr,
November bis Februar 9–16 Uhr, März 9–18 Uhr

24 Bücherhotel – Ein wahres Paradies für Leseratten

GROSS BREESEN. Etwa 15 Kilometer von der Barlach-Stadt Güstrow entfernt liegt das Örtchen Groß Breesen mit einem alten Gutshaus, das ein außergewöhnliches Hotel beherbergt. Das Gutshotel ist ein Bücherhotel. In einer großen Scheune in unmittelbarer Nähe und überall im Haus – ob in den Zimmern, auf den Fluren, in den verschiedenen Lesestuben, ja sogar an den Wänden als Wegweiser – finden die Gäste Bücher über Bücher. Es hat sich über die Jahre ein nahezu unermesslicher Schatz von etwa 300 000 Exemplaren angesammelt. Das Bücherhotel ist jedoch keine Bibliothek, sondern in der Gemeinschaft der internationalen Bücherdörfer die einzige Tauschbörse. Nichts wurde katalogisiert oder archiviert, nach Lust und Laune darf gestöbert werden. Für zwei mitgebrachte Bücher kann sich der Büchernarr ein Buch nach freier Wahl mitnehmen. Manch einer ist zufrieden, auf diese Weise seinen Bestand zu lichten. Andere schicken Kisten voller Büchern, um liebgewordene Werke vor dem Altpapier zu bewahren. Die Hausherren Conny und Torsten Brock

Überall Leseplätze

Das Bücherhotel im Sommer

nennen als wichtigstes Kriterium für die Übergabe: Jedes mitgebrachte Buch sollte später einen neuen Liebhaber finden können.
1998 war das Bücherhotel von Groß Breesen eröffnet worden, als erstes in Deutschland. Die Germanistin Conny Brock hatte sich damit einen Traum erfüllt. Den Grundstock lieferten zunächst in der Nachwendezeit abgewickelte Bibliotheken im Osten und Sammlungen aus privaten Nachlässen in ganz Deutschland. Heute sorgen vor allem die Gäste des Bücherhotels für ständige Bewegung der Bestände. Sie sind bei ihren Besuchen lesend überall im Haus zu finden, auch im romantischen Gutspark mit alten Kastanien und jungen Hochzeitsbäumen sowie im Literarischen Zitate-Garten. Das ganze Jahr über wird eingeladen zu Veranstaltungen wie Vollmond-Lesungen und FilmDinner sowie zu Ausflügen in die zauberhafte Umgebung.

i GGB Gutshotel Groß Breesen GmbH: 18276 Groß Breesen bei Zehna
Tel. 038458-5 00, www.gutshotel.de

Für zwei mitgebrachte Bücher kann man ein anderes mitnehmen.

In Zarrentin am idyllischen Schaalsee

Im Südwesten, entlang der Elbe und am Schaalsee

Karte siehe Seite 258

Der Südwesten Mecklenburgs lädt zum Besuch beschaulicher Städte und Dörfer und überraschenden Entdeckungen ein. Neustadt-Glewe am Rand der ländlichen und bei Radfahrern beliebten Lewitz kann eine uralte, schön sanierte Burg vorweisen. In der Griesen Gegend, die gar nicht gries, also grau oder karg ist, liegt das sogenannte Versailles des Nordens – Ludwigslust mit pompösem Schloss und wundervollem Park, kommen Musikfreunde zu Tausenden nach Redefin zu Konzerten in eine riesige Reithalle, kann man in der Fachwerkstadt Grabow süße Küsschen »modellieren«. Am einstigen deutsch-deutschen Grenzfluss Elbe verwischen sich langsam die Spuren der Trennung, nachzuspüren in Orten wie Dömitz und Rüterberg. Die Schaalsee-Region mit Zarrentin als ihrem Zentrum bietet Ferien am tiefsten See Norddeutschlands, das Städtchen Rehna weiter nördlich eine besondere mittelalterliche Klosteranlage.

1 Jagdschloss – Einzigartige Szenentapete im Gartensaal

FRIEDRICHSMOOR. Inmitten der Lewitz, einer stillen Wiesenlandschaft südlich von Schwerin, liegt in einem ihrer Wälder ein kleines dreiflügeliges Jagdschloss, das heute Hotel und Restaurant ist und wegen einer besonderen Tapete von sich reden macht. Hier hatten die Herzöge von Mecklenburg-Schwerin eines ihrer Jagdreviere. Als Unterkunft diente ihnen anfangs eine Blockhütte im schwedischen Stil, Ende des 18. Jahr-

Mitten in der Waldlewitz – Jagdschloss Friedrichsmoor

Ausschnitt aus der Szenentapete im Gartensaal

hunderts entstand dann nach Plänen von Hofbaumeister Johann Christoph Heinrich von Seydewitz ein Fachwerk-Jagdschloss. Es wurde nur im Frühherbst zur Zeit der Hirschbrunft genutzt, doch kamen illustre Gäste wie die deutschen Kaiser Wilhelm I. und Wilhelm II. sowie Reichskanzler Otto von Bismarck nach Friedrichsmoor in das schlichte, bei Besuchen etwas aufgehübschte Anwesen. Die bereits erwähnte Tapete schmückte damals noch Jagdschloss Friedrichsthal nordwestlich von Schwerin. Seit 1964 bedeckt sie – mit kurzzeitiger Unterbrechung wegen Renovierungsarbeiten – nun die Wände des Gartensaals von Jagdschloss Friedrichsmoor und zeigt eine höfische Rotwildjagd in fünf Szenen auf 25 Bahnen. Erworben von Großherzog Friedrich Franz I. im Jahr 1816, ist sie inzwischen die einzige erhaltene Szenentapete La chasse à Compiègne (Die Jagd von Compiègne), die um 1815 in Paris von der Firma Jaquemart & Bernard gedruckt wurde. Interessierte haben jederzeit die Möglichkeit, sich das ungewöhnliche Prachtstück anzusehen.

i Jagdschloss: Schlossallee 10, 19306 Friedrichsmoor
Tel. 038757-59 71 70, www.jagdschloss-friedrichsmoor.de

2 Erlebnispfad – Begegnung mit dem Köhler in der Eiche

FRIEDRICHSMOOR. Durch den südwestlichen Teil der Waldlewitz führt der Walderlebnispfad »Sagenhafte Lewitz«. Vom Jagdschloss Friedrichsmoor aus geht es vorbei an alten, knorrigen Stieleichen und am Breiten Graben entlang. Ein vier Kilometer langer Rundkurs mit elf Stationen ist für Wanderer gedacht, eine zwölf Kilometer lange Tour mit zwölf Stationen für Radfahrer. An den Stationen werden verschiedene Sagen- und Märchengestalten der Lewitz vorgestellt und durch Installationen erlebbar – so eine Weiße Frau, Räuber Röpke und auch der Köhler in der Eiche, dem diese Gegend den Namen Friedrichsmoor zu verdanken haben soll. Das ist in folgender Sage zu erfahren:

Der begeisterte Jäger Herzog Friedrich war in der Waldlewitz unterwegs und vernahm plötzlich aus einer knorrigen Eiche laute Schnarchgeräusche. Dort schlief tief und fest ein Köhler, müde vom Aufschichten eines Kohlemeilers und dem Bewachen des Schwelfeuers. Der Herzog weckte ihn, da es ja Tag war, und fragte nach dessen Namen. Er hieß ebenfalls Friedrich. »Wenn du auch Friedrich heißt und im Moor lebst, so soll dieser Flecken Erde Friedrichsmoor heißen. Wann trifft schon ein Friedrich auf den anderen? Auch will ich hier an dieser Stelle mein neues Jagdschloss errichten«, sagte der Herzog. Was auch geschah. Die Eiche des Köhlers durfte stehen bleiben, wurde noch 200 Jahre älter und hatte am Ende einen Umfang von acht Metern.

Zu dieser und weiteren Sagen sowie Märchen gibt es Informationen über Landschaftsgeschichte, Forstwirtschaft und Naturkunde in der Lewitz. Mehrere Schnitzer und Holzgestalter ließen sich inspirieren und schufen für alle Stationen Holzskulpturen. Initiator des Pfades war die Landesforst Mecklenburg-Vorpommern/Forstamt Friedrichsmoor.

i www.wald-mv.de

Am Lewitz-Sagenpfad

Station »Der Köhler in der Eiche«

Die Lewitz

Mit etwa 16 800 Hektar ist die Lewitz - einschließlich einiger urwüchsiger Waldgebiete - die größte zusammenhängende Wiesenlandschaft Deutschlands. Eine weite grüne Oase, geformt von der Eiszeit, erstreckt sich im Dreieck von Landeshauptstadt Schwerin, Parchim und Ludwigslust. Es ist ein riesiges Landschaftsschutz- und auch Naturschutzgebiet. Der Name Lewitz leitet sich vom slawischen lowit ab und bedeutet sammeln, jagen oder auch wildreiche Gegend. Abholzungen und der Bau von Kanälen seit dem 16. Jahrhundert ließen eine einzigartige Kulturlandschaft entstehen, in der sich Wald- und Ackerflächen, Feucht- und Trockenwiesen sowie Sümpfe abwechseln (Foto: Lewitz-Landschaft). Das Gesicht der Lewitz prägen über 30 Fischteiche, unzählige Kanäle sowie die Stör-Wasserstraße und die Müritz-Elde-Wasserstraße. Die Lewitz ist außerordentlich reich an seltenen Pflanzen und zugleich ein Europäisches Vogelschutzgebiet, das als Eldorado für Ornithologen gilt. Wildgänse, Kraniche und andere Zugvögel haben hier ihre Rastplätze. Radwege führen durch beschauliche Dörfer.

3 Neuhöfer Teichfest – Bei den Lewitzfischern zum Abfischen

NEUHOF. Ein besonderes Merkmal der Lewitz sind 32 größere und kleinere Teiche, aus denen die Fischer der Lewitzfischerei in Neuhof nördlich von Neustadt-Glewe jährlich im November viele Tonnen Spiegelkarpfen aus dem Wasser holen. Es ist ein regelrechtes Spektakel, wenn zum Neuhöfer Teichfest am ersten Novemberwochenende Tausende Neugierige zur mit 75 Hektar größten Teichanlage Norddeutschlands kommen, um beim Abfischen zuzusehen. Dann werden die Karpfen mit riesengroßen Netzen aus dem Restwasser der abgelassenen Teiche geholt, an Land gebracht und dort sortiert. Die kleineren müssen wieder zurück und bis zum nächsten Jahr noch wachsen; einige dicke, alte Marmorkarpfen, die keiner will, dürfen weiter das »Gnadenplankton« fressen. Alle anderen der zwei bis drei Kilo schweren und bei Fischfreunden beliebten Spiegelkarpfen mit wenigen Schuppen, dunkelblauem Rü-

An der Dütschower Brücke über die Müritz-Elde-Wasserstraße mit Blick auf die Teiche

cken, roten Flossen und bronzenem Bauch sind in den Monaten mit »R« frisch oder auch geräuchert für den genüsslichen Verzehr vorgesehen. Karpfenzucht gab es schon früher in der Lewitz, Mecklenburgs Herzöge hatten hier Ende des 19. Jahrhunderts etwa 20 Hektar Fischgewässer anlegen lassen, gespeist von Elde und Brenzer Kanal. In ganz Mecklenburg-Vorpommern betreiben gegenwärtig fünf Betriebe 1000 Hektar künstlich angelegte Karpfengewässer und liefern 250 bis 300 Tonnen Speisefisch.

i Die Lewitzfischer, Lewitz Fisch Hermann Stahl:
Karpfenteich 1, 19306 Neustadt-Glewe OT Neuhof, Tel. 038757-2 22 32
Öffnungszeiten des Hofladens: ab Mai Fr 9–17 Uhr,
ab September Do und Fr 9–17 Uhr

4 Wehranlage – Mecklenburgs älteste erhaltene Burg

NEUSTADT-GLEWE. Malerisch liegt das beschauliche Neustadt-Glewe am Rande der Lewitz zwischen den Armen der Elde, dem mit 209 Kilometern längsten Fluss Mecklenburg-Vorpommerns. Über den restaurierten Fachwerkhäusern erhebt sich – vorbildlich saniert – eine aus der Zeit um 1300 stammende Wehrburg mit einem modernen Glasanbau im Innenhof. Sie gilt als die älteste noch erhaltene mittelalterliche Wehrburg und gleichzeitig als eine der besterhaltenen Burgen Mecklenburgs. Errichtet wurde sie, als während der Ostexpansion des deutschen Reiches ins Mecklenburgische unter Sachsenherzog Heinrich dem Löwen das von slawischen Stämmen bewohnte Gebiet gesichert werden sollte. Die Burg an der südöstlichen Grenze der Grafschaft Schwerin diente als Stützpunkt mit Wehr- und Wohnfunktion. In ihrer langen Geschichte war sie später Vogtei,

Die Burganlage von Neustadt-Glewe

Erinnerung an das Technikum

Moderner Glasanbau an alten Mauern

Nebenresidenz der mecklenburgischen Herzöge, von 1882 bis 1920 Ort des Neustädter Technikums, dann Hengstdepot und Jugendherberge. Nach umfangreichen Sanierungsarbeiten fanden in der Alten Burg Museum, Trauzimmer, Tourist-Information und ein Restaurant Platz. Besichtigt werden kann der Burgturm mit Wach- und Wehrraum und einem Verlies, in dem angebliche Hexen gequält wurden, sowie einem Wohnsaal. Alte Wandmalereien sind in den einstigen Hofstuben, nun ein vielfältig genutzter Saal, zu entdecken. Hier wurde bei der Sanierung auch eine mittelalterliche Warmluftheizung entdeckt, eine Öffnung erlaubt den Blick in eine unterirdische Heizkammer aus der zweiten Hälfte des 15. Jahrhunderts. Über Burg- und Stadtgeschichte informieren

Ausstellungen im Alten und Neuen Haus. Auch werden Expositionen zu zeitgenössischer Kunst gezeigt. Legendär ist das Burgfest mit mittelalterlichem Markttreiben, Ritterturnier und Schaukämpfen an einem Wochenende im Juni.

i Burgmuseum: Alte Burg 1, 19306 Neustadt-Glewe
Tel. 038757-5 00 65, www.neustadt-glewe.de
Öffnungszeiten: Mitte März bis Mitte Oktober Mo, Mi-Fr 10-17 Uhr, Sa/So 11-17 Uhr, Mitte Oktober bis Mitte März Mo und Fr 11-16 Uhr, Sa/So 11-16 Uhr, Feiertage 13-16 Uhr

5 Elefantenhof - Freundlichen Dickhäutern ganz nah

PLATSCHOW. »Elefantendorf« steht auf dem Ortsschild von Platschow südlich von Parchim und dicht an der Grenze zu Brandenburg. Hier gibt es nur zehn Häuser und wohnen um die 30 Einheimische. Leben ist im Dorf, seit der Dompteur Sonni Frank, auch als Frankello bekannt, im Jahr 2003 mit seiner Familie auf einem Bauerngehöft einen weitläufigen Elefantenhof einrichtete. Hier haben acht afrikanische Elefanten, ein Bulle und sieben Kühe, sowie zwei asiatische Elefantendamen zusammen mit Seelöwen, Kamelen und Pferden ihre Heimstatt. Es sind aufgrund strenger EU-Vorschriften die letzten der intelligenten Dickhäuter in Mecklenburg-Vorpommern, und die Platschower Anlage ist die einzige dieser Art in Europa. Sie gilt seit Jahren als ein beliebtes, familienfreundliches Ausflugsziel. Mehrmals täglich finden vor allem in der Saison

Eine ganz besondere Mahlzeit

Das Streicheln und Füttern macht allen Spaß.

Vorführungen statt. Freundliche Elefantendamen tragen dabei auch mal Besucher auf ihren Rüsseln durch die Manege im großen Zelt, hinterher lassen sie sich reiten, streicheln und füttern. Doch dieses Futter ist nur ein Bruchteil der Menge, die die Dickhäuter ansonsten verspeisen. Sie verschlingen pro Tag Hunderte Kilo Heu, Unmengen an Rüben, Äpfeln und Kürbissen sowie an Brot, Getreide und Mineralstoffen. Veranstaltungen wie eine Dschungelnacht und ein Kinderzirkusfestival locken zusätzlich große und kleine Besucher nach Platschow.

i Elefantenhof: Am Dorfplatz 2, 19372 Platschow
Tel. 0151-19 42 68 17, www.elefantenhof-platschow.de
Öffnungszeiten: April bis Juni und September/Oktober
Di–Do und Sa/So 11–18 Uhr, Juli/August Di–So 10.30–18 Uhr

Top! 6 Versailles des Nordens – Schloss mit Stadt, Kirche, Park

LUDWIGSLUST. Klein-Versailles, mecklenburgisches Versailles, Versailles des Nordens oder auch nur liebevoll Lulu – für Ludwigslust gibt es schöne Namen. Christian II. Ludwig von Mecklenburg-Schwerin ließ sich einst südlich von Schwerin in der Nähe des Dorfes Klenow ein Jagdschloss bauen, das 1754 den Namen Ludwigs-Lust erhielt. Sein Sohn Herzog Friedrich der Fromme bestimmte es mit seiner Thronbesteigung 1756 zur Residenz, aber erst nach dem Ende des Siebenjährigen Krieges im Jahr 1763 konnte dort nach Versailler Vorbild gebaut werden. Die Dreiflügelanlage mit Park, die noch zuvor errichtete Kirche (siehe S. 61) und die Stadt selbst waren eine Meisterleistung von Johann Joachim Busch, einem der bedeutendsten Baumeister Mecklenburgs im 18. Jahrhundert. Das pompöse Schloss, Mittelpunkt der noch heute geschlossen wirkenden spätbarocken Stadtanlage und eines der größten barocken

Einladung zu einem Besuch des Schlosses und seines Goldenen Saales

Schlösser Norddeutschlands, entstand zwischen 1772 und 1776. Bis 1827 war Ludwigslust dann Residenz. Da die herzogliche Familie das Anwesen noch bis 1945 bewohnte, blieb viel von der einstigen Atmosphäre erhalten. Von der ursprünglichen Einrichtung sind unter anderem Kamine, Spiegel und Kronleuchter sowie Ornamente und Dekorationen vorhanden. Letztere wurden aus Ludwigsluster Carton (siehe S. 62) gefertigt, wie auch Porträtbüsten, Skulpturen und Architekturelemente für Schloss und Park. Der Ostflügel des Schlosses zeigt sich nach aufwendiger Restaurierung in voller Schönheit. Herzstück ist der Goldene Saal, ihn schmücken korinthische Säulen, verzierte Spiegel, wertvolle Kristalllüster und glänzendes Parkett. Eine üppige Bildergalerie bietet dicht an dicht rund 100 Gemälde mecklenburgischer Hofmaler sowie italienische Architekturmodelle aus

Das barocke Schloss Ludwigslust

Kork. Hochrangige Kunstwerke wie die Büsten des französischen Bildhauers Jean-Antoine Houdon und die weltweit einzigartigen exotischen Tierbilder des französischen Hofmalers Jean-Baptiste Oudry sind in weiteren Räumlichkeiten ausgestellt. Der Besucher passiert bei seinem Rundgang sowohl die Parade-Appartements als auch die Privatgemächer des Herzogs und sieht dabei traumhaft schöne, in Handarbeit nachgefertigte Tapeten aus dem 19. Jahrhundert. Der noch nicht zu besichtigende Westflügel mit den Räumlichkeiten der Herzogin lässt auf weitere Entdeckungen hoffen.

Der 125 Hektar umfassende Schlosspark gilt als einer der schönsten Landschaftsparks Norddeutschlands. Von Hofbaumeister Busch im Stil des Barock geprägt, wurde er ab Mitte des 19. Jahrhunderts nach Plänen Peter Joseph Lennés unter Einbeziehung barocker Elemente umgestaltet. Zu bewundern sind hier alte und seltene Bäume, schöne Ausblicke auf Wiesen und Wasserflächen sowie das Louisen-Mausoleum, die Steinerne Brücke und die katholische Kirche auf einer Insel. Die Wasserspiele hinter und die Kaskade vor dem Schloss werden von einem 28 Kilometer langen, durch den Park führenden Kanal gespeist. Jährlich findet vor dieser zauberhaften Kulisse ein hochkarätiges Kleinkunstfestival, das Kleine Fest im großen Park statt.

i Schloss: Schlossfreiheit, 10288 Ludwigslust,
Tel. 03874-5 71 90, www.schloss-ludwigslust.de
Öffnungszeiten: Mitte April bis Mitte Oktober Di–So 10–18 Uhr,
Mitte Oktober bis Mitte April Di–So 10–17 Uhr

Beim Kleinen Fest im großen Park

7 Stadtkirche – Wo ein Engel die Friese-Orgel spielt

LUDWIGSLUST. Schloss Ludwigslust und die 500 Meter südlich davon stehende, schlicht verputzte Kirche bilden – unterbrochen von Hofplätzen – das größte barocke Ensemble Mecklenburgs. Die zwischen 1765 und 1770 errichtete, heute evangelische Stadtkirche von Ludwigslust mit ihrer tempelartigen Fassade war ursprünglich die von Hofbaumeister Johann Joachim Busch geschaffene Hofkirche und das erste große Gebäude für die neue Residenz. Ihre Front krönen Sandsteinfiguren der vier Evangelisten und ein weithin leuchtendes, sieben Meter hohes Christus-Monogramm.

Im eher klassizistisch gestalteten Innenraum des Saalbaus lässt eine riesige Altarwand staunen. Das monumentale Gemälde »Verkündigung der Geburt an die Hirten auf dem Felde zu Bethlehem« hat mehr als 350 Quadratmeter Fläche. Der obere Teil wurde direkt auf das Gewölbe gemalt, der untere ist eine sechs Meter vorgezogene massive Holzkonstruktion, auf die etwa 1000 als Malgrund dienende

Altarwand mit monumentalem Gemälde

Die schlichte Stadtkirche

Tafeln aus Ludwigsluster Carton (siehe unten) aufgenagelt wurden. Dahinter sind Sakristei, Treppe und eine Friese-Orgel verborgen. Letztere ist nur zum Teil zu sehen und wird scheinbar von einem Engel gespielt. Das Gemälde auf der Altarwand entwarf der mecklenburgische Hofmaler Johann Dietrich Findorff, der jedoch früh verstarb und lediglich am oberen Teil des Werks selbst arbeiten konnte. Die angedeuteten Skizzen vollendete erst 30 Jahre später sein Nachfolger, Hofmaler Johann Heinrich Suhrlandt.

i Stadtkirche: Kanalstraße 12, 19288 Ludwigslust
Kontakt: Stadtkirchengemeinde, Clara-Zetkin-Straße 12, 19288 Ludwigslust
Tel. 03874-2 19 68, www.stadtkirche-ludwigslust.de
Öffnungszeiten: April Di–Sa 11–12 und 15–16 Uhr,
Mai bis September Di–So 11–17 Uhr, Oktober Di–So 11–16 Uhr,
November bis März nach Vereinbarung
Führungen, auch mit kleinem Orgelkonzert: nach Vereinbarung

Ludwigsluster Carton

Mit wenig Geld viel Pracht vorspiegeln – dies ermöglichte das seit 1765 in Ludwigslust hergestellte Papiermaché, wörtlich übersetzt »gekautes Papier«. 1766 bereits schmückten aus diesem Material gefertigte witterungsfeste Büsten römischer Kaiser den Schlosspark. Eine mecklenburgische Erfindung war dieses Papiermaché allerdings nicht. Um 1100 soll es aus China über den Orient nach Europa gekommen sein. In Ludwigslust wurde Papiermaché dann erstmals in einer Manufaktur, der Carton-Fabrique, hergestellt. Die Rezeptur blieb geheim, es gab keinerlei Aufzeichnungen über die Herstellungsweise. Das in Schloss und Stadtkirche Ludwigslust vielfach verwendete Papiermaché war eine sehr preiswerte Alternative zu Stuck und zu Schnitzwerk aus Holz. Und leicht transportieren ließen sich die Produkte ebenfalls. Anfangs stellte die Manufaktur Rosetten, Zierleisten für Möbel und andere Dekorationen (Foto) her, später auch Bildwerke, Prunkvasen und Tafelaufsätze. Die Produktion weitete sich aus, Ludwigsluster Carton wurde sogar exportiert. Der Verkauf stagnierte nach der Jahrhundertwende, 1835 schloss die Carton-Fabrique.

8 Fluffige Küsschen – Profis und Laien-Schaumschläger

GRABOW. Die Fachwerkstadt Grabow südöstlich von Ludwigslust an der Müritz-Elde-Wasserstraße hat – neben vielen schönen Häusern – noch ein weiteres Markenzeichen: fluffige Grabower Küsschen mit Schokoladenüberzug. Diese beliebte Leckerei wurde 1954 im damaligen Dauerbackwerk der Stadt erfunden. Neun Monate lang war mit Zucker, Eiweiß und Gelatine probiert worden, damit die weiße Masse »stand«, eine Schokoladenhaube aushielt und als sogenannter Mohrenkuss in den Handel gehen konnte.
Das Heimatmuseum Grabow hat – neben vielen anderen Exponaten – auch eine kleine Ausstellung zur Schaumkuss-Produktion im Städtchen am Elde-Kanal vorzuweisen. Es zeigt seine Schätze im Haus der »Keksbäcker«, der einstigen Bollhagenschen Pfeffernuss- und Bisquitfabrik sowie späteren Produktionsstätte des VEB Dauerbackwaren und damit am Geburtsort der Küsschen. Maschinen und Gerätschaften aus dieser Zeit gibt es nicht mehr, lediglich einige originale Tabletts sowie Schwarz-Weiß-Fotos.

Küsschen selbstgemacht

Grabower Küsschen im Museum

Schau(m)manufaktur in der Fachwerkstadt

Nur wenige Straßen entfernt kann, wer will, in einer Schau(m)manufaktur für Grabower Küsschen unter fachkundiger Anleitung selbst einmal die süße Leckerei herstellen. Es ist die klassische Variante – rund, schokoladig und mit einem kleinen Zipfel. Aus dem heutigen Grabower Süßwarenwerk gibt es sie auch ohne Zipfel, mit blauer Hülle, rechteckig, mit Kirschen gefüllt ... Doch das wäre wohl doch zu schwierig, wie die zuvor launig informierten Laien-Schaumschläger beim »Modellieren« feststellen müssen. Eine mit modernem Küchengerät aufgeschäumte süße Masse bringen sie eigenhändig auf eine Waffel und überziehen sie mit flüssiger Schokolade. Stolz trägt dann jeder Teilnehmer an der unterhaltsamen Lehrstunde sein sicher verpacktes Küsschen sowie ein Zertifikat einschließlich Rezept nach Hause.

i Heimatmuseum: Marktstraße 19, 19300 Grabow
Tel. 038756-7 00 54, www.museum-grabow.de
Öffnungszeiten: Di und Fr 9–11 Uhr; Mi, So und Feiertag 14–16 Uhr

i Schau(m)manufaktur: Rudolf-Breitscheid-Straße 4 a, 19300 Grabow
Tel. 038756-2 80 22, www.schaumanufaktur-grabow.de
Schaumküsse zum Selbermachen nach Voranmeldung

9 Landgestüt – Ausflug ins Grüne zu Pferden und Musik

REDEFIN. Hengstparaden, Picknick-Pferde-Sinfoniekonzerte und auch Weihnachtsmärkte – das Gestüt Redefin des Landes Mecklenburg-Vorpommern ist ein besonderer Kulturstandort und touristische Attraktion in der Griesen Gegend westlich von Ludwigslust. Wo im Alltag Hengste gezüchtet sowie Hengst- und Stutenprüfungen vorgenommen werden,

Hengstparade in Redefin

Erst ein Picknick, dann Dressurvorführungen und am Abend ein Konzert

die Landesreit- und Fahrschule für Mecklenburg-Vorpommern ihren Sitz hat, bevölkern dann viele Besucher das Gelände und die neue Reithalle hinter einem altehrwürdigen Reithallenportal.
Die alljährlichen Hengstparaden, die 1935 bei ihrem ersten Stattfinden reine Zuchtschauen waren, gehören zu den bedeutenden Großveranstaltungen im Lande. Das weitläufige Gestüt ist auch eine der bevorzugten Spielstätten der Festspiele Mecklenburg-Vorpommern (siehe S. 98). Weltstars wie Daniel Hope und Sol Gabetta, Anne-Sophie Mutter und Joshua Bell kommen jedes Jahr nach Redefin. Dann machen Tausende einen Ausflug ins Grüne. Ab Mittag genießen sie ein Picknick unter Bäumen, am Nachmittag Dressurvorführungen der Pferde und am Abend ein hochkarätiges Konzert in der riesigen Reithalle, in der 3000 Zuhörer Platz finden.
In Redefin hat Pferdezucht eine lange Tradition. Zu Beginn des 19. Jahrhunderts existierte hier eine landesherrschaftliche Stuterei, die edle Pferde für den Marstall des Herzogs in Schwerin lieferte. Unter Großherzog Friedrich Franz I. wurde 1812 ein Gestüt zur Zucht des Mecklenburger Warmbluts gegründet. Die Gebäude hierfür entstanden in den 1820er Jahren. Sie waren baufällig, als 1993 das Land Mecklenburg-Vorpommern das Gestüt übernahm. Historische Bausubstanz wurde saniert und eine neue Reithalle gebaut.

i Landgestüt: Betriebsgelände 1, 19230 Redefin
Tel. 03854-62 00, www.landgestuet-redefin.de
Führungen nach Voranmeldung

⑩ Synagogen-Ensemble – Spuren jüdischen Lebens

HAGENOW. Mit einem sanierten Synagogen-Ensemble – bestehend aus Alter Synagoge, ehemaligem Schul- und Gemeindehaus sowie Wagenschauer (-remise) – besitzt die einstige Handwerker- und Ackerbürgerstadt Hagenow eine wichtige Stätte des kulturellen Lebens in der Griesen Gegend. Zudem kann sie für sich in Anspruch nehmen, ein in seiner Geschlossenheit im Bundesland einmaliges Ensemble zu besitzen. Seit 1982 stehen die ehemaligen jüdischen Gemeindebauten unter Denkmalschutz. Das Schul- oder auch Vorderhaus wurde Museum, die 1828 erbaute Alte Synagoge mit rekonstruierter Thora-Nische und einer Gebetstafel zu einem Kulturort der Stadt für Konzerte und Ausstellungen. Besucher können im Vorderhaus, seit 2009 das Hanna-Meinungen-Haus, die Dauerausstellung »Spuren jüdischen Lebens in Hagenow und Westmecklenburg« betrachten, dazu eine Mikwe, ein rituelles Bad, das zur Lehrer- und Hausmeisterwohnung der Religionsschule gehörte.
Erste jüdische Spuren sind in Hagenow für Mitte des 18. Jahrhunderts nachweisbar, seit 1825 gab es eine jüdische Gemeinde und 1839 lebten unter den 2717 Einwohnern 84 Juden in 18 Familien. Bis 1907 waren in der Synagoge regelmäßig Gottesdienste abgehalten worden, später nahm die Zahl der Gemeindemitglieder stark ab. Die Synagoge entging während der Pogromnacht 1938 einem Brandanschlag, doch die Inneneinrichtung war vollkommen zerstört. 1942 wurde sie zwangsverkauft. In diesem Jahr erlitt die kleine Hanna Meinungen, 1940 in Hagenow als Tochter jüdischer Eltern geboren, im Alter von nicht einmal zwei

Die Alte Synagoge dient heute als Kulturort.

Eingang zur Synagoge

Stolpersteine für die Familie Meinungen

Jahren im Konzentrationslager Auschwitz den Tod. Ihr Name über der Eingangstür zum Museum steht sinnbildlich für die Erinnerung an jüdisches Leben in der Stadt.

i Alte Synagoge: Hagenstraße 48, 19230 Hagenow
Tel. 03883-72 20 42, www.museum-hagenow.de
Öffnungszeiten: Di und Do 9–12 und 14–17 Uhr, So 14–17Uhr

⑪ MehlWelten – Über 3100 Säcke aus mehr als 130 Ländern

WITTENBURG. Was bitte soll ein profaner Mehlsack im Museum? Originelle Antworten gibt in der Kleinstadt Wittenburg nahe der A 24 die Ausstellung MehlWelten. Diese Galerie der Mehlsäcke aus Jute, Papier und Polyäthylen ist weltweit einzigartig und verdankt ihre Entstehung dem Zufallsfund eines Mehlsacks am Strand von Dubai. Er brachte den Unternehmer Volkmar Wywiol auf die Idee, Mehlsäcke zu sammeln und

Museumsstandort – das restaurierte Amtsgericht von Wittenburg

In der Galerie der Mehlsäcke

diese als Erlebniswelt zum Thema Mehl in der Nähe des Wittenburger Mühlenchemie-Produktionsstandortes zu präsentieren. Das restaurierte Amtsgericht der Kleinstadt bietet auf 450 Quadratmetern Platz für eine Sammlung, die inzwischen auf über 3100 Exponate aus mehr als 130 Ländern angewachsen ist.

Am Eingang empfängt die Mehlsack-Installation Schöne Müllerin. Im Welten-Raum bringen Säcke aus unterschiedlichen Kulturkreisen die große Bedeutung des Mehls für die Ernährung auf der ganzen Welt nahe. Sich um Korn, Mühlen und Brot rankende Mythen werden ebenso anschaulich dargestellt wie Symbolik auf Mehlsäcken, so bei der Abbildung von Sonnen oder muskelbepackten Männern. Auf vielen Säcken sind Menschen mit besonderer Beziehung zum Mehl verewigt: Müller und Bäcker, Hausfrauen und Konditoren. Eine Sackothek bewahrt alle Exponate, nach Ländern geordnet, auf. In diesem Raum befindet sich auch ein mystisch wirkendes Fadenbild der Berliner Künstlerin Kathinka Willinek. Es stellt Königin Demeter dar, die griechische Getreide- und Fruchtbarkeitsgöttin, die den Menschen das Korn schenkte und sie die Kunst des Ackerbaus lehrte. Es ist feinste Fadenkunst aus 10 483 Knoten, geknüpft innerhalb von vier Wochen an diesem Ort. Verabschiedet wird der Besucher von einem lustigen »Kleiekotzer« aus Holz, der in alten Mühlen beim Aussieben von Mehl anfallende Kleie ausspuckte.

»Kleiekotzer«

i MehlWelten Museum: Amtsberg 2, 19243 Wittenburg
Tel. 040-28 40 39 55, www.mehlwelten.de
Öffnungszeiten: März bis Oktober So 11–17 Uhr,
November bis Februar jeden ersten und dritten So 11–17 Uhr

⑫ Festung am Fluss – Das Pentagon von Mecklenburg

DÖMITZ. Der Weg führt über eine historische Zugbrücke, durch die Kasematte in der Eingangsbastion, dann auf den Festungshof. Fünf Bastionen und Kasematten, dazu Zeughaus, Hauptwache und Kommandantenhaus sowie Back- und Brauhaus – die Stadt Dömitz besitzt mit ihrer Flachlandfestung an der Elbe die einzige noch vollständig erhaltene Renaissance-Festung in Nordeuropa. Die Gründe dafür sind simpel: Sie wurde nie bis zum letzten Blutstropfen verteidigt und später fehlte das Geld, sie zu modernisieren. Zwischen 1559 und 1565 hatte Herzog Johann Albrecht I. auf der Ruine der alten Burg Dömitz die stärkste und damals modernste Flachlandfestung Mecklenburgs errichten lassen, strategisch günstig direkt am Fluss gelegen. Ihr italienischer Baumeister gab ihr die Form eines regelmäßigen Fünfeckes, eines Pentagons, mit den Bastionen Kavalier, Held, Drache, Greif und Burg sowie neun Meter hohen Mauern dazwischen. Gern wird sie heute auch als »Pentagon Mecklenburgs« bezeichnet. Während des Dreißigjährigen Krieges war sie besonders stark beansprucht und fiel erst an dessen Ende zurück an Mecklenburg.

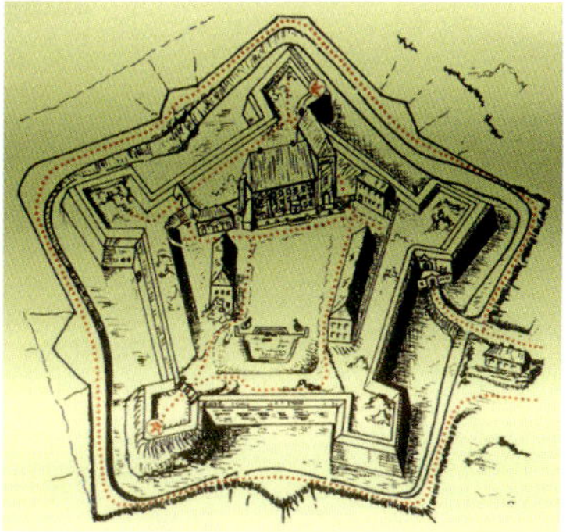

Grundriss des »Pentagon«

Diese seit 1975 denkmalgeschützte architektonische Rarität ermöglicht

Über eine historische Zugbrücke geht es zur Festung.

Am Eingang

Erinnerung an den bekanntesten Festungsgefangenen Fritz Reuter

nicht nur einen guten Einblick in die Festungsarchitektur, sondern zugleich Ausblicke auf die Altstadt von Dömitz und vor allem in das weite Elbtal mit der Elbestraßenbrücke, die zu einem Symbol der deutschen Wiedervereinigung wurde. Das Museum im großen Kommandantenhaus stellt Festungs- und Stadtgeschichte vom 13. Jahrhundert bis in die Gegenwart dar. So war die Festung herzogliche Residenz, nach 1753 auch Zuchthaus. Ihr prominentester Insasse: der als junger Mann aufmüpfige und später berühmte niederdeutsche Dichter Fritz Reuter (siehe S. 103), der insgesamt sieben Jahre Festungshaft verbüßen musste. Dömitz war von März 1839 bis August 1840 seine letzte Haftstation. Über 20 Jahre später erschien Reuters Roman »Ut mine Festungstid« (Aus meiner Festungszeit). »Fritzing« ist in der Hauptwache, wo sein Haftraum lag, eine gesonderte Ausstellung gewidmet.

i Museum Festung Dömitz: Auf der Festung 3, 19303 Dömitz
Tel. 038758-2 24 01, www.festung-doemitz-museum.de
Öffnungszeiten: Mai bis Anfang Oktober Di–Fr 10–17 Uhr, Sa/So und Feiertag 10–18 Uhr, in den Sommerferien auch Mo 10–16 Uhr; Oktober Di–So und Feiertag 10–16.30 Uhr; November bis April Di–So und Feiertag 12–16 Uhr

Biosphärenband Elbe-Schaalsee

Zum Biosphärenband Elbe-Schaalsee gehört eine Region, die sich aus nördlicher Richtung von der Ostsee zur Elbe entlang der einstigen innerdeutschen Grenze zieht. Es verbindet die beiden UNESCO-Biosphärenreservate Flusslandschaft Elbe (Foto: Elbe bei Rüterberg) und Schaalsee, die die

Kernbereiche bilden. Ihr Markenzeichen ist eine ausgeprägte Wildnis. So konnte der Elbestrom deutlich mehr von seinem ursprünglichen Charakter bewahren als andere große Flüsse in Mitteleuropa. Hochwassern und der Abgeschiedenheit des Grenzlandes ist es zu verdanken, dass viele Flächen im Elbtal nicht intensiv genutzt wurden und sich Flora und Fauna relativ ungestört entwickelten. Auch in der näheren und weiteren Umgebung des Schaalsees blieben durch Grenzlage und Abschottung viele Tier- und Pflanzenarten erhalten. Gelegen nahe mehrerer Ballungsräume bieten sich im Biosphärenband Elbe-Schaalsee, wo Mensch und Natur miteinander im Einklang sind, einzigartige Möglichkeiten für geruhsamen Urlaub.

⓭ Naturerlebnisse – Ausstellungen an beiden Elbufern

DÖMITZ/BLECKEDE. Im Zeughaus der Festung Dömitz an der Elbe erwartet den Besucher im Informationszentrum für das Biosphärenreservat Flusslandschaft Elbe eine Ausstellung »Mensch & Biosphäre – gestern, heute, morgen«, die über das globale Netzwerk der Biosphärenreservate und im Speziellen über die Flusslandschaft Elbe informiert sowie Sonderausstellungen zeigt. In den sanierten Kasematten der Bastion Greif lädt die Exposition »Im Grunde« mit einer einfallsreichen multimedialen Schau ein, menschlichem Handeln in seinem natürlichen Lebensumfeld auf den Grund zu gehen.

Auf der westlichen Seite der Elbe kann im Schloss von Bleckede zur Ergänzung der Dömitzer Ausstellung das Biosphaerium besucht werden. Es ist das Informationszentrum für das Biosphärenreservat Niedersäch-

Brücke über die Elbe bei Dömitz

Die Ausstellung »Im Grunde« in der Kasematte der Bastion Greif

sische Elbtalaue. Hier schaffen eine einfallsreiche Aquarienlandschaft mit in der Elbe lebenden Fischen und des Weiteren eine Biberlandschaft besondere Naturerlebnisse. Auf insgesamt 1000 Quadratmetern Ausstellungsfläche sind zahlreiche weitere Exponate zu besichtigen, von einem 20 Meter hohen Turm reicht der Blick weit in die Elbtalaue.

i Zeughaus, Informationszentrum für das Biosphärenreservat Flusslandschaft Elbe: Auf der Festung 3, 19303 Dömitz
Tel. 038758-30 20, www.elbetal-mv.de
Öffnungszeiten: Mai bis Anfang Oktober Di–Fr 10–17 Uhr, Sa/So und Feiertag 10–18 Uhr, in den Sommerferien auch Mo 10–16 Uhr; Oktober Di–So und Feiertag 10–16.30 Uhr;
November bis April Di–So und Feiertag 12–16 Uhr

i Biosphaerium, Informationszentrum für das Biosphärenreservat Niedersächsische Elbtalaue: Schlossstraße 10, 21354 Bleckede
Tel. 05825-95 14 14, www.biosphaerium.de
Öffnungszeiten: April bis Oktober täglich 10–18 Uhr,
November bis März Mi–So 10–17 Uhr

⑭ Sandmassiv – Größte Binnendüne Europas im Elbtal

KLEIN SCHMÖLEN. Eigentlich sind die Elbtalauen flach, doch bei Klein Schmölen südwestlich von Dömitz erstreckt sich die größte Binnendüne Europas auf etwa 110 Hektar und erreicht mit rund 30 Metern eine beachtliche Höhe. Sie gehört zu einem großen Dünengebiet, das vor vielen Tausenden Jahren durch Aufwehung von Sanden entlang des Urstromtals der Elbe entstand. Es reicht über 100 Kilometer vom brandenburgischen Wittenberge bis zum mecklenburgischen Boizenburg. Das von starken Winden aufgetürmte, 600 Meter breite und etwa zwei Kilometer lange Dünenmassiv von Klein Schmölen besteht vor allem aus offenen Dünen und angrenzenden Dünenkiefernwäldern. Im Frühjahr und im Sommer zeigen sich Blütenteppiche auf seinem Magerrasen – zuerst weißes Hornkraut und rosa Reiherschnabel, dann gelber Mauerpfeffer und purpurroter Sandthymian.

Jahrzehnte war die riesige Düne wegen der unmittelbaren Grenznähe nicht begehbar. Heute ist sie ein Naturschutzgebiet. Sie kann auf einem Naturlehrpfad erkundet werden, der Elbtalblicke von einem Aussichtspunkt aus bietet und bestückt ist mit informativen Schautafeln zu Fauna und Flora des Terrains.

i Binnendüne: 19303 Dömitz OT Klein Schmölen (Ausbau/Parkplatz)
Führungen: auf Anfrage über die Tourist-Information Dömitz

Unterwegs auf einem Rundweg in der Düne

⑮ Dorfrepublik Rüterberg – Die besondere Grenzgeschichte

RÜTERBERG. Auf den ersten Blick ist Rüterberg wenige Kilometer westlich von Dömitz ein ganz normal anzuschauender Ort an der Elbe – idyllisch gelegen am hohen Flussufer, mit schön restaurierten Dorfkaten, Ferienhäusern und Alterssitzen von Zugezogenen. Wären da nicht auf dem Ortsschild der ungewöhnliche Zusatz »Dorfrepublik Rüterberg 1967–1989« und im Ort ein Gedenkstein für die Opfer der innerdeutschen Grenze, eine Informationstafel und ein Stück eines drei Meter hohen Metallzauns. Solch ein Zaun schnürte Rüterberg ein, das bis 1989 direkt im militärischen Sperrgebiet lag und doppelt – zur Westgrenze hin und in Richtung DDR – gesichert war. Die Einwohner hatten fünf Quadratkilometer Bewegungsspielraum. Seit 1967 konnten sie ihr Dorf nur mit Passierschein und durch ein eisernes Tor betreten, das am Abend verschlossen wurde und zwischen 23 und 5 Uhr nicht mehr passiert werden durfte. Aus Protest gegen die jahrelange Isolation erklärten sich die Rüterberger am 8. November 1989 zur sogenannten Dorfrepublik Rüterberg. Schneidermeister Hans Rasenberger hisste auf dem alten Grenzturm am Ort die Rüterberger Flagge und wird seither als der Vater der Idee einer Dorfrepublik nach dem Vorbild der Schweizer Dorfkantone bezeichnet. Von nun an sollten hier eigene Gesetze gelten, die Menschen wollten sich nicht mehr bevormunden lassen. Als Erinnerung daran, dass ihre Einwohner 22 Jahre lang eingesperrt waren, darf die Gemeinde seit 1991 weiterhin den Zusatz Dorfrepublik im Ortsnamen tragen. Unter dem Dach eines inzwischen aufgegebenen Gasthofes in der Dorfmitte kann eine Heimatstube besucht werden. Die

Ein Stück Grenzzaun

Der neue Aussichtspunkt (li.) in der Nähe des alten Wachturms

Exponate vermitteln Einblicke in das Leben eines isolierten Grenzdorfes und bewahren die aufregenden Ereignisse des Jahres 1989. Hier sind berührende und ganz authentische Grenzgeschichten zu erfahren, gern wird Interessierten bei telefonischer Nachfrage die Tür geöffnet. Naturschützer errichteten auf dem Rüterberg einen hölzernen Aussichtsturm mit Blick auf den einstigen Grenzfluss und sein anderes Ufer, in direkter Nachbarschaft berankt Efeu den alten, zu einer Ferienwohnung umgebauten Grenzturm. Um das Dorf gibt es zahlreiche Wanderwege.

i Heimatstube: Am Brink 3, 19303 Dömitz OT Rüterberg
Öffnungszeiten: nach Voranmeldung, Tel. 038758-2 03 33
(Meinhard Schmechel, Bürgermeister i. R.)

16 Fliesenmuseum – Bühne für Schönheiten aus dem Feuer

BOIZENBURG. Seit 1903 bis zum heutigen Tag werden in Boizenburg an der Unterelbe Fliesen gebrannt, seit dem hundertjährigen Bestehen der hiesigen Fliesenfabrik nennt man sich traditionsbewusst Fliesenstadt. Das ist im Stadtbild nicht zu übersehen, an verschiedenen Häusern sind künstlerisch anspruchsvoll gestaltete Fliesenbilder angebracht: an einem Ärztehaus die Fliesenvignette »Hygieia«, an der Fassade einer Buchhandlung der »Lesetraum« … Und selbstverständlich schmückt ein Fliesentableau mit Schriftband die Fassade des Boizenburger Fliesenmuseums, des ersten und einzigen in Deutschland. Ein Träger- und Förderverein fühlt sich hier den sogenannten Schönheiten aus dem Feuer und einer Jahrtausende alten Fliesenkultur verpflichtet. Geboten wird Besuchern der Stadt auf über 500 Quadratmetern Ausstellungsfläche ein besonderes, frühindustrielle Fliesen sammelndes Kunst- und Technikmuseum.
Im Empfangsbereich hängt als Blickfang eine wertvolle Dauerleihgabe:

eine Kobaltmalerei des Dresdner Zwingers auf Fliese im Goldrahmen, 1,8 mal 1,8 Meter groß, etwa vier Zentner schwer, entstanden um 1880 in der Firma Villeroy & Boch für einen sächsischen Schokoladenfabrikanten. Seit der Gründung des Museums im Jahr 1998 erhielten in Wechselausstellungen Tausende vorrangig zwischen 1880 und 1930 – in der Zeit von Historismus, Jugendstil und Art déco – industriegefertigte Fliesen eine Bühne. Die Dauerausstellung zeigt Wand- und Bodenfliesen der Steingut- und Mosaikfabrik Villeroy & Boch Mettlach von 1880 bis 1930 als Referenz an die älteste und bedeutendste Fliesenfabrik Deutschlands sowie Fliesen aus Boizenburger Produktion von 1903 bis etwa 1930, ab 1921

»Lesetraum«

gefertigt in der Boizenburger Plattenfabrik sowie den späteren Duensing-Bicheroux-Werken, Fliesenfabrik in Boizenburg an der Elbe. Gleichzeitig gewinnt der Besucher Einblicke in Fertigungs- und Dekorierverfahren sowie in sozialgeschichtliche Aspekte der Fliesenherstellung.

i Deutsches Fliesenmuseum: Reichenstraße 4, 19258 Boizenburg
Tel. 0172-4 02 91 72 und 038847-5 64 42, www.jugendstilfliesen-museum.de
Öffnungszeiten: Di–Fr 10–16 Uhr, Sa/So 14–16 Uhr
Führungen können im Haus oder telefonisch vereinbart werden.

Fassade des einzigen Fliesenmuseums Deutschlands

»Hygieia«

17 Naturnähe – Urlaub im Biosphärenreservat Schaalsee

ZARRENTIN AM SCHAALSEE. Ein Ferienparadies für Naturfreunde ist die Schaalsee-Region mit der kleinen Stadt Zarrentin als ihrem Zentrum. Hier wird mit viel Rücksicht auf intakte Umwelt Urlaub gemacht in einer bezaubernden Seenlandschaft und zugleich am mit 72 Metern tiefsten See Norddeutschlands. Durch den 24 Quadratkilometer großen Schaalsee – buchtenreich und ökologisch wertvoll sowie berühmt für seine schmackhaften Maränen (siehe S. 80) – verläuft die Landesgrenze zwischen Mecklenburg-Vorpommern und Schleswig-Holstein. Aus einem durch widrige politische Verhältnisse touristischen Niemandsland wurde ein Urlaubsziel, in dem nun geangelt, gebadet und Boot gefahren werden kann. Hier fühlen sich Adler und Kranich, Fischotter und Eisvogel, Rotbauchunke und Storch wohl. Viele ausgeschilderte Wander- und Radwege führen kilometerweit durch Wälder und Moore,

Am bis zu 72 Meter tiefen Schaalsee bei Zarrentin

Das Pahlhuus, Informationszentrum des Biosphärenreservates Schaalsee

Feuchtwiesen und Alleen. Im am Südufer gelegenen Zarrentin, dem Tor in die Schaalsee-Region, informiert das viel besuchte Pahlhuus (Pfahlhaus), das Informationszentrum für das Biosphärenreservat Schaalsee, umfangreich über die seit 1990 unter Naturschutz stehende mecklenburgische Region des Schaalsees und ihre Anerkennung als UNESCO-Biosphärenreservat im Jahr 2000. Neben dem Schaalsee zählen noch mehr als zehn weitere Seen und zahlreiche Kleingewässer dazu. Das Pahlhuus zeigt in seiner modernen Dauerausstellung mit Eiszeittunnel, Vivarium, Tiertelefon und vielen anderen ungewöhnlichen Erlebnis- und Erkenntnisstationen Wandlungsprozesse in der Region von der Eiszeit bis zur heutigen Kulturlandschaft.

i Pahlhuus, Informationszentrum für das Biosphärenreservat Schaalsee:
Wittenburger Chaussee 13, 19246 Zarrentin am Schaalsee
Tel. 038851-30 20, www.schaalsee.de
Öffnungszeiten: März bis Oktober Di–So 9–17 Uhr,
November bis Februar Sa/So und Feiertag 10–16 Uhr

18 Klosterort – Backstein-Ensemble am Maränen-See

ZARRENTIN AM SCHAALSEE. Uralte Linden stehen auf dem Kirchplatz von Zarrentin am Schaalsee. Sie verleihen dem Backstein-Ensemble von Kirche und baulichen Resten eines alten Klosters eine besondere Anmutung. Die ehemalige Klosterkirche und heutige Pfarrkirche hatte als Vorgängerin ein romanisches Gotteshaus aus Feldstein, errichtet im 12. Jahrhundert. Reste davon blieben im Mauerwerk der Südseite und des Chores des heutigen gotischen Kirchenbaus erhalten, der nach 1460 entstand. Unter den drei Kreuzrippengewölben des Innenraums sind

Ehemalige Klosterkirche und Reste des Klosters

romanische und gotische Wandmalereien, eine aus der Lübecker Marienkirche stammende und als ein Meisterwerk norddeutscher Holzschnitzkunst geltende Renaissance-Kanzel aus der ersten Hälfte des 16. Jahrhunderts sowie ein barocker Altar zu besichtigen.
Südlich der Kirche, über dem Uferweg des Schaalsees, steht der erhalten gebliebene mächtige Ostflügel des ehemaligen Zisterzienserinnen-Klosters Zarrentin, ein detailgetreu saniertes Bauwerk aus der Mitte des 14. Jahrhunderts. Es ist der Rest einer Klosteranlage, zu der die Kirche und ein vierseitiger Kreuzgang um den Innenhof gehörten. Süd- und Westflügel waren schon Ende des 16. Jahrhunderts nicht mehr vor-

In der Kirche von Zarrentin

Der restaurierte Ostflügel des Klosters

handen. Das Nonnenkloster hatte als sogenanntes Jungfrauenkloster der Erziehung von adligen Töchtern aus umliegenden Grafschaften und aus Lübecker Patrizierfamilien gedient. Einer seiner Äbtissinnen sollen die für den Schaalsee typischen Maränen zu verdanken sein. Überliefert ist in einer Sage:

Eine Äbtissin wollte unbedingt Maränen essen und ging mit dem Teufel einen Pakt ein. Er wollte ihr die wohlschmeckenden Fische aus dem weit im Süden liegenden Bodensee holen und dafür ihre Seele haben – wenn er es schaffte, bis Mitternacht zurück zu sein. Doch als er weg war, bereute die Äbtissin ihre Zusage; eine von ihr ins Vertrauen gezogene Nonne schlug daraufhin vor, die Klosteruhr eine Stunde vorzustellen. Als dann der Teufel mit einem Netz voller Maränen gerade über dem Schaalsee war, schlug die Uhr Mitternacht. Wütend, weil ihm eine Seele entgangen war, schleuderte der Teufel die Maränen samt Netz in den See. Und da leben sie immer noch.

Wie viele andere wurde auch das Zarrentiner Kloster nach der Reformation aufgelöst. Die verbliebenen baulichen Reste waren über die Jahrhunderte Speicher und Brauerei, Amtsgericht und Bibliothek … Sanierungsarbeiten zwischen 2003 und 2006 ließen den Ostflügel zu einem Schmuckstück mit kunstvollem gotischen Kreuzrippengewölbe im Erdgeschoss werden. Hier finden Veranstaltungen und Ausstellungen statt. Das Kloster beherbergt zudem eine Bibliothek und ein kleines Museum zur Stadt- und Regionalgeschichte.

i Kirche St. Petrus und St. Paulus: Kirchplatz, 19246 Zarrentin am Schaalsee
Tel. 038851-2 57 51, www.kirche-zarrentin.de

i Kloster: Kirchplatz 8, 19246 Zarrentin am Schaalsee
Tel. 038851-83 85 10, www.kloster-zarrentin.de

i Heimatmuseum: Kirchplatz 8, 19246 Zarrentin am Schaalsee
Tel. 038851-3 36 04, www.zarrentin.m-vp.de
Öffnungszeiten: in der Saison Di/Mi 14–18 Uhr, Fr 9–12 und 14–17 Uhr, Sa/So und Feiertag 13–17 Uhr

⑲ Grenzhus und Parcours– Erkundetes Leben im Sperrgebiet

SCHLAGSDORF. Einstige Nachbardörfer von Schlagsdorf im Norden der Schaalsee-Region gibt es schon lange nicht mehr. Sie wurden zur Zeit der deutschen Teilung wegen ihrer Grenznähe »geschleift«. Das ostdeutsche Schlagsdorf nahe dem westdeutschen Ratzeburg hat überlebt, hier wird heute im Informationszentrum zur innerdeutschen Grenze, dem Grenzhus (Grenzhaus), auf vielfältige Weise vermittelt, was im Grenzabschnitt zwischen Ostsee und Elbe über Jahrzehnte geschah. Eine

Am Informationszentrum Grenzhus

Dauerausstellung informiert über die Entstehung der Grenze und ihren Ausbau. Schicksale von an der Grenze lebenden Menschen und deren beklemmende Berichte in Wort und Bild über ihren Alltag im vom Umland abgeriegelten Sperrgebiet sowie über brutale Zwangsaussiedlungen in den Jahren 1952 und 1961 stehen im Mittelpunkt. Eine Fotoausstellung »Natur und Grenze« zeigt mithilfe von Aufnahmen aus den Jahren 1989/90 und von heute den landschaftlichen Wandel einer einstigen Grenzregion zum Grünen Band. Im etwa 500 Meter entfernten Außengelände des Informationszentrums sind in einer Kiesgrube Teile der Grenzsicherungsanlagen, Grenzsignal- und Sperrzaun sowie Beobachtungsturm, zu sehen. Ein 3,5 Kilometer langer Grenzparcours, auch außerhalb der Öffnungszeiten mit einem Übersichtsplan zu begehen, führt auf mehreren Wegen und über 14 informative Stationen an die ehemalige Grenzlinie.

i Grenzhus: Neubauernweg 1, 19217 Schlagsdorf
Tel. 038875-2 03 26, www.grenzhus.de
Öffnungszeiten: Mo–Fr 10–16:30 Uhr, Sa/So 10–18 Uhr

20 Mittelalter-Juwel – Bruder Ernestus als Klostergründer

REHNA. Ein Mönch namens Ernestus wählte im Jahr 1230 das Dorf Rehna am Rande der heutigen Schaalsee-Region als Standort eines Klosters aus, in dem dann Nonnen nach den Regeln des Heiligen Benedikt lebten. Den Benediktinerinnen folgten Prämonstratenserinnen, die prosperierende Ortschaft Rehna wurde schon 1362 als Stadt bezeichnet und das Kloster gehörte im 14. und 15. Jahrhundert zu den bedeutendsten Klöstern Mecklenburgs mit großem Besitz und viel

Eine der größten mecklenburgischen Klosteranlagen – Rehna

Ansehen. Hier ließen reiche adlige Familien ihre Töchter erziehen und bedankten sich dafür mit Schenkungen. Auch Zuwendungen Lübecker Patrizier und mecklenburgischer Herzöge an das Kloster gab es reichlich. 1552 wurde es im Zuge der Reformation aufgelöst und eine wechselvolle Nutzung setzte ein.
Die nach Dobbertin (siehe S. 162) größte Klosteranlage Mecklenburgs

Klostergründer Ernestus

Rundbogenportal an der Klosterkirche

Der prächtige Festsaal mit mittelalterlichen Wandmalereien

ist heute das Juwel von Rehna und prägt die kleine Stadt mit ihren gut erhaltenen mittelalterlichen Straßenzügen. Im Klosterhof steht überlebensgroß der hölzerne Klostergründer Bruder Ernestus mit Blick auf die ursprünglich romanische Backstein-Kirche. Von ihr ist nach Umbauarbeiten im 15. Jahrhundert nur der untere Teil des Turmes erhalten geblieben, die Romanik gut erkennbar vor allem am Rundbogenportal. Auch drei Flügel des Kreuzganges und das zum Sitz der Amtsverwaltung sanierte Lange Haus haben die Zeiten überdauert. Zu entdecken gibt es in der Klosterkirche unter anderem zahlreiche Wandmalereien, Chorgestühl mit reichem Schnitzwerk aus dem 15. Jahrhundert und einen zehnarmigen Messingleuchter von 1688. Gezeigt wird bei Führungen mit Stolz der bedeutendste Raum der Klosteranlage, das um 1425 fertiggestellte Gäste-Refektorium zwischen Langem Haus und Kreuzgang und heute prächtiger Festsaal. Kreuzrippengewölbe, achtseitige Säulen, kostbare Wandkonsolen mit der Darstellung von klugen und törichten Jungfrauen sowie Gewölbeschlusssteine schmücken ihn. Zur Klosteranlage gehört ein großer gepflegter Klostergarten mit Duft-, Heilpflanzen-, Blüten- und Bibelgarten. Die legendäre Hildegard von Bingen hätte daran ihre Freude, zumal auch ihr ein Garten gewidmet ist.

i Kloster: Kirchplatz 1 a, 19217 Rehna
Tel. 038872-5 27 65, www.kloster-rehna.de
Öffnungszeiten: April bis Oktober Di–Fr 10–17 Uhr,
Sa/So und Feiertage 11–17 Uhr; November bis März Di–Fr 10–16 Uhr

Fritz Reuter auf dem Sockel in Stavenhagen, Denkmal von Wilhelm Wandschneider

Mecklenburgische Schweiz mit Kummerower See und oberem Peenetal

Karte siehe Seite 260

Hier schlägt das Herz Mecklenburg-Vorpommerns. In der sanft hügeligen Landschaft der Mecklenburgischen Schweiz mit Kummerower und Malchiner See als ihrem glänzenden Schmuck liegt in Teterow der geografische Mittelpunkt des Landes. Besucher finden in dieser ländlichen Gegend kleine Städte mit besonderem Flair und Dörfer mit Schlössern, Herrenhäusern und Parks, uralte Eichen in Ivenack und dazu den passenden Baumkuchen, gelangen über den Ausfluss des Kummerower Sees per Boot in die Peene, den Amazonas des Nordens, hinein. Begegnen können sie dem Lieblingsdichter der Mecklenburger, einem zu Unrecht kaum bekannten Auto-Erfinder und einem berühmten Reformer der Landwirtschaft.

1 Stadtgeschichten – Landesmittelpunkt und ein Hecht

TETEROW. Der Marktplatz von Teterow erzählt dem aufmerksamen Besucher, was er über die Stadt inmitten der Mecklenburgischen Schweiz unbedingt wissen sollte. Eine Metallplatte gegenüber dem Eingang zum Rathaus macht darauf aufmerksam, dass hier der geografische Mittelpunkt Mecklenburg-Vorpommerns liegt. Doch vor einigen Jahren sollte es Teterow nicht mehr sein, sondern das Dorf Prebberede etwas weiter Richtung Nordwesten. Neue Berechnungen hatten den Landesmittelpunkt auf einem dortigen Acker fixiert. Das wurde den Bürgern von Prebberede mitgeteilt, die aber nahmen das lediglich zur Kenntnis und Teterow gilt nach wie vor als der anerkannte Landesmittelpunkt. Wichtig zu wissen: Dahinter steckt keiner der Streiche, die den Teterowern einst die scherzhafte Bezeichnung »Schildbürger

Der geografische Mittelpunkt des Landes, Platte von Günter Kaden

Der Hechtbrunnen, Werk von Wilhelm Wandschneider

Malchiner Tor mit dem Stadtmuseum von Teterow

des Nordens« einbrachten und woran sie augenzwinkernd mit ihrem Hechtbrunnen am Rathaus erinnern. Dort steht über einem Granitbecken ein etwa dreijähriger Knabe mit einem über seiner Schulter liegenden großen Hecht, der am Hals ein Glöckchen trägt. Damit ist eine Geschichte verbunden, die den Hecht mit dem Glöckchen zudem zum Wahrzeichen Teterows machte. Gereimt wurde:

Es fingen einst zwei Fischerknecht vor Zeiten einen großen Hecht.
Doch wollten speisen ihn die Leut' bei einer späteren Festeszeit.
Mit einer Glocke warf man gleich ihn deshalb wieder in den Teich.
Am Boot macht einen Kerbschnitt man, damit man ihn auch finden kann.
Der Hecht jedoch, das war nicht schön, verschwand auf Nimmerwiederseh'n.

Auch wieder wichtig zu wissen ist, dass sich die Teterower nur dumm gestellt hatten, damit ihre vielen Schlaumeier nicht ständig als Ratgeber für Kaiser und Könige herhalten und die Stadt verlassen mussten. Heute feiern sie ihr jährliches Hechtfest nach dem Motto: »Noch lebt der Hecht!«, um ihrem Ruf als das Schilda des Nordens gerecht zu werden. Viel mehr noch über die Stadt und ihre humorvollen Schildbürgergeschichten ist im Museum im Malchiner Tor zu erfahren.

i Stadtmuseum: Südliche Ringstraße 1, 17166 Teterow
Tel. 03996-17 28 27, www.teterow.de
Öffnungszeiten: Di–Do 10–12 Uhr und 13–17 Uhr,
Fr 13–17 Uhr, Sa 10–16 Uhr

② Galerie im Bahnhof – Kunst aller Genres hinter Backstein

TETEROW. Der auffallend schöne Backstein-Bahnhof von Teterow mit seinen Gesimsen und Verzierungen ist schon seit mehreren Jahren nicht mehr nur Anziehungspunkt für Fahrgäste der Deutschen Bahn. Hier hat seit 2013 die Galerie für zeitgenössische Kunst des Kunstvereins Teterow ein ungewöhnliches Domizil gefunden und damit das alte Gemäuer belebt. Auf etwa 250 Quadratmetern werden ständig wechselnde Ausstellungen von Künstlern aller Genres wie Malerei, Grafik, Skulptur und Plastik präsentiert. Auch ist in der Galerie anspruchsvolles Kunsthandwerk von Keramik über Textilkunst bis hin zu Glas und Schmuck zu betrachten und zu erwerben. Hinter den backsteinroten Mauern des einstigen Zweckbaus finden ausgewählte kulturelle Veranstaltungen sowie Bahnsteigfeste und Töpfermärkte statt.

i Galerie: Bahnhof 1, 17166 Teterow
Tel. 03996-17 26 57, www.galerie-teterow.de
Öffnungszeiten: Di–Fr 10–13 und 14–18 Uhr, Sa 10–16 Uhr

Kunst hinter Bahnhofsmauern

③ Der Bergring – Faszination für Motorsport-Fans seit 1930

TETEROW. Einmal Bergring – immer Bergring, so heißt es in Teterow. Der Teterower Bergring gilt als Deutschlands schönste Grasrennbahn und als Europas größte. Jährlich zu Pfingsten kommen Tausende Zuschauer für zwei Tage zum traditionellen internationalen Bergringrennen, um lautstarke Motorsport-Wettkämpfe zu verfolgen. Nur einmal im Jahr wird der Ring für dieses Spektakel freigegeben, bei dem die Rennfahrer vor allem um das Grüne Band des MC Bergring Teterow und den Bergring-Pokal wetteifern. Schon in den 1920er Jahren fanden in Teterow Motorradrennen statt und die Stadt beschloss den Bau einer

Immer begeisterte Zuschauer

Wegweiser: Rennfahrer Hans Winkler mit der legendären Startnummer 75, Sieger am Bergring 1935

richtigen Rennstrecke in den Heidbergen. Noch bevor diese Grasbahn – entstanden auf einer festen Unterlage – im Jahr 1930 eingeweiht werden konnte, hatte sich 1928 der Teterower Motor-Fahrer-Club (TMC) gegründet, dessen Nachfolger seit 1959 der MC Bergring ist. Am 29. Juni 1930 fand das erste Motorradrennen auf der neuen Bahn statt.

Der Teterower Bergring ist einmalig wegen seiner hügeligen Strecke und deren Länge von 1877 Metern. Seine Breite beträgt zehn bis 15 Meter. Aus der Luft betrachtet ähnelt er einer Acht. Er ist sowohl mit Links- als auch mit für die Rennfahrer ungewohnten Rechtskurven, mit Steigungen bis zu 16 Prozent und Gefällen bis 14 Prozent gebaut. Fasziniert beobachten die Zuschauer Sprünge von bis zu 30 Metern am Hechtsprung sowie Geschwindigkeiten bis zu 160 km/h am Hans-Winkler-Hang. Der Bau eines Speedway-Stadions, der Speedway-Arena am Kellerholz, ermöglicht seit dem Jahr 2002 Rennveranstaltungen von April bis September. Eine neue Tradition am Bergring sind Rennen von modifizierten und historischen Fahrzeugen bis Baujahr 1959. Dann starten Hot Rods, US-Bikes, Custom Cars und klassische Grasbahn-Gespanne. Dazu erklingt Rock 'n' Roll, die Musik der 1950er Jahre.

i MC Bergring: Appelhäger Chaussee 1, 17166 Teterow
Tel. 03996-17 29 35, www.bergring-teterow.de

Mecklenburgische Schweiz

Die Mecklenburgische Schweiz ist eine Landschaft im sogenannten Rückland der Mecklenburgischen Seenplatte ohne fest fixierte Grenzen. Sie bildet den Mittelpunkt von Mecklenburg-Vorpommern, liegt rund um Malchiner und Kummerower See, reicht bis in das Peenetal hinein und erstreckt sich im Süden bis kurz vor Waren (Müritz). Die eiszeitlich geprägte Mecklenburgische Schweiz ist ausgestattet mit Höhenunterschieden bis zu 100 Metern, mit schwungvollen Hügeln und viel ursprünglicher Natur (Foto: Röthelberg bei Burg Schlitz). Neben kleineren Städten dominieren einstige Gutsdörfer, gibt es zahlreiche Schlösser und herrschaftliche Gutsanlagen. Alte Alleen durchziehen die Region. Der hier entstandene Naturpark Mecklenburgische Schweiz und Kummerower See hat eine Ausdehnung von 61 600 Hektar. Zu ihm gehören zehn Naturschutzgebiete, in denen unter anderem Kraniche und Wildgänse beobachtet werden können. Im Alten Schafstall von Basedow lädt eine kleine Naturpark-Ausstellung zu einem Besuch ein.
i www.naturpark-mecklenburgische-schweiz.de

④ Thünen-Museum – Die Gutsanlage eines Musterlandwirts

TELLOW. Im Dörfchen Tellow zwischen Teterow und Laage baute der Musterlandwirt Johann Heinrich von Thünen im 19. Jahrhundert durch intensive Bodenbearbeitung, genau bilanzierte Humuswirtschaft und Fruchtfolgen erfolgreich ein weithin bekanntes landwirtschaftliches Mustergut auf. Gleichzeitig war Thünen ein international renommierter Agrar- und Wirtschaftswissenschaftler sowie ein Sozialreformer. Mit seinem Hauptwerk »Der isolirte Staat in Beziehung auf die Landwirthschaft und Nationalökonomie« begründete er die Regionalökonomie. Die Thünenschen Kreise oder auch Thünenschen Ringe,

Johann Heinrich von Thünen

Das Gutshaus mit den angedeuteten Thünen-Kreisen

In der Landtechnik-Ausstellung

Kernstück seines Werkes, stellen eines der ersten marktwirtschaftlichen Modelle weltweit dar.
Für diesen Mann von überragender Bedeutung entstand auf dem abgelegenen Thünenschen Gut seit den 1970er Jahren und nach 1990 in verstärkter Weise ein profiliertes Personal- und Freilichtmuseum. Dessen Herzstück ist das Gutshaus mit der Thünen-Gedenkstätte und dem Modell der Thünenschen Kreise sowie das Thünen-Zentrum im Gärtnerhaus. Zu besuchen sind des Weiteren ein großer Gutspark mit wertvollem Baumbestand, eine umfangreiche Landtechnik-Ausstellung und mehrere Neubauernhäuser aus den Jahren nach 1945. Zum Areal gehören Gästehaus, Ferienwohnungen und Jugendbegegnungsstätte in historischen Gebäuden, die große Thünen-Scheune mit Galerie im Kornspeicher und ein Gutscafé, das typisch mecklenburgischen Platenkauken (Blechkuchen) als Zucker- und Streuselkuchen anbietet. Das ganze Jahr über finden in Tellow traditionelle Veranstaltungen wie ein Schlachtetag und am dritten Advent Dörpwihnacht up de Tellowsche Däl (Dorfweihnacht auf der Tellowschen Diele) statt.

i Thünen-Museum: Tellow 15, 17168 Warnkenhagen OT Tellow
Tel. 039976-54 10, www.thuenen-museum.tellow.m-vp.de, www.thuenen.de
Öffnungszeiten: täglich, Mai bis Oktober 9–17 Uhr, Oktober bis April 9–16 Uhr

5 Haustierpark – Bei Steppenrindern und Exmoor-Ponys

LELKENDORF. Im weitläufigen Haustierpark von Lelkendorf, zu finden westlich des Kummerower Sees zwischen Teterow und Neukalen, sind seltene und in ihrem Bestand gefährdete alte Haus- und Nutztierrassen in artgerechter Tierhaltung zu erleben. Anliegen der Betreiber dieses Zuchtzentrums und Schutzparks ist es, das Aussterben von alten Haustierrassen zu verhindern, denn von den 7200 weltweit vorhandenen sind 40 Prozent bedroht. Rund 400 Tiere in 45 Arten/Rassen leben in den naturnah gestalteten Lelkendorfer Gehegen, von vielen existieren weltweit nur noch wenige Exemplare. Dazu gehört das ungarische Steppenrind, das sein Zuhause in der Puszta hat und dort, seit es vom Aussterben bedroht ist, zu einer Touristenattraktion wurde. Putzig sind die Rotbunten Husumer Schweine, von denen es weltweit nur noch 120 Zuchttiere gibt. Sie sollen ihr rot-weißes Äußeres einem stillen züchterischen Protest der in Nordfriesland lebenden Dänen zu Anfang des 20. Jahrhunderts verdanken. Der dänischen Minderheit war es verboten, ihre rot-weiße Flagge zu zeigen. So mussten die Borsten der Schweine dafür herhalten. Die kleinen Exmoor-Ponys stammen aus der Eiszeit, überlebten in einem Moorgebiet in England, in das über Jahrhunderte kein Mensch gekommen war. 13 davon wurden nach Deutschland gebracht und konnten vermehrt werden. Es braucht reichlich Zeit, alle Lelkendorfer Tiere zu sehen. Doch der Besuch des Haustierparks in einer landschaftlich sehr reizvollen hügeligen Gegend ist zugleich ein schöner Spaziergang.

i Haustierpark: Peeneweg 26, 17168 Lelkendorf
Tel. 039956-2 95 09, www.haustierpark.com
Öffnungszeiten: ganzjährig, täglich 9–18 Uhr

Eine bildschöne Kulisse für seltene Haustiere

Alleen in Mecklenburg-Vorpommern

Wann und wo es die ersten Alleen hierzulande gab, ist nicht bekannt. Ende des 12. Jahrhunderts sollen deutsche Bauern, die ein dichtes Netz von Dörfern anlegten und viele Wälder rodeten, zum ersten Mal an Wegen ein- oder beidseitig Weiden, Pappeln und Ulmen sowie Obst- und Walnussbäume gepflanzt haben, um ihren Holz- und Obstbedarf zu decken. Ab dem 17. Jahrhundert schmückten Bäume die Wege zu Herrensitzen. Danach legte man Alleen in Städten an, um Schlösser und andere zentrale Gebäude optisch zu betonen. Schließlich wurden Alleen zu mit Bäumen bestandenen Straßen und Wegen außerhalb der Orte, in Mecklenburg-Vorpommern bepflanzt mit Linde, Ahorn, Kastanie, auch mit Eiche, Birke und Weide sowie mit Obstbäumen. Das Land hat heute insgesamt 4374 Kilometer Alleen (Foto: Ahorn-Allee zwischen Pölitz und Warnkenhagen nördlich von Teterow) und einseitige Baumreihen. Dazu zählen auch die 260 Kilometer der Deutschen Alleenstraße in Mecklenburg-Vorpommern, die von Sellin auf Rügen über Stralsund bis Demmin und dann durch die Mecklenburgische Seenplatte bis Wustrow an die Landesgrenze zu Brandenburg führt.

Top! 6 Mühlenhof – Ausflug zum Windmüller am Backtag

ALTKALEN. Noch warmer Streusel- oder Pflaumenkuchen, Mohnkuchen oder Bienenstich vom Blech … Wenn Besucher in der Saison zweimal wöchentlich zur Altkalener Mühle kommen, ist Backtag. Dann verarbeitet Müller Detlef Preuß selbstgemahlenes Bio-Mehl und bäckt im Freilandofen mehrere Brotsorten und Blechkuchen zum Kaffee. Auf die Obstkuchen kommen Früchte aus dem Mühlenhofgarten je nach Jahreszeit – zuerst Rhabarber, dann Erdbeeren und Stachelbeeren, später Pflaumen und Äpfel.

In der Mühle – wie zu Opas Zeiten

Frischer Kuchen vom Blech

Noch regelmäßig in Betrieb

Die Altkalener Sockelgeschossmühle südlich von Gnoien ist die einzige Windmühle im Land, die noch regelmäßig Getreide vermahlt, das von den Äckern der Region stammt. Zehn Tonnen jährlich werden zu Dinkel-, Roggen- und Vollkornmehl mithilfe von Technik wie zu Zeiten der alten Windmüller. Die Altkalener Mühle ist ein Erbstück, seit 1896 gehört sie der Familie Preuß und bis 1990 wurde in ihr noch Mischfutter hergestellt. Liebevoll restauriert, drehen sich seit 2005 die Flügel der Mühle wieder, wenn der Müller seinem Handwerk nachgeht. Doch sie ist pflegebedürftig. Soll irgendwann wie einst der Wind die jetzt noch von einem Motor bewegten Flügel in Gang bringen, müssen deren Jalousieklappen über Spenden erneuert werden. Betrieben wird die Mühle vom Verein Mühlenhof Altkalen und steht Besuchern offen für individuelle Besichtigungen und Führungen. Im Hofladen können die verschiedenen Mehlsorten des Hauses gekauft werden.

i Mühlenhof: Mühlenhof 5, 17179 Altkalen
Tel. 039973-7 03 88, www.windmehl.de
Öffnungszeiten
Backtage: Ostern bis Pfingsten und Mitte September bis dritten Advent
Mi 13–17 Uhr, Pfingsten bis Mitte September Mi/Do 13–17 Uhr
Hofcafé: Pfingsten bis Mitte September So 13–17 Uhr
Schaumahlen und Mühlenbesichtigungen nach telefonischer Anmeldung

7 Renaissance-Schätze – Mecklenburgs älteste Dorfkirche

BRISTOW. Die Gutskirche von Bristow, einem Ortsteil von Schorssow am Westufer des Malchiner Sees, ist die älteste Dorfkirche Mecklenburgs und gehört zugleich zu den ältesten und schönsten protestantischen Sakralbauten Deutschlands. Aus behauenen Granitquadern errichtet, gedrungen anmutend und mit einem Turm aus dem Jahr 1876 versehen, bildet sie mit dem Friedhof und dem 1874 im Neorenaissance-Stil errichteten Bassewitzschen Mausoleum ein geschlossenes Ensemble. Den Bassewitz-Levetzows gehörte der heute noch erkennbare Bristower Gutshof mit seinem wunderschönen Taubenhaus und dem Marstall im Tudorstil direkt neben der Kirche. Ursprünglich wurde die Kirche in der letzten Dekade des 16. Jahrhunderts von Werner Hahn aus dem Hause Basedow, der einem der bedeutendsten hiesigen Adelsgeschlechter entstammte, als schlichte Kapelle gestiftet und später von seinem Sohn Hans erweitert im Stil der Renaissance. Die äußerst prunkvolle Ausstattung war 1601 vollendet. Altar, Kanzel und Orgelempore sind dank noch rechtzeitiger Restaurierung nach 1990 weitgehend im Originalzustand erhalten und stellen einen besonderen kulturhistorischen Schatz dar. Der Altar, von einem unbekannten Künstler aus Kiefern- und Laubholz gearbeitet, hat noch

Ein Kleinod – die Bristower Dorfkirche

Der besonders schöne Renaissance-Altar

die originale Farbgebung und Bemalung. Biblische Ereignisse sind auf diesem wertvollen Renaissance-Schnitzwerk in acht Hochreliefs sehr plastisch dargestellt. Auch das Chorgestühl stammt aus der Zeit des Kirchenbaus. Die zwei noch vorhandenen Glocken wurden 1598 in Wismar gegossen. Eine Besonderheit in der Innenausstattung sind vier Kalksteintafeln mit dem Testament des 1593 verstorbenen Stifters.

i Dorfkirche: 17166 Schorssow OT Bristow
Tel: 039933-7 03 45 (Pfarramt Bülow), www.bristow.de
Öffnungszeiten: auf Anfrage

8 Burg Schlitz – Denkmale im Park, Skulpturen am Weg

HOHEN DEMZIN. Auf dem Buchenberg bei Hohen Demzin nahe Teterow thront Burg Schlitz, umgeben von einem großen Park. Hier hatte Freiherr Hans von Labes, der spätere Graf von Schlitz genannt von Goertz, 1791 das Dorf Kastorf gekauft und seinen Wohnsitz bauen lassen, den er Burg Schlitz nannte. Es entstand ein dreiflügeliges Herrenhaus, die größte klassizistische Anlage in Mecklenburg. Sie ist heute ein elegantes Hotel. Bei der Grundsteinlegung im Jahr 1811 soll übrigens erstmals der Name Mecklenburgische Schweiz verwendet worden sein, um die besondere

Burg Schlitz

Der Nymphenbrunnen

Wilfried Duwentester: Pyramide, Jimmy Schütz: Kopf, Kolivier: Kleiner roter Stuhl

Schönheit der das Anwesen umgebenden Landschaft hervorzuheben. Der von dem talentierten Autodidakten Graf von Schlitz rings um seine Burg angelegte Parkwald mit wertvollem Baumbestand sowie Seen, versteckten Teichen und Spazierwegen verbindet noch heute Schloss und Landschaft auf das Schönste miteinander. In ihm und in der Feldmark sind, einer damaligen Mode entsprechend, an die 60 Obelisken, Denkmale und Steinsetzungen aus behauenem und rohem Findlingsgranit zu finden, die an historische Begebenheiten oder Persönlichkeiten erinnern. In unmittelbarer Schlossnähe steht ein Jugendstil-Nymphenbrunnen von Walter Schott, der für den Brunnenhof des Kaufhauses Wertheim in Berlin entworfen worden war und den sich vermutlich 1934 der damalige Besitzer, Generaldirektor der Deutschen Bank Emil Georg von Stauß, nach Burg Schlitz hatte bringen lassen. Er zeigt drei anmutige Nymphen, die auf einem Sandsteintrog um ein Wasserspiel tanzen. Stauß stellte übrigens schon früh in den 1930er Jahren Burg Schlitz den Nazis als Versammlungs- und Rückzugsort zur Verfügung.
Künstler um den Maler, Holzbildhauer und Fotografen Wilfried Duwentester griffen die Ideen des Grafen von Schlitz zu Kunstobjekten in seinem Park für die Neuzeit auf und gestalteten mit ihren Arbeiten einen frei in die hügelige Landschaft führenden Skulpturenweg von Burg Schlitz bis in das kleine Dorf Görzhausen. Ihre an markanten Stellen stehenden Arbeiten sind zum Teil überlebensgroß und fügen sich harmonisch in ihre Umgebung ein. Es lassen sich bei einem Spaziergang von einem zum nächsten Kunstwerk überraschende Entdeckungen machen und die Schönheiten der Landschaft auf besondere Weise kennenlernen.

i Burg Schlitz: Burg Schlitz 2, 17166 Hohen Demzin
Tel. 03996-1 27 00, www.burg-schlitz.de

i Skulpturenweg e.V./Wilfried Duwentester: Görzhausen 3, 17166 Hohen Demzin
Tel. 03996-18 29 10, www.skulpturenweg-ev.de, www.duwentester.com

9 Ulrich sin Hus - Schloss und Scheune als Festspielorte

ULRICHSHUSEN. Im Jahr 1562 ließ sich Ulrich von Maltzahn eine Wasserburg im Stil der Renaissance in die damals noch unberührte Landschaft der Mecklenburgischen Schweiz bauen. Chroniken berichten über viele weitere Besitzer von »Ulrich sin Hus«, von mehrfachen Zerstörungen und erneutem Aufbau der wehrhaften Anlage. Der letzte große Brand von 1987 ließ nur noch die Grundmauern übrig. Dennoch kann heute hier wieder eines der bedeutendsten Renaissance-Bauwerke Mecklenburgs – das dreigeschossige Hauptgebäude von Ulrichshusen mit seinen typischen Stufengiebeln – bewundert werden. Die Nachkommen der Maltzahns hatten, zurückgekehrt zu den Wurzeln ihrer Familie, 1993 begonnen, die Burg mit großer denkmalpflegerischer Vorsicht zu restaurieren. Die einstige Ruine wurde ein Hotel und vor allem ein Ort der Künste, der auch für angemeldete Führungen offen ist. Zudem kam die mächtige alte Feldsteinscheune des Dorfes zu großen Ehren und machte Ulrichshusen weithin bekannt. Sie wurde zu einem der größten und zugleich ungewöhnlichsten Konzertsäle des Nordens ausgebaut und 1994 im Rahmen der Festspiele Mecklenburg-Vorpommern (siehe S. 98) anlässlich eines Konzertes mit Lord Yehudi Menuhin eingeweiht. Ulrichshusen, nahe der B 108 zwischen Waren und Teterow gelegen, ist das musikalische Zentrum der Festspiele und beliebtester Festspielort geworden. Künstler aus aller Welt sind hier zu Gast. Von Juni bis September gibt es Konzerte an allen Wochenenden der Festspielsaison in der inzwischen legendären Konzertscheune mit ihren 1000 Plätzen und im Festsaal des Schlosses, der 400 Plätze bietet.

i Schloss und Gut: Seestraße 14, 17194 Schwinkendorf OT Ulrichshusen
Tel. 039953-79 00, www.ulrichshusen.de

Schloss Ulrichshusen

Festspiele Mecklenburg-Vorpommern

Eines der größten Musikfestivals Europas lockt alljährlich viele Konzertfreunde in die über 80 Spielstätten im Land. Die Festspiele Mecklenburg-Vorpommern, die seit 1990 stattfinden und inzwischen zu den drei großen Klassikfestivals in Deutschland gehören (Foto: Die Herzspielstätte Ulrichshusen mit der Konzertscheune), bieten mit um die 130 Konzerten in den Sommermonaten Kulturgenuss vom Feinsten in Scheunen und Schlossparks, in Fabrikhallen, in riesigen und ganz kleinen Kirchen sowie vielen anderen, auch sehr ungewöhnlichen Orten, die zu stimmungsvollen Konzertsälen werden.

Künstler von internationalem Rang, außerordentliche Nachwuchstalente, renommierte Orchester gestalten Konzertreihen, bringen Premieren zur Aufführung und sind überall in Mecklenburg-Vorpommern zu Gast. Dazu finden umfangreiche Begleitprogramme wie Hörexperimente, Führungen und Künstlergespräche statt.

i www.festspiele-mv.de

⑩ Geschmücktes Landgut – Einmaliges Gesamtkunstwerk

BASEDOW. Das Dorf Basedow an der Deutschen Alleenstraße östlich des Malchiner Sees ist ein ganz besonderer Ort. Bis 1945 war das dortige Landgut in Besitz der Familie Hahn und Stammsitz dieses großen mecklenburgischen Adelsgeschlechtes, das seit dem Mittelalter hier bauliche und landschaftsgestalterische Spuren hinterließ. So wurden ab 1839 Herrenhaus, Dorf und Wirtschaftsgebäude durch den Architekten Friedrich August Stüler neu gestaltet. In Zusammenwirken mit Stüler legte Landschaftsgestalter Peter Joseph Lenné hinter dem Schloss einen 200 Hektar großen Landschaftspark im englischen Stil an – mit geschwungenen Wegen, schönen Sichten und Hünengräbern sowie den Ruinen einer mittelalterlichen Burganlage.
Stüler und Lenné hatten den Auftrag des damaligen Schlossbesitzers,

Mecklenburgs größtes Renaissance-Schloss auf dem Land

nach dem Vorbild einer englischen Ornamented farm ein Geschmücktes Landgut zu gestalten. Es ist ihnen offensichtlich gelungen, Basedow gilt deutschlandweit als einmaliges, komplett erhaltenes Gesamtkunstwerk. Das Schloss von Basedow, größtes Renaissance-Schloss Mecklenburgs auf dem Lande, gleicht von außen einem Märchenschloss, seine bislang unsanierten Räume können nur teilweise besichtigt werden. Anschauenswert sind ein restaurierter klassizistischer Marstall aus dem Jahr 1835, Schweizer Häuser am Dorfrand, Stallungen mit schönen Giebeln, der Alte Schafstall, in dem sich heute Bauernmarkt und Café befinden, reizvolle Gebäude im Tudorstil.
Ältestes Bauwerk ist die Basedower Kirche aus dem 13. Jahrhundert mit Feldsteinchor und 200 Jahre älterem Backstein-Kirchenschiff. Das

Basedows alte Dorfkirche

Der restaurierte Marstall

Berühmtes Klangdenkmal – eine frühbarocke Orgel

Mausoleum und der Glockenturm tragen die Handschrift von Stüler. Auch gibt es ein Stülersches Tor in der Friedhofsmauer. Die Kirche besitzt eine überaus wertvolle Innenausstattung, so einen Spätrenaissance-Altar von 1592 sowie mit Wappen und allegorischen Figuren geschmückte Epitaphien von Mitgliedern des Hahnschen Geschlechts aus dem 16. und 17. Jahrhundert.

Wertvollster Schmuck der Kirche ist jedoch ein Klangdenkmal ersten Ranges – eine frühbarocke Orgel von 1683, die in den 1970er Jahren von der Orgelbaufirma Schuke restauriert wurde. Am Unterbau der beiden Pedaltürme befinden sich zwei amüsante Figuren. Betätigt der Organist einen speziellen Registerzug, strecken die dort angebrachten sogenannten Basedower Löwen ihre Zungen heraus und rollen mit den Augen. Auf der ältesten noch erhaltenen Barock-Orgel Mecklenburgs geben namhafte in- und ausländische Organisten das ganze Jahr über Konzerte.

i Schloss-, Dorf- und Parkführungen von Mai bis Mitte November:
Gästeführerin Christel Müller, Schlossstraße 47, 17139 Basedow
Tel. 039957-2 01 50, www.gaestefuehrerin-mueller.de

i Dorfkirche: 17139 Basedow
Tel. 039957-2 03 42, www.kirchengemeinde-gielow.de
Öffnungszeiten: Mai bis September Mo–Sa 11–17 Uhr, So 14–16 Uhr, im Oktober verkürzt

i Orgelverein Basedow: Tel. 039951-23 11

⑪ Schlossreste – Kapelle mit Galerie und Park mit Sternwarte

REMPLIN. Der Schlosspark von Remplin und eine restaurierte Gutskapelle lassen einstige Pracht erahnen. Im kleinen Dorf an der Straße zwischen Malchin und Teterow war im 18. Jahrhundert auf Gutsgelände des Hahnschen Adelsgeschlechts aus einem älteren Renaissance-Bau ein dreiflügeliges barockes Schloss entstanden. Mitte des 19. Jahrhunderts formte der für seine Märchenschlösser in Mecklenburg und Pommern berühmte Architekt Friedrich Hitzig (siehe S. 110) später die Fassaden im Stil der Neorenaissance um. In Remplin traf sich damals der europäische Hochadel, im reich geschmückten Musiksaal des Schlosses fanden Konzerte mit berühmten Künstlern statt. Nach einem Brand im Jahre 1940 waren von der prächtigen Schlossanlage nur noch Fragmente erhalten. Auf Spurensuche zu gehen, lohnt sich dennoch. Der erste Weg führt zur vormaligen Gutskapelle, die Galerie und Café beherbergt und als Kunst-Kapelle mit wechselnden Ausstellungen von Malerei, Skulptur und Fotografie sowie Veranstaltungen wie den Rempliner Musiktagen und einem Parkfest eine gefragte Adresse für Kulturinteressierte ist. Viele Künstler wie zum Beispiel Bildhauer nutzen die schöne Außenanlage zur Präsentation ihrer Werke. Vorhanden, aber teilweise in einem bedauernswerten Zustand sind der Nordflügel des Schlosses sowie ein dreigeschossiger barocker Torturm, Wirtschaftsgebäude und die neogotische Gutskirche aus Backstein.

Der 35 Hektar umfassende Schlosspark zählt noch heute zu den sehenswerten Parks in Mecklenburg. Die Hahns hatten in der zweiten Hälfte des

Die Rempliner Kunst-Kapelle

Turm des Hahnschen Observatoriums im Park

Am barocken Torturm

18. Jahrhunderts von holländischen Gärtnern einen barocken Park anlegen lassen. Eine Erweiterung im Stil eines englischen Landschaftsparks nahm später Peter Joseph Lenné vor, geblieben sind – neben alten Eichen, Kanälen und Teichen – über 200 Jahre alte Lindenalleen. Am Ende eines Kanals durch den Schlosspark steht der rekonstruierte Turm der ersten Sternwarte Mecklenburgs, die Friedrich II. Graf von Hahn von 1793 bis 1805 hier betrieb. Dieses aufgeklärte Mitglied der Hahn-Familie hatte sein Gartenhaus zu einem Observatorium umrüsten lassen. An der Nordseite des Gebäudes wurde ein massiver, 14 Meter hoher, viergeschossiger Turm mit Drehkuppel angebaut. Mit den in Remplin vorhandenen Instrumenten nahm diese Sternwarte einen international führenden Platz ein. Hahns Forschungen und seine teilweise neuen Denkansätze machten ihn zu einer bemerkenswerten Persönlichkeit der Astronomie-Geschichte. Nach seinem Tod wurden die Instrumente der Sternwarte verkauft. Das wichtigste Gerät, der sogenannte Cary-Kreis, kam 1906 an das Deutsche Museum nach München und befindet sich noch heute dort. Der Verein Sternwarte Remplin e.V. betreut den Turm.

i Kunst-Kapelle: Schlossstraße 15, 17139 Remplin
Tel. 03994-2 39 74 79, www.kunst-kapelle.de
Öffnungszeiten: täglich 11–18 Uhr

Top! 12 Literaturmuseum – Visite bei Ur-Mecklenburger Reuter

Fritz Reuter

STAVENHAGEN. Dem im 19. Jahrhundert meistgelesenen deutschen Autor Fritz Reuter ist im ehemaligen Rathaus von Stavenhagen ein Museum gewidmet. Hier hatte sein angesehener Vater fast 40 Jahre lang das Amt des Bürgermeisters inne; der 1810 in diesem Gebäude geborene Sohn Fritz ging andere Wege und wurde der bedeutendste Schriftsteller niederdeutscher Sprache. Reuters Werke erschienen in mehreren Millionen Exemplaren. Übersetzt wurde er bis heute in zwölf Sprachen. Geschätzt waren sowohl seine Volkstümlichkeit, sein Humor und sein Erzähltalent als auch seine scharfe Kritik an politischen und sozialen Unzulänglichkeiten. Seine Werke verliehen und verleihen noch heute dem alten Mecklenburg ein Gesicht.

Das 1949 gegründete und mehrfach erweiterte Museum gilt, nach umfangreicher Sanierung und Neugestaltung im Jahre 2001, mit seiner modernen literarischen Ausstellung als eines der schönsten Literaturmuseen Deutschlands. Auf zwei Etagen wird fundiert und unterhaltsam zugleich über Leben, Werk und Wirkung des Ur-Mecklenburgers Fritz Reuter erzählt. Sein Geburtszimmer im Erdgeschoss ist zeitgenössisch nachgestaltet. Hand-

Szene aus Reuters Werk »Stromtid«

Fritz-Reuter-Denkmal vor dem Literaturmuseum

In der Ausstellung

Reuters Geburtszimmer im Erdgeschoss

schriften, von ihm gefertigte und seine beachtliche Doppelbegabung verdeutlichende Gemälde und Zeichnungen, Zeitdokumente und Gegenstände aus seinem Besitz belegen ein bewegtes Leben mit vielen Höhen und Tiefen. Zahlreiche Tondokumente stehen zur Auswahl, ebenso Reuter-Verfilmungen in einem Filmkabinett. Das Museum besitzt eine umfangreiche Autographen-Sammlung, ein Artikel- und ein Bildarchiv sowie eine Fachbibliothek mit etwa 15 000 Bänden – vor allem zur mecklenburgischen Geschichte, zur Reuter-Rezeption und zu niederdeutscher Literatur und Philologie. Das Haus wird gern von Reuter-Freunden und Liebhabern der niederdeutschen Sprache besucht, es finden Führungen, Vorträge und Lesungen aus niederdeutscher Dichtung statt.

Dem Maler und Illustrator Ernst Lübbert, der in Stavenhagen zur Schule ging, ist die ständige Ausstellung »Ernst Lübbert – Leben und Werk« im Haus 2 des Museums gewidmet.

i Fritz-Reuter-Literaturmuseum: Markt 1, 17153 Stavenhagen
Tel. 039954-2 10 72, www.fritz-reuter-literaturmuseum.de
Öffnungszeiten: Mo–Fr 9–17 Uhr, Sa/So und Feiertag 10–17 Uhr

⑬ Herodots Heimat – Berühmtes Gut auf Klostergelände

IVENACK. Am idyllischen Ivenacker See nahe Stavenhagen stand einst ein in der Mitte des 13. Jahrhunderts gegründetes Zisterzienserinnen-Kloster. Geblieben sind von ihm nur einige bauliche Reste der Klosterkirche, zu finden in der Turmhalle der Ivenacker Schlosskirche am Ortsausgang in Ufernähe. Das Gotteshaus, wieder aufgebaut nach Zerstörungen, erhielt Mitte des 19. Jahrhunderts sein heutiges Aussehen. Beachtenswert sind in ihm der Altar, die mit Gemälden verzierte Orgelempore, die Kanzel und eine Patronatsloge.

Auf der Wiese vor der Kirchentür lenkt ein einsames eisernes Gutstor den Blick auf ein Herrenhaus, einen markanten dreiflügeligen Putzbau am Seeufer, und weitere Gebäude in seiner Nähe. Die vormals bedeutende Ivenacker Gutsanlage am Ort des alten Klosters ist ein schrundiges Denkmal mecklenburgischer Adelsgeschichte und in der Gesamtheit

Schloss Ivenack mit altem Gutstor

Die ehemalige Schlosskirche

Das alte Pfarrhaus im Dorf

Herodot-Eiche zwischen Basepohl und Stavenhagen

Hengst Herodot auf einem Gemälde

von Schloss, Teilen des großen Marstalls, Teehaus und Orangerie stark restaurierungsbedürftig. Im ehemaligen Gutsdorf hingegen finden sich mehrere gut erhaltene, denkmalgeschützte Gebäude, so das Pfarrhaus und die alte Schule. Ivenack – eines der bekanntesten Güter Mecklenburgs mit häufig wechselnden Besitzern – erlangte Berühmtheit vor allem dank seiner Pferdezucht. So war zu Beginn des 19. Jahrhunderts Herodot, ein Zuchthengst aus dem gräflichen Plessenschen Gestüt, weit über die Grenzen Mecklenburgs hinaus in aller Munde, obwohl er nie Rennen lief. Um diesen Apfelschimmel ranken sich viele Erzählungen. Im Jahre 1806 soll er im Stamm einer dicken Eiche versteckt worden sein vor dem Pferdenarr Napoleon, der gezielt nach ihm suchen ließ. Doch sein Wiehern verriet den Hengst und er wurde nach Frankreich gebracht, konnte jedoch später wieder zurückgeholt werden. Er verstarb im Alter von 35 Jahren auf dem Gut und wurde zwischen Stavenhagen und Basepohl auf freiem Feld unter der inzwischen nachgepflanzten Herodot-Eiche bestattet.

i Kirche: Eichenallee 25, 17153 Ivenack
Tel. 039954-3 07 50, www.kirche-mv.de
Öffnungszeiten: Mai bis Oktober 10–18 Uhr

Die alten Eichen – schön zu jeder Jahreszeit

⑭ Legendäre Baumwunder – Nahezu 1000 Jahre alte Eichen

IVENACK. Zu allen Jahreszeiten kommen Besucher in den außerhalb des Dorfes gelegenen Tiergarten von Ivenack. Auf dem 70 Hektar großen Gelände nahe Stavenhagen pflegt das hiesige Forstamt mit Unterstützung der Jost-Reinhold-Stiftung die berühmten, teilweise an die 1000 Jahre alten und als Naturmonument ausgewiesenen Ivenacker Eichen. Die größte Eiche hat einen Durchmesser (in Brusthöhe) von knapp 3,5 Metern, eine Höhe von etwa 35,5 Metern, ein Holzvolumen von 180 Kubikmetern und ist um die 1000 Jahre alt. Sie gehört damit zu den stärksten lebenden Eichen in ganz Europa. Die filigrane Konstruktion eines Baumwipfelpfades ermöglicht besondere Blicke auf die wertvollen Bäume. Dafür schlängelt sich eine Wendelrampe mit einer Steigung von sechs Prozent auf 21 Meter Höhe und bringt zu einem 40 Meter hohen Turm.

Modell des Baumwipfelpfades

Ivenacker Baumkuchen

Ick weit einen Eikbom, de steiht an de See,
De Nurdsturm, de brust in sin Knäst;
Stolz reckt hei de mächtige Kron in de Höh;
So is dat all dusend Johr west …
Fritz Reuter

(Ich weiß einen Eichbaum, der steht an der See,
Der Nordsturm, der braust im Geäst;
Stolz reckt er die mächt'ge Kron' in die Höh';
So wie das schon tausend Jahre ist …)
Fritz Reuter

Reuter-Torte

Den Ivenacker Stieleichen wird einer alten Sage nach eine wundersame Art der Entstehung nachgesagt:

> *Sieben Nonnen des nahen Klosters, die aus der Einsamkeit fliehen wollten, hatten mit dem Teufel einen Pakt geschlossen. Um Mitternacht wollte er sie befreien, stellte aber eine Bedingung: Sie dürften sich bei ihrer Flucht nicht umdrehen. Doch eine nach der anderen sah sich um. Zur Strafe verwandelte der Teufel die sieben neugierigen Frauen in Eichen. Als nach 1000 Jahren eine Eiche abstarb, war die erste Nonne erlöst. Hundert Jahre später kam die zweite Nonne frei …*

Eine hübsche Geschichte, doch die Eichen von Ivenack sind mit Sicherheit keine verwunschenen Nonnen des Zisterzienserinnen-Klosters am Ivenacker See (siehe S. 105), sondern Zeugnisse eines mittelalterlichen Hudewaldes (Hütewald). Der Wald wurde als Viehweide genutzt, auf der die Tiere kaum junge Bäume aufwachsen ließen. Nur wenige Bäumchen, die dem Verbiss entgingen, hatten den Platz und die Chance, mit gewaltigen

Einige der Turopolje-Schweine in ihrem Schaugatter

Ganz gemütlich Damwild beobachten

Stämmen und mächtigen Kronen heranzuwachsen. Zur Pflege der Bäume wahrt man heute die natürlichen Bedingungen des Hudewaldes, unter denen die Eichen so alt und stark wurden. Im Tiergarten lebendes Damwild ersetzt das Weidevieh. Die Tiere bewegen sich frei im Gelände, kein Zaun trennt sie im Damwild-Gehege von den Besuchern. Die können im gesamten Tiergarten ein zehn Kilometer langes Wanderwegenetz nutzen. Das bringt sie auch zu einem 1,5 Hektar großen Schaugatter, in dem sich im Jugoslawien-Krieg beinahe ausgerottete kroatische Turopolje-Schweine gütlich tun an Eicheln und Bucheckern. Sie stammen aus dem Lelkendorfer Haustierpark (siehe S. 91), sind eine »lebende Genreserve« und bekommen tatsächlich reichlich Nachwuchs.
Am Barockpavillon mit einer interaktiven Führung durch das Leben einer Eiche und mit freiem Blick auf Damwild erwartet das Café im Tiergarten seine Gäste. Traditionsbewusst bietet es zwei Spezialitäten an: Ivenacker Baumkuchen und eine reich verzierte Reuter-Torte. Sie werden, neben weiteren köstlichen Kuchen und Torten sowie Pralinen, von der nicht nur in der Mecklenburgischen Schweiz bekannten Familien-Konditorei Komander in Grammentin am Kummerower See gefertigt.

i Tiergarten: 17153 Ivenack, Haupteingang an der Straße nach Basepohl
Tel. 039957-29 80 (Forstamt Stavenhagen), www.wald-mv.de,
www.ivenacker-eichen.de, Führungen: Tel. 0173-2 47 21 66
Öffnungszeiten
Tiergarten: ganzjährig, rund um die Uhr
Barockpavillon: April bis Oktober täglich 10–18 Uhr
Café am Tiergarten: April bis Oktober täglich 11–18 Uhr,
im Winter Sa/So 12–17 Uhr

i Familien-Konditorei Komander: Dorfstraße 7, 17153 Grammentin
Tel. 039952-2 39 12, www.ivenacker-baumkuchen.de

15 Herrenhaus – Ein Märchenschloss von Friedrich Hitzig

KITTENDORF. Nur wenige Kilometer südlich von Stavenhagen Richtung Waren an der B 194 steht das märchenhaft anmutende Herrenhaus Schloss Kittendorf. Es gilt als eines der repräsentativsten Adelshäuser der Region und ist heute ein Schloss-Hotel. Auftraggeber war Hans Friedrich von Oertzen, ein Kammerherr des Großherzogs von Mecklenburg-

Ein romantischer Hitzig-Bau – Schloss Kittendorf mit Baumkreisen davor

Schwerin, der selbst oft hier geweilt haben soll. Kittendorf gehört zu den fünf romantischen Schlössern des Schinkel-Schülers Friedrich Hitzig (siehe S. 101), die dieser äußerst produktive Architekt in der Mitte des 19. Jahrhunderts innerhalb von knapp zehn Jahren im heutigen Mecklenburg-Vorpommern baute. Es wurde zwischen 1848 und 1853 – als Pendant zum kurz zuvor fertiggestellten Schloss Babelsberg bei Potsdam – im Baustil der Tudorgotik nach englischem Vorbild errichtet. Türmchen, Erker, Zinnen und Balkone schmücken das repräsentative Gebäude, im Inneren blieben wertvoller Stuck, Intarsienfußboden im Festsaal, ein großes Buntglasfenster mit Jagdmotiven und anderes mehr erhalten. Das Herrenhaus im nahen Bredenfelde ist ein weiterer Hitzig-Bau.
Am Schloss befindet sich ein 20 Hektar großer romantischer Landschaftspark, der seinerzeit mit 110 Hektar zu den größten Anlagen Mecklenburgs zählte und vermutlich von Landschaftsarchitekt Peter Joseph Lenné konzipiert wurde. Er ließ die Peene zu einem Teich aufstauen und durch die Parkanlage fließen. Eine vierreihige Lindenallee führt von Nordwesten auf das Schloss zu, auf ungewöhnliche Art wurden auf dem Gelände Bäume in engen Kreisen gepflanzt.

i Schloss-Hotel: Dorfstraße 47, 17153 Kittendorf
Tel. 039955-5 00, www.schloss-kittendorf.de

16 St. Johannis – Imposante Basilika mit reichen Schätzen

MALCHIN. Die Kleinstadt Malchin im Herzen der Mecklenburgischen Schweiz besitzt mit ihrer St. Johanniskirche ein überaus großes Gotteshaus. 1247 als romanische Kirche errichtet, zerstörte ein Brand Ende des 14. Jahrhunderts den Bau und die Kirche entstand als gotische Backstein-Basilika neu. Sie ist mit beachtlichen Schätzen ausgestattet. Als besonders wertvoll gilt der Marienaltar in der Marienkapelle. Er wurde vermutlich noch vor 1440 in einer Lübecker Werkstatt von einem unbekannten Meister gefertigt. Es ist ein Altarbild mit einem festen Mittelteil und vier beweglichen Flügeln, zwei inneren und zwei äußeren. In Abhängigkeit von Anlässen und Festen im Kirchenjahr wird der Altar geöffnet oder geschlossen. Zu Weihnachten und zu Ostern gibt der komplett geöffnete Altar die Festtagsseite mit vergoldeten Schnitzfiguren von 36 Heiligen frei. Gezeigt wird ansonsten eine Alltagsseite mit biblische Szenen darstellenden Malereien. In der Fastenzeit wird die schlichte dritte Variante, die Passionsseite, sichtbar gemacht. Ein weiterer Schatz ist die Orgel, 1877 von dem mecklenburgischen Orgelbauer Friedrich Friese für die Malchiner Kirche gebaut. Das Mecklenburger Wappen an der Orgelempore erinnert an die Zeit von 1621 bis 1918, als

Malchins große Kirche im Stadtzentrum

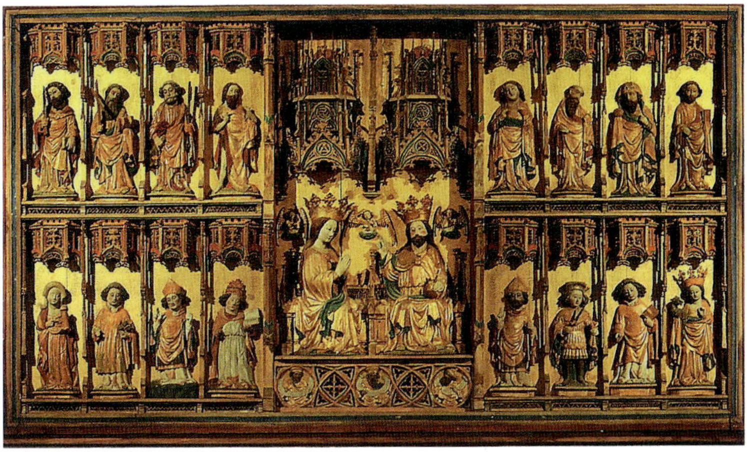

Der einzigartige Marienaltar

Friese-Orgel von 1877

Die Bäcker-Kanzel

Malchin – neben Sternberg bei Schwerin – Tagungsort der Landtage war (siehe S. 29). Ein Malchiner Bäcker stiftete der Überlieferung nach die schöne hölzerne Renaissance-Kanzel aus dem Jahr 1571.

i Kirche St. Johannis: Schweriner Straße 5, 17139 Malchin
Tel. 03994-29 94 65, www.st-johannis-malchin.de
Öffnungszeiten: Mai/September Mo–So 11–15 Uhr,
Juni bis August Mo–So 11–17 Uhr

17 Genialer Erfinder – Erinnerungen an Siegfried Marcus

Siegfried Marcus

MALCHIN. Eine ambitionierte Würdigung im Museum, der Marcus-Platz mit einem Marcus-Brunnen aus beweglichen Metallzylindern, das Hotel Marcus mit Marcus-Relief, ein großes Wandbild und die nach Siegfried Marcus benannte Schule erinnern in Malchin an den wohl bedeutendsten Sohn der Kleinstadt. Der geniale und trotz allem deutschlandweit nur wenig bekannte Erfinder wurde 1831 in einer jüdischen Malchiner Kaufmannsfamilie geboren und hatte im Ort eine Mechanikerlehre absolviert, bevor er über Hamburg und Berlin als Ingenieur und Mechaniker nach Wien ging. Dort besaß er mit 25 Jahren bereits seine eigene Werkstatt und machte eine Erfindung nach der anderen: Geräte für das graphische Gewerbe, Telegraphen-Apparate, elektrische Zünder, später Vergaser und Benzinmotoren. Bekannt sind etwa 130 Patente. Populär wurde Marcus jedoch vor allem durch seine

Der Nachbau des ersten Marcus-Wagens aus dem Jahr 1870 im Museum

zwei Motorwagen. Um 1870 baute er den ersten benzinbetriebenen Motor der Welt und stattete damit ein einfaches, handwagenartiges Fahrzeug aus, den ersten Marcus-Wagen. Das Malchiner Museum in der früheren Stadtmühle an der Peene zeigt, neben mehreren Dauerausstellungen zur Stadtgeschichte, einen Nachbau des ersten Marcus-Wagens sowie eine Reihe von Objekten und Informationen zu einigen seiner Erfindungen. Der zweite Marcus-Wagen von 1889, heute das älteste im fahrfähigen Zustand erhaltene Automobil überhaupt, ist im Original in Wien zu sehen.

i Museum: Goethestraße 5, 17139 Malchin
Tel. 03994-22 72 35, www.museum-malchin.de
Öffnungszeiten: April bis Oktober Di–Fr 10–12 und 13–16 Uhr, So 14–17 Uhr
Führungen können jederzeit vereinbart werden.

Marcus-Brunnen vor dem Hotel Marcus

Museum in der ehemaligen Stadtmühle

⑱ Rathaus – 72 Zunftwappen und eine schöne Aussicht

MALCHIN. Wohl nur wenige Städte können wie Malchin darauf verweisen, dass sie ein fünftes Rathaus in ihrem Zentrum zu stehen haben. Das jüngste stammt aus den 1920er Jahren und wäre wohl kaum ein touristisches Ziel, gäbe es da nicht in seiner ersten Etage einen besonderen Saal sowie den Turm des Rathauses mit Ausblick. Seit jeher war Malchin reich gesegnet mit Handwerkern und anderen Berufsgruppen, denn nicht nur die Stadtbewohner, sondern vor allem die vielen umliegenden Güter hatten reichlich Aufträge für die unterschiedlichsten Gewerke und Dienstleister. Im Saal des Rathauses wurde jenen, die sicher kräftig zu Wohlhabenheit und Ansehen beitrugen, ein würdiges Denkmal gesetzt. 72 farbenprächtige Wappen aller bis weit in das Mittelalter hinein jemals in der Stadt vertretenen Zünfte schmücken dort die Wände und erinnern auch an Berufe, die heute kaum noch einer kennt, beispielsweise an Seifensieder oder Riemer. Zu besichtigen ist zudem der Rathausturm, erreichbar über eine freistehende Wendeltreppe mit 52 Stufen. Es lohnt sich, denn der Blick geht weit in alle Richtungen, so auch zum nur wenige Kilometer entfernten Kummerower See (siehe rechts). Dazu gibt es launige Erläuterungen auf kleinen Messingschildern in Plattdeutsch. So lautet der Spruch Richtung Süden und hin zur etwas höher liegenden Reuter-Stadt Stavenhagen: »Wiet hinner

Malchins fünftes Rathaus

Farbenfrohe Zunftzeichen, insgesamt 72, im Rathaussaal

Rathausturm mit Rundblick

lange Hügels, baben, licht Fritzing Reuter sien Stemhagen« (Weit hinter langgezogenen Hügeln liegt darüber Fritzing Reuters Stavenhagen).

i Rathaus: Am Markt 1, 17139 Malchin, Tel. 03994-64 01 11, www.malchin.de Öffnungszeiten für Touristen: April bis Oktober Mo–Fr 10–16 Uhr, Juli und August zusätzlich Sa 10–12 Uhr; November bis März Mo–Fr 10–12 und 13–15 Uhr

Kummerower See

Mit einer Fläche von 32,55 Quadratkilometern ist der Kummerower See der viertgrößte See Mecklenburg-Vorpommerns und siebtgrößter Deutschlands. Er bildet mit dem 14 Quadratkilometer großen Malchiner See das Herzstück des 61 600 Hektar großen Naturparks Mecklenburgische Schweiz und Kummerower See. Das westliche Ufer des Kummerower Sees gehört zu Mecklenburg, das östliche mit den Orten Verchen und Kummerow zu Vorpommern. Der See ist rund elf Kilometer lang, im Mittel drei Kilometer breit und hat eine durchschnittliche Tiefe von acht Metern. An der westlichen Uferzone wächst, außer beim Erholungsort Salem (Foto), Schilf, sie hat jedoch eine zum Teil 37 Meter hohe Steilküste mit Ausblicken auf die Mecklenburgische Schweiz. Die östliche Uferzone gilt als ein Eldorado für Wassersportler, die über die Peene und über die Peenekanäle den See erreichen können. Am See mit seinem klaren Wasser gibt es mehrere Badestellen, hier kann gesurft und gesegelt, geangelt und gewandert werden. Ein ausgeschilderter Fahrradweg führt um ihn herum.

i www.naturpark-mecklenburgische-schweiz.de

⑲ Geheimtipp – Fotografische Sammlung Schloss Kummerow

KUMMEROW. Eine Perle der Architekturgeschichte des Landes wird nie wieder glänzen wie früher. Geht es nach dem heutigen Eigentümer, zeigt Schloss Kummerow am südlichen Ende des Kummerower Sees, einst eines der schönsten Barock-Schlösser Pommerns, auch in Zukunft immer Spuren jeglicher Nutzung in seiner Geschichte. Schon an der Eingangstür ist eine Fläche belassen, die den ursprünglichen Zustand vor der Restaurierung erkennen lässt. Das wiederholt sich im Inneren als ein besonderes Gestaltungselement für die Räumlichkeiten.

Hier wurde seit 2012 und wird noch behutsam und durchdacht repariert und ergänzt. Zugleich ist der erste Teil der noch als Geheimtipp geltenden Fotografischen Sammlung Schloss Kummerow aus den Beständen der Kunstsammlung des Schlosseigentümers und Berliner Unternehmers Torsten Kunert zu besichtigen. Diese bislang unbekannte Privatsammlung umfasst den Zeitraum seit dem Zweiten Weltkrieg und wird ständig vervollkommnet. Sie bietet Zeugnisse jüngerer Kunstgeschichte, so Werke renommierter Stars der Fotografie- und Videoszene wie Candida Höfer, Helmut Newton und Marina Abramović, des Weiteren von bekannten Ost-Fotografen wie Ute Mahler, Arno Fischer und Harald Hauswald. Außerordentlich sind zahlreiche großformatige Fotos, die auf modifizierte Weise vormaligen Gobelin-Wandschmuck »ersetzen«.

Das Schloss von Kummerow in den Überresten eines Lennéschen Landschaftsparks teilt das Schicksal vieler der weit über 2000 Adelssitze in Mecklenburg-Vorpommern, die bis 1945 zumeist in Eigentum von später enteigneten Besitzern waren. Das mit 3500 Quadratmetern Wohnfläche reichlich Platz bietende Kummerower Schloss wurde nach 1945 Krankenstation, Bleibe für viele Flüchtlinge aus dem Osten, später Konsum, Kin-

In Seenähe – Schloss Kummerow

Wappen am Mittelrisalit

Zum Teil bewusst unsaniert geblieben

dergarten, Gemeindebüro ... Vom einstigen Glanz des Herrenhauses aus reichem Maltzahnschen Besitz blieb nicht viel übrig. Dieses Geschlecht verfügte seit Anfang des 14. Jahrhunderts bis zum Ende des Zweiten Weltkrieges in dem Grenzort zu Mecklenburg über umfangreichen Besitz. Ihr in der ersten Hälfte des 18. Jahrhunderts errichtetes Schloss mit Blick auf den See war der repräsentative Kern einer großen Gutsanlage, innen besaß es ein großes Treppenhaus und reichlich Stuck, schmückten es unter anderem Öfen mit kunstvollen Kacheln und Gobelins mit Jagd- und Schäferszenen.

i Schloss: Dorfstraße 114, 17139 Kummerow
Tel. 039952-23 51 80, www.schloss-kummerow.de
Mitte April bis Mai Fr-So 11–17 Uhr, Juni bis September Mi–So 11–17 Uhr, Oktober Fr-So und Feiertag 11–17 Uhr
Sonderöffnungszeiten: siehe Homepage, Führungen und Besichtigungen außerhalb der Öffnungszeiten nach Vereinbarung

20 St. Marien – Kunstschätze in der Klosterkirche

VERCHEN. Der kleine gemütliche Urlaubsort Verchen am nördlichen Ufer des Kummerower Sees und am Abfluss der Peene hat seinen Namen dem Gründer des hiesigen ehemaligen Klosters zu verdanken, einem slawischen Adligen namens Janice von Virchin. Die im Kloster lebenden Benediktinerinnen durften nach der Reformation bleiben, doch vernichtete später ein Großbrand die meisten der Klostergebäude. Die erhalten gebliebene, von alten Bäumen umrahmte frühgotische Kloster-

Klosterkirche St. Marien

Schätze der Klosterkirche: Altar, Glasfenster, Wandmalereien und Holzskulpturen

kirche St. Marien entstand zwischen 1269 und dem beginnenden 15. Jahrhundert. In ihrem verputzten, weiß getünchten Innenraum sind wertvolle Kunstschätze zu entdecken. Dazu gehören schöne Glasmalereien vom Ausgang des 15. Jahrhunderts auf den drei Chorfenstern, sie zählen zu den ältesten in Mecklenburg-Vorpommern. Dargestellt sind unter anderem eine Kreuzigungsgruppe und die Wappen verschiedener Adelsfamilien. Der Altaraufsatz, von dem nur noch der Mittelschrein existiert, gilt als der vermutlich älteste noch vorhandene in Vorpommern. In Langhaus und Chorgewölbe lassen sich zudem mittelalterliche Malereien betrachten. Über dem Altar fallen vier verzerrte Männergesichter auf. Es sind sogenannte Drolerienköpfe, derbe und karikierende Darstellungen, die vor allem in gotischen Kirchen am Rand der Dächer als Wasserspeier fungierten. Eine kleine kunsthistorische Ausstellung erläutert den Wandmalerei-Zyklus im Kirchenschiff. Bemerkenswert ist auch die bunt bemalte Kanzel mit ihren reichen Schnitzereien.

i Klosterkirche St. Marien: Pastorweg, 17111 Verchen
Tel. 039994-1 04 43, www.kirche-mv.de, www.verchen.de
Öffnungszeiten: im Sommerhalbjahr von 9 bis 19 Uhr, im Winter nach Bedarf

21 Kloster und Schloss – Ruinen als zauberhafte Kulisse

DARGUN. Mit seiner großen Kloster- und Schlossanlage und dem umliegenden Park hat das Städtchen Dargun im Norden des Kummerower Sees und dicht am Naturpark Peenetal eine besondere Sehenswürdigkeit zu bieten. Die Reste der im Frühjahr 1945 durch Brandstiftung zerstörten und seit 1990 gesicherten Gebäude sind zu einem Magnet für Besucher geworden. Umfangreiche Sanierungen ermöglichen es, die stattliche Ruine zu nutzen. In der zauberhaften Kulisse von Innenhof und Klosterkirche finden viele Veranstaltungen wie der Darguner Musiksommer statt. Im 3,5 Hektar großen Park sind Hochzeitspavillon, ein Hainbuchen-Laubengang und Hunderte Jahre alte Eiben zu entdecken. Am Schloss wurde der Mittelrisalit wieder hergestellt. Durch das Tor geht es in den quadratischen Innenhof mit Galerien, Säulen und Arkaden, zur Klosterkirche und auch über eine 92-stufige Wendeltreppe auf die Plattform eines Aussichtsturmes. Aus 25 Metern Höhe lässt sich auf die umliegende Landschaft und in die Reste des Chores und des Querhauses der dreischiffigen Klosterkirche blicken. Das Langhaus ist überdacht und die Fenster sind verglast, hier finden Konzerte und Ausstellungen statt.
Angesichts der mittelalterlichen Architektur kommt Hochachtung auf für die Zisterzienser-Mönche, die – anfangs aus dem dänischen Esrom kommend – das Kloster

Das Gelbe Tor am Eingang

Reste von Kloster und Schloss Dargun

Das Modell der noch intakten Anlage

Im Chor der Klosterkirche

1172 gründeten und 1225 aus selbstgebrannten Backsteinen Klausur und Kirche zu bauen begannen. Dargun gilt nach Doberan an der Ostseeküste als das zweitälteste Kloster in Mecklenburg-Vorpommern. Nach der Reformation gelangte die Abtei an die Fürstenhäuser Mecklenburg-Güstrow und später Mecklenburg-Schwerin, wurde – unter Verwendung der mittelalterlichen Bausubstanz – zu einer dreigeschossigen Renaissance-Vierflügelanlage mit Ecktürmen umgebaut. Ab Ende des 19. Jahrhunderts bis 1945 war hier die erste landwirtschaftliche Schule Mecklenburgs untergebracht.

Zur Kloster- und Schlossanlage gehören ein Klosterladen und ein Café im alten Kornspeicher. Im ehemaligen Gästehaus neben dem Eingang lädt Uns Lütt Museum ein, seine Schätze in 15 Räumen und im Freigelände kennenzulernen.

i Kloster- und Schlossanlage: Schloss, 17159 Dargun
Tel. 039959-2 23 81, www.dargun.de
Öffnungszeiten
Innenhof, Klosterkirche, Aussichtsturm:
Mai bis Mitte September Di–Fr 10–12 und 13–17 Uhr,
Sa/So 13.30–16.30 Uhr; Vor- und Nachsaison Mo–Do 10–12 und 13–16 Uhr, Fr 10–12 Uhr
Klosterladen: täglich 10–12 und 14–16 Uhr

i Uns Lütt Museum: Kloster- und Schlossanlage, Schloss 13 (Klosterdamm 6), 17159 Dargun, Tel. 039959-2 03 81, www.museum-dargun.de
Öffnungszeiten: April bis Juni und September/Oktober
Sa/So 13.30–16.30 Uhr; Juli/August Mi/Do und Sa/So 13.30–16.30 Uhr

Peene und Flusslandschaft Peenetal

Von den Höhenzügen der Mecklenburgischen Schweiz strömen mehrere Wasserläufe in den Malchiner und Kummerower See. Alle diese Flüsschen tragen den Namen Peene. Eigentlicher Quellfluss ist die Neukalener Peene, die amtliche Kilometrierung jedoch beginnt an der schiffbaren Peene bei Malchin am dortigen Hafen. Die Peene ist ab Malchin bis zur Mündung in den Peenestrom hinter Anklam 104 Kilometern lang und damit drittlängster Fluss Mecklenburg-Vorpommerns. Ab Auslauf aus dem Kummerower See bei Verchen (Foto: Fähre an der Aalbude) schlängelt sie sich als einer der letzten unverbauten Flüsse Deutschlands gemächlich über 85 Kilometer weiter östlich bis zum Peenestrom, in den sie breitfächrig mündet. Ihre natürliche Tiefe beträgt drei bis vier Meter, sie hat insgesamt nur ein Gefälle von 28 Zentimetern. Deshalb durchquert sie ohne nennenswerte Eigenströmung die Moorlandschaften des im Jahr 2011 gegründeten und damit jüngsten deutschen Naturparks Flusslandschaft Peenetal. Die Flussniederung als Kernzone ist mit 20 000 Hektar eines der größten zusammenhängenden Moorgebiete Mittel- und Westeuropas. Der Naturpark Flusslandschaft Peenetal mit seinem Besucherinformationszentrum in Stolpe bei Anklam umfasst insgesamt eine Fläche von 33 400 Hektar. Die Peene, der sogenannte Amazonas des Nordens, gilt als Sehnsuchtsziel vieler Wasserwanderer.

i www.naturpark-flusslandschaft-peenetal.de

㉒ Große Rosin – Vogelparadies im Moorwiesen-Reservat

DARGUN/VERCHEN. Nahe der Aalbude, einem beliebten Ausflugsziel im oberen Peenetal und erreichbar von Verchen aus mit einer Fähre beziehungsweise von Dargun aus über den Kützerhofer Damm, liegen die Polderwiesen der Großen Rosin. Es ist ein Moorwiesen-Reservat am Westufer des Kummerower Sees zwischen Dargun und Neukalen. Noch im Oberlauf der Peene breiten sich große Überschwemmungsflächen kilometerweit aus und bieten Tausenden Wasservögeln Heimstatt und Nahrung. Es siedelten sich große Brutkolonien von Lachmöwen,

Beobachtungsturm an den Polderwiesen der Großen Rosin

Trauer- und Flussseeschwalben, Graugänsen und Enten sowie Zwergsumpfhühnern an. Seeadler haben hier ein Jagdrevier. Seit etwa dem Jahr 2000 werden Silberreiher aus dem Südosten Europas und aus Frankreich heimisch, die sich mit den hiesigen Graureihern gut vertragen. Zudem sind beachtliche Kranich-Populationen zu beobachten. Das flache Wasser bietet den Zugvögeln bei ihrer Rast sichere Schlafplätze, hier können sie stehend übernachten. Ist von der Großen Rosin die Rede, bezeichnet sie mancher schon als Kleinstausgabe des südamerikanischen Pantanal, eines der größten Binnenland-Feuchtgebiete der Welt und Welterbe der UNESCO. Ornithologen aus ganz Deutschland und dem Ausland kommen hierher, um Vögel zu beobachten. Nahe der Aalbude steht einer von mehreren Beobachtungstürmen. In Verchen gibt es eine Naturpark-Information und Kanustation, die Angebote für Touren in das ursprüngliche obere Peenetal mit Kanus und Solarboot macht.

i Naturpark-Information und Kanustation Abenteuer Peenetal:
Seestraße 7, 17111 Verchen
Tel. 039994-74 99 37, Mobil 0174-1 65 29 15, www.abenteuer-peenetal.com
Öffnungszeiten: Mai bis September täglich 9–18 Uhr,
Oktober bis April auf Anfrage

i Aalbude: Aalbude 2, 17159 Dargun
Tel. 039959-2 76 79, www.ausflugsrestaurant-aalbude.de

㉓ Hanseflair – Auf Spurensuche durch die Dreistromstadt

DEMMIN. In einer der wenigen Städte im Peenetal gibt man sich hanseatisch. Zu Recht, denn von 1283 bis 1607 gehörte Demmin im Dreistromland von Peene und den hier mündenden Flüssen Trebel und Tollense dem Hansebund an. Es verbündete sich mit den pommerschen Hansestädten Greifswald, Stralsund und Anklam zu einem Vierstädtebund. Seit 1992 ist Demmin Mitglied im Hansebund der Neuzeit und führt seit 1994 den Zusatznamen Hansestadt. Das entsprechende Flair lässt sich heute vor allem noch rund um das Hanseufer an der Peene erkennen. Hier liegt der städtische Hafen, ein Wirtschaftshafen von 320 Metern Länge und einer Tiefe von 2,7 Metern, und stehen Speicher aus dem 19. und von Anfang des 20. Jahrhunderts. Im größten mit einem Fassungsvermögen von 15 000 Tonnen und gebaut 1940 wird Getreide gelagert. In dieser Gegend starten auch die beiden Fahrgastschiffe der Peeneschifffahrt zu ihren Touren. Weit zurück in die Hansegeschichte geht es jedoch im Hanseviertel auf der nahen Fischerinsel, wo Mittelalter in Gebäuden und Szenen nacherlebbar wird – beim Fischen, Spinnen, Brotbacken, Töpfern und vielem anderen – und Wissenswertes über die Hansezeit zu erfahren ist. Hier

Demmins blaue Klappbrücke

Alte Speicher am Hanseufer

Hansebrunnen vor dem neuen Rathaus

Eingang zum Hanseviertel

beginnt auch ein Naturlehrpfad. Es ist zudem ein Platz zum Feiern. Im Stadtzentrum, das durch seine dramatische weitgehende Zerstörung am Ende des Zweiten Weltkrieges nicht mehr viel mittelalterliche Bausubstanz aufzuweisen hat, präsentieren sich einige wenige Schmuckstücke wie Luisentor und Pulverturm. Vor dem in den 1990er Jahren an alter Stelle und von außen nach historischem Vorbild errichteten Rathaus der 11 500-Einwohner-Stadt steht der Hansebrunnen von Günter Kaden. Er zeigt zwei Männer, die wie zu Hansezeiten üblich per Handschlag einen Vertrag besiegeln.

i Hanseviertel: Fischerinsel, Baumannstraße, 17109 Demmin
Tel. 0162-3 06 31 81, www.demmin.de
Öffnungszeiten: Mai bis September Mi–So 10–16 Uhr

i Peeneschifffahrt, Kapitän Ingo Müller: Baumannstraße 1, 17109 Demmin
Tel. 03998-28 28 74, www.amazonaspeene.de

Bootstour auf der Peene vorbei am mittelalterlichen Hanseviertel

24 Wahrzeichen – St. Bartholomaei mit besonderer Orgel

Dominante St. Bartholomaei

DEMMIN. Der mit 92 Metern und einem Drei-Meter-Kreuz außergewöhnlich hohe und völlig aus Ziegelsteinen gemauerte filigrane Turm der St. Bartholomaei-Kirche von Demmin ist schon von Weitem zu sehen. Das Wahrzeichen der Hansestadt begrüßt seine Besucher dann mit einem schönen Kirchplatz, wo die alten Glocken des Gotteshauses einen dekorativen Platz gefunden haben. Im Gestühl hoch oben hängt seit 2001 ein neues Geläut von fünf Bronzeglocken, eine davon 3600 Kilogramm schwer und bei ihrem Guss die größte je für Vorpommern gefertigte Glocke überhaupt. Nach der Errichtung einer für Demmin erstmals erwähnten Kirche Mitte des 13. Jahrhunderts setzte Anfang des 14. Jahrhunderts der Bau dieses Gotteshauses aus rotem Backstein ein, das Mitte des 19. Jahrhunderts sein heutiges Aussehen vor allem durch den Schinkel-Schüler Friedrich August Stüler erhielt. Die große dreischiffige Hallenkirche mit ihrem Kreuzrippengewölbe hatte danach sowohl einen neu gestalteten Ostgiebel als auch einen veränderten Innenraum. Unter anderem verwendete Stüler für die Kanzel einen

Glocken, die von 1921 bis 1999 erklangen, und wertvolle Buchholz-Grüneberg-Orgel

Entwurf des berühmten Malers der Romantik Caspar David Friedrich. Die Kirche schmückt eine besondere Buchholz-Grüneberg-Orgel. Sie ist die größte noch erhaltene Orgel des Stettiner Orgelbaumeisters Barnim Grüneberg, die – zwischen 1998 und 2003 restauriert und zurückgeführt auf Grünebergsche Disposition – einen phantastischen Klang hat und unter anderem bei den alljährlichen Demminer Orgeltagen die Zuhörer begeistert. Sie gilt zudem als eine der schönsten romantischen Orgeln Deutschlands. In der Kirche ist auch eine Dauerausstellung zu Missionar Otto von Bamberg zu sehen.

i Kirche St. Bartholomaei: Kirchplatz 7, 17109 Demmin
Tel. 03998-43 34 83, www.ev-kirche-demmin.de
Öffnungszeiten: Mai bis September Di–Fr 9–12 Uhr, Di 13–17 Uhr

㉕ Trebel-Brücke – Beliebtes Fotomotiv an alter Grenze

NEHRINGEN. Am Ufer sitzen die Angler, am Wasserwanderrastplatz machen Boote fest … Idylle in Nehringen an der Trebel, dem bei Demmin in die Peene mündenden einstigen Grenzfluss zwischen Mecklenburg und Pommern seit 1236. Das kleine Nehringen, ein Ortsteil von Grammendorf etwa 17 Kilometer nordwestlich von Demmin mit Burgturm aus dem 14. Jahrhundert und einer barocken Gutsanlage, hat zur Idylle noch ein beliebtes Fotomotiv zu bieten: eine hölzerne Klappbrücke über die Trebel. Eine Straße führt über sie hinüber ins Mecklenburgische Richtung Dargun und Gnoien. Das Holzbau-

Die Holzklappbrücke über die Trebel

werk wurde erst vor wenigen Jahren wegen Baufälligkeit – und das nicht zum ersten Male – abgebrochen und nach historischen Plänen wieder aufgebaut. Die bewegliche Brücke ist 44,5 Meter lang und sieben Meter breit, die Fahrbahn hat eine Breite von 3,5 Metern. Zugelassen ist sie für Fahrzeuge bis 2,5 Tonnen. Um die erste Vorgängerin der Klappbrücke hatte es einmal ein langes Hin und Her zwischen Mecklenburgern und Pommern gegeben. Die Rede war anfangs von einer eisernen Drehbrücke, daraus wurde schließlich eine hölzerne Klappbrücke, für die man sich letztendlich die Kosten teilte und die dann endlich im Juni 1911 freigegeben wurde.

26 Entdeckungen – Speicher, eine Herzogin und »Korl Loitz«

LOITZ. Etwa auf halber Strecke im Peenetal und inmitten von Niedermoorlandschaft liegt das Städtchen Loitz. Sein Wahrzeichen ist ein markantes Speicherensemble zwischen einer modernen Klappbrücke über die Peene und einer Sportboot-Marina. Der große Getreidespeicher von 1936 wird nicht mehr für seinen ursprünglichen Zweck genutzt, ein saisonaler Imbiss hat im Erdgeschoss seinen Platz gefunden. Um die Marina ballt sich Loitzer Geschichte. Vom hier liegenden Fachwerk-Bahnhof aus dem Jahr 1906 fuhr einst der alte »Korl Loitz« dampfend und schnaufend in Richtung Toitz-Rustow. 1969 endete der Personenverkehr, 1997 der Güterverkehr auf der Strecke. Im gemütlichen Bahnhofs-Restaurant »Korl Loitz« wird daran erinnert. Geschichtsträchtig

Blick auf die Speicher von Loitz

Marina mit »Korl Loitz«

ist diese Ecke von Loitz noch aus einem anderen Grund: Auf dem Gelände von Bahnhof und Marina existierte einmal eine mittelalterliche Burganlage und später stand hier eines der schönsten pommerschen Schlösser. Herzog Ernst Ludwig von Pommern-Wolgast hatte 1585 an der Peene ein Renaissance-Schloss als Witwensitz und Leibgedinge für seine Gattin Sophia Hedwig errichten lassen. Sie bezog es nach seinem Tod 1592 und lebte hier bis zu ihrem Ende 1631. In der sanierten Loitzer Marienkirche sind – neben einem wertvollen Taufstein aus dem 12. Jahrhundert – Reste ihres Fürstenstuhls und der Hochzeitstafel sowie Bildnis und Wappen zu sehen. Auch gibt es die alte Kirchenbibliothek noch, für

An der Peene bei Loitz

die sie den Grundstein legte. Am Ende des 17. Jahrhunderts war das zerstörte Schloss nur noch gut als Steinbruch, seine Überbleibsel stecken wohl in so manchem Loitzer Gebäude. Vielleicht auch in einem der Getreidespeicher am Hafen, der als Hafendestillerie & Brauerei zur Herstellung von Torfkopp-Spezialitäten dient. Mit Auszügen aus dem hiesigen Bodenschatz Peenetorf werden hier Biere, Liköre und Whisky mit einem unverwechselbaren torfigen Aroma hergestellt.

Kirche St. Marien

In der Marina von Loitz stehen 17 und an der Hafenkaimauer 20 Gastliegeplätze zur Verfügung. In unmittelbarer Nähe befindet sich ein Wasserwanderrastplatz, eine Kanustation hält verschiedenste Boote zum Ausleihen bereit. Von hier aus geht es auch mit einem überdachten Peene-Bike zum Radeln auf den Fluss und mit den Flößen des Anbieters Biberfloß gemächlich auf Tour.

Hafendestillerie und Brauerei: Produktionsort von Torfkopp-Spezialitäten

- **i** Kirche St. Marien: Marktstraße 166, 17121 Loitz
  Tel. 039998-3 03 10, www.kirche-loitz.de
  Öffnungszeiten: Mo–Do 8–14 Uhr, Fr 8–12 Uhr
- **i** Restaurant »Korl Loitz«: Mühlentorvorstadt 10, 18121 Loitz
  Tel. 039998-1 87 04
- **i** Hafendestillerie & Brauerei: Mühlentorvorstadt 8, 17121 Loitz
  www.bierbasis.de
- **i** Hafenmeisterei Loitz: Tel. 0172-3 20 53 59 oder 039998-3 36 01
- **i** Kanustation Loitz/Amazonas-Camp: www.urlaub-peenetal.de
- **i** Biberfloß Loitz: www.biberfloss.de
- **i** Peene-Bike Loitz: www.peenebike.de
- **i** Anbieter-Netzwerk Abenteuer Flusslandschaft:
  www.abenteuer-flusslandschaft.de

Der Leuchtturm von Plau am See

Zwischen Müritz und Plauer See

Karte siehe Seite 262

Das Mecklenburgische Großseengebiet mit Müritz, Kölpinsee, Fleesensee und Plauer See ist ein riesiges, außerordentlich beliebtes Wassersportrevier in der Seenplatte – 185 Quadratkilometer Wasserfläche, verbunden über die Müritz-Havel- und Müritz-Elde-Wasserstraße mit Berlin und Hamburg. An den Ufern der Seen liegen reizvolle Orte wie Waren (Müritz), Malchow, Röbel und Plau am See, die ihre Gäste zum Bummeln durch ihre Altstädte einladen und auftrumpfen können: Waren (Müritz) mit seinem Müritzeum, Malchow mit einer ausgezeichneten Drehbrücke, Röbel mit einer die Stadt überragenden Windmühle und Plau am See mit einem Leuchtturm. Spektakulär sind die Serrahner Weltnaturerbe-Buchen sowie die Kranich- und Fischadler-Beobachtungen im Müritz-Nationalpark. Der Besuch der 16 braunen Petze im Bärenwald am Südufer des Plauer Sees gilt als ein besonderes Erlebnis.

1 Müritzeum – Ein Erlebnis für Entdecker der Region

WAREN (MÜRITZ). Das Müritzeum am Rande der Warener Altstadt nennt sich Haus der 1000 Seen und stellt die wasserreichste Landschaft Deutschlands im Süden Mecklenburgs vor. Dieses »NaturErlebnisZentrum« in einem modernen Gebäude mit Lärchenholzfassade zeigt auf zwei Etagen und 2000 Quadratmetern Ausstellungsfläche in einer multimedialen interaktiven Ausstellung die Schönheiten und Besonderheiten

Luftbildaufnahme des Müritzeums am Herrensee

Ein atlantischer Stör ganz aus der Nähe

Vor dem großen Aquarium

des Großseengebietes um die Müritz und die des Müritz-Nationalparks. Mittelpunkt der Exposition ist die aus 26 naturnah gestalteten Becken bestehende Aquarienlandschaft, in der neben 50 einheimischen Fischarten wie dicken Karpfen und seltenen Stören auch Krebse, Sumpfschildkröten und andere Wassertiere schwimmen. Das besondere Interesse der Besucher gilt einem 100 000-Liter-Becken, in dem Hunderte silbrige Maränen schwärmen. Es ist Deutschlands größtes Aquarium für einheimische Süßwasserfische. Weitere Ausstellungsbereiche sind die Vogelwelt, der Wald, das Moor sowie die Geschichte der Region mit ihren Gutsdörfern und Feldsteinkirchen. Um den Herrensee im Außenbereich lädt ein Erlebnisgarten mit Parklandschaft zur Besichtigung ein.
Im angrenzenden Haus der Sammlungen, dem historischen Museumsbau des Müritzeums, zeigen die Dauerausstellung »Natur im Sammlungsschrank« und Sonderausstellungen eine Auswahl von 290 000 über viele Jahre zusammengetragenen Objekten, beispielsweise seltene Tier- und Pflanzenpräparate, besondere Steine sowie alte Schriften und Bücher. 1866 hatte der Forschungsreisende und Naturforscher Hermann von Maltzan ein Maltzaneum genanntes Müritz-Museum in Waren als das erste Naturhistorische Museum für Mecklenburg gegründet. Auf dessen Beständen, den Naturhistorischen Landessammlungen Mecklenburg-Vorpommerns, und denen des einstigen Müritz-Aquariums basiert das vergleichsweise junge, im Jahr 2008 eröffnete Müritzeum.

i Müritzeum: Zur Steinmole 1, 17192 Waren (Müritz)
Tel. 03991-63 36 80, www.mueritzeum.de
Öffnungszeiten: täglich, April bis Oktober 10–19 Uhr,
November bis März 10–18 Uhr

Die Müritz

Im Zentrum des Großseengebietes in der Mecklenburgischen Seenplatte liegt die Müritz, der mit 109,8 Quadratkilometern größte Binnensee Deutschlands. In der Nord-Süd-Ausdehnung hat sie eine Länge von 29 Kilometern, in der Ost-West-Ausdehnung eine Breite von 13 Kilometern. Ihre mittlere Tiefe beträgt 6,5 Meter. Damit ist sie relativ flach, jedoch erreicht sie an der Binnenmüritz am Nordufer eine Tiefe von 31 Metern. Gern wird sie auch als Kleines Meer bezeichnet, abgeleitet vom slawischen morcze für das deutsche Wort Meer. Bei Sturm können auf ihr Wellen bis zu zwei Metern entstehen. Der gesamte riesige See ist Landschaftsschutzgebiet. Das Ostufer mit Feuchtgebüsch, Bruchwald und Schilfrohrzonen gehört teilweise zum Müritz-Nationalpark, dahinter erstrecken sich weitläufige Kiefernwälder. Wiesen, kleine Wälder und hügelige Felder prägen die Uferzone im Westen. Die Müritz ist ein Paradies für Wassersportler und Wasserwanderer (Foto). Auf ihr findet jährlich im August die Müritz Sail statt, ein maritimes Fest mit Wettkämpfen, Drachenboot-Rennen, Wasserskivorführungen und kulturellen Veranstaltungen im Warener Stadthafen.

② St. Marien – Schönster Weitblick, gerettetes Wandbild

WAREN (MÜRITZ). Den wohl schönsten Blick auf die »Perle an der Müritz«, den viel besuchten Luftkurort und das Soleheilbad Waren (Müritz) mit charmanter Innenstadt und Flaniermeile am Hafen, bietet der Turm der Marienkirche in der Nähe des Neuen Marktes. Von dort geht der Blick aus 45 Metern Höhe weit über eine Stadt zwischen mehreren Seen – Müritz, Tiefwarensee und Feisnecksee. St. Marien entstand ab dem 13. Jahrhundert in romanisch-gotischer Bauweise auf dem höchsten Punkt von Waren und auf dem Areal einer Burg der Fürsten von Werle; der Innenraum wurde später klassizistisch gestaltet. Aufmerksamkeit verdienen dort vor allem eine Kreuzigungsgruppe, die im Grödner-Tal in Südtirol für die Warener Kirche gefertigt wurde, sowie das monumentale Triumphbogen-Wandgemälde »Himmelfahrt Christi« mit der Inschrift in goldenen Lettern »Siehe, Ich bin bei euch alle Tage

Panorama von Waren (Müritz) mit der Georgenkirche am Alten Markt

Das wieder freigelegte Wandbild von Fritz Greve

Warens Marienkirche mit Aussichtsplattform

bis an der Welt Ende« (Jesu Auferstehung, Matthäus 28,20). Schöpfer des Gemäldes war der Malchiner Fritz Greve, der bedeutendste mecklenburgische Kirchenmaler um die Wende vom 19. zum 20. Jahrhundert (siehe S. 29). Zu dem Wandbild ist im Kirchenraum eine Ausstellung zu sehen, die von seinem Schicksal erzählt. Greve hatte im September 1913 sein Werk in nur sieben Wochen vollendet. In einer theologisch rationalen Phase der Gläubigen und in Verkennung des kunsthistorischen Wertes wurde es 1963 bei einer Neugestaltung des Innenraumes mit drei Schichten Kalkfarbe überstrichen. Zufällig kam im Jahr 2000 Greves Original zutage und die Kirchgemeinde beschloss, das Wandgemälde wieder freilegen und restaurieren zu lassen. Die blasse Farbgebung ist Nachweis für eine »archäologische Freilegung«.

i Kirche St. Marien: Große Burgstraße, 17192 Waren (Müritz)
Tel. 03991-63 57 23 und 03991-63 57 27, www.stmarien.de
Öffnungszeiten: Ostern bis Ende Oktober Mo–Fr 10–18 Uhr,
Sa 10–16 Uhr, So 11–16 Uhr

3 Fischerhöfe – Gut essen und viel Angelspaß

WAREN (MÜRITZ). Einem noch warmen Fisch direkt aus dem Rauch ist kaum zu widerstehen. Rund um die Müritz und darüber hinaus kann in zahlreichen Fischerhöfen am Wasser Rast gemacht und Fisch aus hiesigen Seen frisch oder eben auch geräuchert genossen werden. Darüber hinaus ermöglichen die Fischer der Fischerei Müritz-Plau GmbH Hobby-Petrijüngern Angelfreuden auf über 80 Gewässern und Seen in einem der größten und vielfältigsten Angelreviere Deutschlands. Erfahrene Guides betreuen zudem Angeltouren, auch Nachtangeln wird veranstaltet. Auf den Fischerhöfen von Eldenburg, Vipperow, Krakow und Plau am See stehen Ferienwohnungen dicht am Wasser zur Verfügung. Beliebt bei Touristen sind Fischerfeste und Fisch-Grillabende. Jedes Jahr Anfang Oktober heißt es zwei Wochen lang: Frische Fische, feine Küche. Dann zeigen die Fischer ihr ganzes Können – bei Veranstaltungen wie historischen Fischerumzügen, Abfischfesten an Angelteichen, Besichtigungen der Fisch-Manufaktur Eldenholz sowie bei Live-Koch-Shows.

i Fischerei Müritz-Plau GmbH: Eldenholz 42, 17192 Waren (Müritz)
Tel. 03991-1 53 40, www.mueritzfischer.de

Angelfreuden an den Teichen des Fischer- und Angelhofs Bolter Schleuse

Aale ganz frisch aus dem Rauch

Am Fischerhof

Müritz-Nationalpark

Der Müritz-Nationalpark, ein zweigeteiltes Areal, erstreckt sich auf einer Fläche von 322 Quadratkilometern. Seine westliche Begrenzung ist das flache Ostufer der Müritz, im Osten reicht der größere Teil des Parks bis kurz vor Neustrelitz, den kleineren Teil bildet die hügelige Exklave Serrahn südöstlich von Neustrelitz, ein urwaldartiges Buchenwaldgebiet. Weitläufige Wälder, über 100 Seen und Moore bestimmen das Landschaftsbild des Nationalparks, der auch Quellgebiet der Havel ist. Größere Gewässer im Müritzer Teil sind Feisnecksee, Rederangsee, Specker See, Käbelicksee und Woterfitzsee, die höchste Erhebung ist mit 100,3 Metern der Käflingsberg nahe Speck. Die große Müritz liegt nur zu kleinen Teilen im Parkbereich. Fischadler- und Seeadler-Paare haben im Nationalpark das größte Brutgebiet Deutschlands. Tausende von Kranichen rasten hier im Frühjahr und im Herbst (Foto). Rot- und Schwarzmilane, Haubentaucher, Kormorane, Graureiher und Eisvögel sind an den Gewässern zu beobachten. In den Buchen-, Eichen- und Kiefernwäldern leben Damwild, Rotwild und Wildschweine.

i www.mueritz-nationalpark.de

4 Naturfreuden – Erkundung einer einzigartigen Region

WAREN (MÜRITZ)/NEUSTRELITZ. Der Müritz-Nationalpark ist ein beliebtes Ziel vor allem für aktive Naturfreunde. Ihn durchzieht ein Netz von Rad- und Wanderwegen, ergänzt durch Aussichtstürme, Beobachtungsplattformen, Moorstege und Naturerlebnispfade. Eine Nationalpark-Buslinie mit Fahrradbeförderung bringt zu zahlreichen Haltestellen in Parkbereiche, die für Kfz gesperrt sind, und auch zu einigen der Nationalpark-Häuser (Federow, Schwarzenhof, Boek) am und im Schutzgebiet. Alle Informationsstellen halten in der Saison ein großes und zugleich differenziertes Angebot für Touristen bereit.

Beliebt bei Federow-Besuchern: per Bildschirm eine Fischadler-Familie beobachten

Federow: In der beliebtesten Nationalpark-Information, sieben Kilometer südöstlich von Waren (Müritz) gelegen, wurde ein Bildschirm installiert, auf dem Besucher in den nahen Horst einer Fischadler-Familie schauen und beispielsweise die »Hochzeit« der Altvögel und das Flügge-Werden der Jungen beobachten können.
Schwarzenhof: Markenzeichen der relativ kleinen Informationsstelle südöstlich von Waren (Müritz) ist eine Ausstellung über Seeadler.
Friedrichsfelde: Der Nachbarort von Ankershagen mit seinem Schliemann-Museum (siehe S. 141) und nahe dem Quellgebiet der Havel (siehe S. 144) hat im Gutshaus eine Nationalpark-Information zu bieten, die eine Video-Direktübertragung aus einem Storchennest zeigt.
Kratzeburg: Mitten im Schutzgebiet liegt das sogenannte Kratzeburger Flatterhus mit einer speziellen Ausstellung über Fledermäuse.
Boek: Die barrierefreie Naturpark-Information im viel besuchten Nationalpark-Dorf Boek dicht am Ufer der Müritz präsentiert die auch für Blinde und Sehbehinderte geeignete Ausstellung »Die Fischer von Boek«.

Auf Radtour durch den Müritz-Nationalpark

Unterwegs mit dem Bus im Nationalpark

Blankenförde: Vor allem Wasserwanderer und Radtouristen machen an dieser im Süden des Parks gelegenen Station Halt. Sie informiert umfangreich über Natur- und Freizeitangebote in der Region.
Neustrelitz: Die Nationalpark-Information der alten Residenzstadt dient als Standort zwischen den zwei Nationalpark-Teilen und rüstet aus mit reichlich Material und Tipps für beide Regionen.
Serrahn: Im Örtchen Serrahn, erreichbar ab Parkplatz Zinow an der B 198 zwischen Neustrelitz und Woldegk, ist am Ende eines Wald-Erlebnis-Pfades zur UNESCO-Weltnaturerbe-Region die Ausstellung »Im Reich der Buchen« (siehe S. 139) zu besichtigen.

Nationalpark-Häuser

- www.mueritz-nationalpark.de
- Federow: Damerower Straße 6, 17192 Federow; Tel. 03991-66 88 49
  Öffnungszeiten: Ostern bis Oktober täglich 9–18 Uhr
- Schwarzenhof: Schwarzenhof 15, 17192 Kargow OT Schwarzenhof;
  Tel. 03991-63 34 10
  Öffnungszeiten: Ostern, Mai bis Oktober täglich 10–17 Uhr
- Friedrichfelde: Am Nationalpark 10, 17219 Ankershagen OT Friedrichsfelde;
  Tel. 039921-3 50 46
  Öffnungszeiten: Mai bis Mitte Oktober, täglich 9–17 Uhr
  jeden Mittwoch 10 Uhr Betreuung durch einen Ranger
- Kratzeburg: Dorfstraße 31, 17237 Kratzeburg; Tel. 039822-2 96 65
  Öffnungszeiten: Ostern, Mai bis Oktober täglich 10–17 Uhr
- Boek: Gutshaus, Boeker Straße 36, 17284 Boek
  Öffnungszeiten: Ostern, Mai bis Oktober täglich 10–17 Uhr
- Blankenförde: Blankenförde 30, 17252 Roggentin OT Blankenförde;
  Tel. 039829-22 91 90
  Öffnungszeiten: Ostern, Mai bis Oktober täglich 10–17 Uhr

- Neustrelitz: Strelitzer Straße 1, 17235 Neustrelitz; Tel. 03981-25 31 06
  Öffnungszeiten: Mai bis September Mo–Fr 9–18 Uhr und Sa/So 9.30–13 Uhr, Oktober Mo–Do 9–12 und 13–16 Uhr, Fr 9–12 Uhr
- Serrahn: Forsthaus Serrahn, 17237 Carpin OT Zinow; Tel. 039821-4 15 00
  Öffnungszeiten: April bis Oktober täglich 10–17 Uhr

Nationalpark-Service Müritz

Angeboten werden verschiedenste Erlebnistouren mit erfahrenen Naturführern, so Radtouren, Adler-Safaris, Vogelstimmen-Wanderungen.

- www.nationalpark-service.de
- Nationalpark-Service Müritz: Damerower Straße 6, 17192 Federow
  Tel. 03991-66 88 49

Müritz-Nationalpark-Ticket

Das Müritz-Nationalpark-Ticket ist ein Gemeinschaftsangebot der Personenverkehr GmbH Müritz, der Weißen Flotte Müritz GmbH und des Müritz-Nationalparks. Mit »Dat Bus« lässt sich der Park umweltfreundlich entdecken. Auf einer Strecke von 30 Kilometern fahren Busse mit Fahrradanhängern im Stundentakt von Waren nach Boek, Bolter Kanal bzw. Rechlin/Hafendorf. Die Busse fahren im Verbund mit den Nationalparkschiffen der Weißen Flotte Müritz, die auf zahlreichen Linien verkehren. Die Fahrpläne sind für Rundfahrten abgestimmt.

- www.nationalparkticket.de
- Personenverkehr GmbH Müritz: Strelitzer Straße 137, 17192 Waren (Müritz)
  Tel: 03991-64 50, www.pvm-waren.de
- Weiße Flotte Müritz GmbH: Strandstraße/Steinmole, 17192 Waren
  Tel. 03991-12 26 68, www.weisse-flotte-mueritz.de
- Weiße Flotte Müritz GmbH: Am Hafen, 1207 Röbel
  Tel. 039931-5 27 97, www.weisse-flotte-mueritz.de
- Nationalparkamt Müritz: Schlossplatz 3, 17237 Hohenzieritz
  Tel. 039824-25 20, www.mueritz-nationalpark.de

Top! 5 Weltnaturerbe – Den Buchenwald Serrahn durchstreifen

ZINOW/CARPIN. Wer Urwald erahnen will, besucht zehn Kilometer südöstlich von Neustrelitz die Exklave des Müritz-Nationalparks in den Serrahner Bergen. Der Buchenwald von Serrahn im 268 Hektar großen Kern dieses Nationalparkteils ist eines von fünf deutschen Gebieten (neben Serrahn: Hainich in Thüringen, Jasmund auf Rügen, Kellerwald in Hessen und Grumsin in Brandenburg), in denen noch Relikte naturbelassener alter Buchenbestände vorhanden sind, die von der UNESCO im Jahr 2011 zum Weltnaturerbe erklärt wurden. Namensgeber für den Serrahner Buchenwald ist ein tief im Wald gelegener winziger Ort.
Zu ihm führt ab Parkplatz Zinow an der B 198 zwischen Neustrelitz

In der Lauschecke

Aussichtsturm am Moor

Moorpflanze Sumpfcalla

und Woldegk ein vier Kilometer langer Erlebnispfad durch Wälder mit verschiedenen Baumarten – Kiefern, Eichen, Birken, Rotbuchen – und an glitzernden Seen und geheimnisvollen Mooren entlang. Die mächtigen alten Buchen kurz vor Ende des Lehrpfades gehören zu einem schon sehr lange nicht mehr für den Holzeinschlag genutzten Bestand. Hier war großherzogliches Jagdgebiet, nach 1918 beliebtes Ausflugsziel, seit 1952 ausgewiesenes Naturschutz- und Wildforschungsgebiet, in den 1980er Jahren wegen seiner kapitalen Hirsche DDR-Staatsjagd. So konnte ein außergewöhnlicher Wald mit alten Baumriesen und abgestorbenen Buchen entstehen, der Vorstellungen weckt, wie Buchenurwälder einmal in ganz Deutschland aussahen. Der Erlebnispfad bietet mehrere lehrreiche und auch unterhaltsame Stationen, so Hängematten zum Baumwipfel-Gucken und eine Lauschecke in einem dicken hohlen Baumstamm. In Serrahn informiert die Nationalpark-Ausstellung »Im Reich der Buchen von Serrahn« unter anderem über die in diesen Wäldern heimischen 160 Vogel- und elf Fledermausarten. An den Gewässern des Gebietes können See- und Fischadler, Kranich und Rohrdommel beobachtet werden.

Unterwegs zu den uralten Buchen

Wer nicht den kurzen Fahrweg zurück zum Parkplatz nach Zinow laufen will, folgt dem mit einem grünen Buchenblatt markierten, 6,5 Kilometer langen Weg durch das urwüchsige Weltnaturerbe-Gebiet, kommt vorbei am verwunschenen Schweingartensee und gelangt bis zum Parkplatz Carpin/Dianenhof. Von hier aus geht es auf einem straßenbegleitenden Radweg vier Kilometer zurück nach Zinow.

i Nationalpark-Ausstellung im Forsthaus Serrahn: 17237 Carpin OT Zinow
Tel. 039821-4 15 00, www.mueritz-nationalpark.de
Öffnungszeiten: April bis Oktober täglich 10–17 Uhr

6 Schliemann-Museum – Troja im Mecklenburgischen

ANKERSHAGEN. Im kleinen Ankershagen zwischen Waren (Müritz) und Neubrandenburg verlebte der 1822 in Neubukow geborene Heinrich Schliemann von 1823 bis 1832 seine frühen Kinderjahre. Als Achtjähriger soll der später berühmte Archäologe hier beschlossen haben, einmal das legendäre Troja auszugraben. Im Haus seiner Eltern, einem alten Pfarrhaus aus dem 18. Jahrhundert, kann heute das weltweit einzige Schliemann-Museum besucht werden. Es gehört zu den kulturellen Gedächtnisorten mit besonderer nationaler Bedeutung und das Dorf Ankershagen darf sich Schliemann-Gemeinde nennen.
Die Dauerausstellung des Museums würdigt in fünf Räumen des Erd-

Das Schliemann-Museum, Trojanisches Pferd und Tafel am Haus

geschosses Leistungen und Verdienste Schliemanns, seine grenzenlose Phantasie und große Besessenheit, ohne jedoch Irrtümer und Fehler unerwähnt zu lassen. Der Besucher kann sich über Kindheit und Jugend in Mecklenburg bis 1841, seine Jahre als Kaufmann in Russland sowie die spektakulären Entdeckungen und Funde in Troja, Mykene und an anderen archäologischen Stätten informieren. Die Aufmerksamkeit wird auf Schliemanns Pionierrolle in der Feldarchäologie gelenkt, denn er entwickelte neue Forschungsmethoden, die noch heute üblich sind. Zu sehen sind keramische und bronzene Originalfunde und Nachbildungen von Edelmetall-Ausgrabungsstücken aus Troja, so vom Schatz des Priamos, und aus den Schachtgräbern von Mykene unter anderem die Maske des Agamemnon sowie goldener Schmuck und Prunkwaffen. Im Dachgeschoss werden Sonderausstellungen gezeigt. Schliemanns Kinderzimmer ist mit acht multimedialen Stationen speziell für Kinder und Jugendliche ausgestattet. Das ganze Jahr über finden im Haus Vorträge und Lesungen statt.

Im Außenbereich kann zum sogenannten Silberschälchen, einem romantischen kleinen Teich neben dem Pfarrhaus, spaziert werden. Kinder klettern auf das sechs Meter hohe hölzerne Trojanische Pferd auf der Wiese und rutschen an dessen Schweif herunter. In seiner Biographie hatte Schliemann die »Wunder« von Ankershagen beschrieben. Sie sind zu besichtigen bei einem Besuch des bronzezeitlichen Hügelgrabes am Glockenberg, des Raubritterschlosses des Henning Bradenkierl und der alten Dorfkirche aus dem 13. Jahrhundert (siehe unten).

i Heinrich-Schliemann-Museum: Lindenallee 1, 17219 Ankershagen
Tel. 039921-32 52, www.schliemann-museum.de
Öffnungszeiten: April bis Oktober Di–So 10–17 Uhr,
November bis März Di–Fr 10–16 Uhr und Sa 13–16 Uhr

7 Feldsteinkirche – Einst verborgene Fresken als Schatz

ANKERSHAGEN. Eine der ältesten Kirchen Mecklenburgs steht in der Schliemann-Gemeinde Ankershagen am Rand des Müritz-Nationalparks. Der Ursprung dieser frühgotischen Feldsteinkirche liegt im 12. Jahrhundert. Geweiht wurde sie jedoch erst 1266 durch den Bischof von Havelberg. Später entstand ein außergewöhnliches zweischiffiges Langhaus, in der Zeit der Renaissance wurde der Kirchturm errichtet. Mit dem das Schliemann-Museum beherbergenden Pfarrhaus bildet die Kirche, in der Schliemanns Vater predigte, ein malerisches Ensemble; auf dem Friedhof befindet sich das Grab von Louise Schliemann, der Mutter Heinrich Schliemanns. Die Kirche hat in ihrem Innenraum beachtliche Sehenswürdigkeiten aufzuweisen. Im Langhaus und im Chor

Grab der Mutter Heinrich Schliemanns an der Ankershagener Kirche

Mittelalterliche Wandmalereien im Kirchenraum

sind mittelalterliche Wand- und Gewölbemalereien zu entdecken – Reste von Ornamenten aus dem 13. Jahrhundert sowie Dämonen und Heilige. Besonders beeindruckt ein Fresko des Heiligen Georg an der Ostseite des Kirchenschiffs. Er kämpft mit einem Drachen vor einer Kreuzigungsszene. Noch vor wenigen Jahren waren diese Malereien nicht zu sehen, konnten jedoch unter Farb- und Schmutzschichten freigelegt werden und lassen weitere verborgene Fresken vermuten. Wertvoll sind zudem ein hölzernes Taufbecken von Anfang des 17. Jahrhunderts und ein Kruzifix-Korpus aus dem 15. Jahrhundert. Zu Gottesdiensten und Konzerten erklingt eine restaurierte Lütkemüller-Orgel von 1874.

i Dorfkirche: 17219 Ankershagen
Tel. 039928-52 70 (Pfarramt), fv-kirche-ankershagen@web.de (Förderverein)
Öffnungszeiten: Ostern bis Reformationstag täglich 8–18 Uhr

8 Havelquellgebiet – Paradiesisches Wandern und Paddeln

ANKERSHAGEN/KRATZEBURG. Ganz genau ist nicht auszumachen, wo die Havel im Müritz-Nationalpark entspringt, bevor sie viele Seen durchquert und nach 334 Kilometern in die Elbe mündet. Das Dieken-bruch-Gebiet bei Ankershagen im Nordosten des Nationalparks und mitten im satten Grün gilt heute als ihr Quellgebiet. Viel früher war das einmal der Bornsee, der in den Trinnensee und dann in den Mühlensee entwässert. Doch Mönche errichteten vor Jahrhunderten einen Damm zwischen Mühlensee und Diekenbruch, um ihre Wassermühle betreiben zu können, und veränderten damit die Wasserläufe. Eine zwischen Ankershagen und Pieverstorf aufgestellte Stele samt künstlichem Quell-

Die inszenierte Havelquelle

topf mit Wasser aus dem Diekenbruch markiert nun die Havelquelle. Es ist ein beliebtes touristisches Ziel. Hier kommen die Wanderer vorbei, die auf dem 26 Kilometer langen Havelquell-Wanderweg – ein Rundkurs von Kratzeburg über Pieverstorf nach Ankershagen und dann über Bornhof und Dambeck wieder zurück nach Kratzeburg – unterwegs sind. Andere machen nur kurz Station und starten dann zu einer Kanutour, möglich allerdings erst einige Kilometer weiter südlich. Anfangs nämlich ist die Havel noch ein kleiner, durch seine glasklaren Quellseen gespeister Bach. Sie fließt dann als schmales Band gemächlich durch Wiesen und Wälder gen Süden, berührt kleine Dörfer. Die noch junge Havel verbindet einige besonders ruhige Seen miteinander, die Ausgangspunkt für paradiesische Bootsausflüge auf den Gewässern des Havelquellgebietes oder eine Paddeltour auf der Havel sind. Es gibt mehrere Anbieter von Kanus und von Kanuführungen tief in das Quellgebiet hinein.

i www.havelquellreich.de

Unterwegs im Havelquellreich

9 Hörspielkirche – Lauschen und Atmosphäre genießen

FEDEROW. Die deutschlandweit erste Hörspielkirche steht im 200-Seelen-Dorf Federow nur wenige Kilometer südöstlich von Waren (Müritz) im Müritz-Nationalpark. Seit 2005 nehmen den ganzen Sommer über Besucher der alten Feldsteinkirche auf schlichten Bänken Platz und lauschen Hörspielen oder auch Musik. Lange hatte die Kirche aus dem 13. Jahrhundert leer gestanden, drohte zu verfallen und konnte schließlich saniert werden. Dazu gehörten neue Fenster aus mundgeblasenem Glas, von der Berliner Malerin Jana Franke gestaltet mit Motiven aus der Natur wie Biene, Schmetterling und Schwalbe. Diese Fenster verleihen dem Innenraum eine ganz besondere Atmosphäre und fügen dem Hören einen visuellen Genuss hinzu. Der Veranstalter für die Hörspielkirche ist die Warener Kirchgemeinde St. Marien. Das Programm entsteht in Zusammenarbeit mit der Stiftung Deutsches Rundfunkarchiv und wird unterstützt vom NDR, weiteren ARD-Rundfunkanstalten sowie von zahlreichen Buch-, Musik-, Audio- und Theaterverlagen. Es gibt Hörspiele für Groß und Klein, auch finden Autorenlesungen statt.

i Hörspielkirche: 17192 Kargow OT Federow
Tel. 03991-63 57 27, www.stmarien.de
Öffnungszeiten: ab Pfingsten bis Frühherbst
Hörspielsaison: während der Sommerferien in Mecklenburg-Vorpommern

Gern besuchte Hörspielkirche in Federow

⑩ Rundkurs – Flott oder gemütlich um das Kleine Meer

WAREN (MÜRITZ). Eine der schönsten Radtouren im Müritzgebiet ist die komplette Umrundung des Kleinen Meeres, für ganz Sportliche in einem Ritt und in voller Länge (rote Markierung: 88 Kilometer, blaue Markierung: 112 Kilometer) oder für Genussradler mit einer Übernachtung zum Erholen. Unterwegs auf der gut markierten, ebenen Strecke ist zwischen Start- und Endpunkt Waren viel zu entdecken. Es geht im Uhrzeigersinn um die Müritz, zuerst an deren Ostufer entlang durch den Müritz-Nationalpark, weiter über Rechlin bis zum Ende des Müritzarms bei Buchholz und später auf der Westseite über Röbel und Klink zurück.

Warener Hafenidylle

Stadthafen Waren (Müritz): Die Hafenpromenade am Rande der historischen Altstadt mit ihren großen Speichern, vielen Restaurants und Cafés sowie den Anlegestellen der Fahrgastschiffe und der Marina ist ein sehr belebter und beliebter Platz. Das maritime Flair an der Binnenmüritz lädt zum Bummeln und Verweilen ein.

Gutsdorf Speck: Idylle pur bietet das Gutsdorf Speck im Nationalpark 16 Kilometer südlich von Waren (Müritz). Zu finden sind Jagdhaus, Guts-

Die hübsche Specker Kirche von außen und innen

Der Käflingsbergturm bei Speck

Schaurad an der Bolter Mühle

park, 800 Jahre alte Sommerlinde und eine hübsche Dorfkirche, erbaut 1876/77 aus gelben und roten Backsteinen. Im klassizistisch gestalteten Innenraum kann eine Kassettendecke in den Farben Mecklenburgs – Rot, Gelb (Gold) und Blau – bewundert werden.

Käflingsbergturm: Nicht weit von Speck entfernt lässt sich ein auf dem Käflingsberg – mit rund 100 Metern die höchste Erhebung im weiteren Umkreis – stehender und mit einer Besucherplattform in 31 Meter Höhe ausgestatteter Telekommunikationsturm erobern. 167 Stufen führen hinauf. Der Käflingsbergturm bietet eine Rundsicht auf den Nationalpark, die Seen der Umgebung und das Havelquellgebiet sowie die Städte Waren (Müritz), Neustrelitz und Neubrandenburg.

Bolter Mühle bei Rechlin: An der Bolter Mühle, einem der ältesten Gebäude in der Gegend um Rechlin und heute Café und Restaurant, dreht sich 100 Jahre nach dem Aus der alten Wassermühle ein großes Schaurad. Es hat einen Durchmesser von vier Metern und wird durch Wasser aus dem alten Mühlenfließ angetrieben. Früher rotierten hier mehrere Mühlräder, in der Mühle wurden Korn und sogar Gips gemahlen, das Wasser trieb zudem eine Sägemühle an.

St. Marien Röbel: Die die Stadt überragende dreischiffige Backstein-Kirche St. Marien aus der Mitte des 13. Jahrhunderts ist eine der frühesten gotischen Hallenkirchen in Mecklenburg. Ihr begehbarer Turm von Mitte des 19. Jahrhunderts hat eine Höhe von 58 Metern und bietet einen spektakulären Blick auf die bunte Fachwerkstadt Röbel und auf die Müritz.

Am Westufer der Müritz bei Zielow

Oktogonkirche Ludorf: In Ludorf am Westufer der Müritz steht eine denkmalgeschützte ungewöhnliche Oktogonkirche. 1346 erstmals urkundlich erwähnt, soll sie schon 150 Jahre früher von einem aus dem Orient zurückgekehrten, hier ansässigen Kreuzritter in Anlehnung an die Grabeskirche in Jerusalem gestiftet worden sein. Die Form eines im Kern überwölbten Achtecks ist einzigartig in Norddeutschland.
Schloss Klink: Hochherrschaftlich und strahlend weiß liegt das Herrenhaus Schloss Klink wenige Kilometer vor Waren (Müritz) auf einer touristisch viel genutzten Landenge zwischen dem Kölpinsee und der Müritz. Es war ein Geschenk des Gutsbesitzers von Schnitzler an seine Gattin. Das Schloss aus der zweiten Hälfte des 19. Jahrhunderts im Stil der französischen Loire-Schlösser wurde im einstigen Gutsdorf Klink gleichzeitig mit weiteren Gebäuden errichtet und ist heute zusammen mit dem Alten Gutshaus ein Hotel sowie Symbol für das Westufer der Müritz.

Die ungewöhnlich Kirche von Ludorf

Schloss Klink

⑪ Luftfahrttechnik-Museum – Mehr als Militärgeschichte

RECHLIN. Wie kaum ein anderer Ort im Norden ist Rechlin am südlichen Ufer der Müritz durch die Fliegerei geprägt worden. Was 1916 und danach zaghafte Anfänge nahm, mutierte mit Hitlers Machtantritt zur größten Erprobungsstelle der deutschen Luftwaffe. Nach dem Zweiten Weltkrieg war Rechlin mit dem nahegelegenen Flugplatz Lärz Standort der sowjetischen beziehungsweise GUS-Streitkräfte bis zu deren Abzug 1993.
Das Luftfahrttechnische Museum von Rechlin, getragen von zwei Vereinen, hält neben der Ortshistorie vor allem die Geschichte der Technik und deren oftmals gar nicht segensreichen Wirkungen fest. Rechlin war nahezu bis zum Kriegsende ein Innovations- und Erprobungszentrum der Militärluftfahrt der Nazis, was anhand einer Fülle von Originalgegenständen, darunter Raritäten wie ein Messerschmidt- und ein Fokker-Kampfflugzeug, deutlich wird. Piloten-Biographien sind nachzulesen, der Aufenthalt des zeitweise zur Luftwaffe eingezogenen deutschen Schauspielers Heinz Rühmann in Rechlin wird ebenso dokumentiert wie die strenge, durchorganisierte Lehrausbildung. Bei aller Technik-Euphorie erhält der Einsatz von Fremdarbeitern und KZ-Häftlingen Raum, ohne sie wäre die Kriegsmaschinerie der Nazis nicht gelaufen.

Vor dem Eingang

In der Ausstellung

Auf dem Außengelände

Nach 1945 dann eine Zäsur, in Szene gesetzt unter den Dächern der Ausstellungshallen und auf dem weiträumigen Freigelände: Die Rote Armee und später die Luftstreitkräfte der Nationalen Volksarmee (NVA) mit ihren MiGs, Suchoi Su-22 und Hubschraubern bestimmten die Militärluftfahrtgeschichte fast fünfzig weitere Jahre. Seit Kurzem hat hier sogar als Schnittmodell eine MiG 21, das meist gebaute Überschallflugzeug der Welt, wieder sein Zuhause gefunden, denn einst waren solche Jets im nahen Lärz stationiert.

Auf einem Teil der Erprobungsstelle in Rechlin war auch eine Schiffswerft entstanden, deren Produktionspalette von Freizeitseglern über Rettungsboote bis zum Schnellboot der NVA reichte. Ein Mekka für Technikinteressierte. Schließlich erfährt der Besucher auch, mit welchem Tempo in der ersten Hälfte des 20. Jahrhunderts aus der einstigen Vietzen-Siedlung die Gemeinde Rechlin wurde. Für Kinder offeriert das Museum auf dem Freigelände viele Spielmöglichkeiten, auch können sie in Begleitung ihrer Eltern einen Blick in das Innenleben von Flugzeugen, Hubschraubern, Booten und Militärfahrzeugen werfen.

i Luftfahrttechnisches Museum Rechlin e.V.: Am Claassee 1, 17248 Rechlin
Tel. 039823-2 04 24, www.luftfahrttechnisches-museum-rechlin.de
Öffnungszeiten: April bis Oktober täglich 10–17 Uhr,
Februar bis März Mo–Do 10–16 Uhr und Fr 10–15 Uhr,
Ostern Fr–Mo 10–17 Uhr

⑫ Feldsteinscheune – Ein »Landwunder« in Bollewick

BOLLEWICK. Die längste Feldsteinscheune Deutschlands steht in Bollewick bei Röbel am südlichen Ende der Müritz. Sie ist 125 Meter lang, 34 Meter breit und hat 10 000 Quadratmeter Fläche unter einem Dach vorzuweisen. Eigentlich sollte sie noch länger werden. Stolze 140 Meter waren bei ihrem Bau 1881 vorgesehen. Dennoch: Das Gebäude wurde

Die Scheune – 34 Meter breit, 125 Meter lang

schon damals als ein »Landwunder« bezeichnet. Bis 1990 diente es als Stall für 650 Kühe. Die Scheune ist heute eine Touristenattraktion und Treffpunkt vieler Besucher aus der Region. Auf zwei Etagen finden Gäste regionale Erzeugnisse und Spezialitäten, können Handwerkern über die Schulter schauen und in Dorfschänke oder Gutsherrenkeller schmausen. Es finden Kulturveranstaltungen und Märkte statt. Lohnenswert ist ein Besuch der Ausstellung »Die Mecklenburgische Seenplatte stellt sich vor«. Ein Irrgarten lädt zwischen Mai und Oktober zu lustigen Spaziergängen ein.

i Die Scheune: Dudel 1, 17207 Bollewick
Tel. 039931-5 20 09, www.diescheune.de
Öffnungszeiten: täglich, April bis Oktober 10–18 Uhr,
November bis März 10–17 Uhr

⑬ Impressionen – Die Stadt des Künstlers Werner Schinko

RÖBEL. Aufmerksame Besucher von Röbel stehen zuweilen lange vor einem großen Wandbild in der Straße der Deutschen Einheit, das eine ganze Fachwerk-Häuserfront einnimmt und die kleine Ackerbürgerstadt und ihre Umgebung mit humorvollen Details liebevoll in Szene setzt. Es ist der 2006 erneuerte Schinko-Giebel. 1986 hatte sich hier der wohl mecklenburgischste Künstler der Region verewigt – Werner Schinko, 1929 in Böhmen geboren und seit 1946 am Südufer der Müritz tief eingewurzelt. Seine Diplomarbeit in den 1950er Jahren bestand aus Holzschnitten zu Fritz Reuters Werk »Kein Hüsung«, 30 seiner über 100 Buchtitel gestaltete er zu niederdeutschen Werken. Die Lieblingsmotive des Malers, Grafikers und Buchillustrators waren nach eigenem Bekunden »Mecklenburg, die Leute, meine Viecher und die Landschaften«. Geblieben sind von ihm unzählige Zeichnungen, Aquarelle, Holzschnitte und Radierungen, die Mecklenburg auf unnachahmliche Art darstellen.

Werner Schinko in seinem Atelier

Der Schinko-Giebel

Werner Schinko: Vogelschau von Röbel, 2001 (Postkarte)

Die Galerie »radius« in Röbels Hauptstraße hat sich ihrer angenommen. Mithilfe des 2016 verstorbenen Ehrenbürgers Schinko ist es heute noch möglich, Röbel zu durchstreifen und mit seinen Augen zu sehen.
Er hat »Historische Stadtrundgänge durch die Fürstenresidenz und Ackerbürgerstadt«, erhältlich als Faltblatt in der Tourist-Information, filigran illustriert und führt dabei unter anderem auch zum ältesten Markt der Stadt, dem »Zickenmarkt«. Wo sich auf seinem Zeichenblatt zwei Ackerbürger über den Verkauf einer Ziege verständigen, steht heute eine Ziegen-Plastik. Insgesamt 26 Standorte können besucht werden.
Die über Röbel thronende Mühle, ein großer Galerie-Holländer und eine Touristenattraktion, wird zwischen Mai und Oktober für Ausstellungen genutzt. Dafür hatte sich Werner Schinko zu Lebzeiten mit weiteren Mitstreitern eingesetzt.

Touristenattraktion Windmühle

Buntes Fachwerk in der Stadt

⑭ Drehbrücke – Malchows modernes Wahrzeichen am Hafen

MALCHOW. Der Stadthafen des beliebten Urlauberortes Malchow westlich von Waren ist ein feiner Platz zum Sitzen und Schauen: auf die Boote, auf den Stadtsee, auf die flanierenden Urlauber und vor allem auf das Wahrzeichen Drehbrücke, die die Altstadtinsel mit der Neustadt verbindet. An die 18 000 Boote passieren jährlich die Brücke, sie ist eine wichtige Querung auf der Müritz-Elde-Wasserstraße zwischen Müritz und Hamburg sowie Berlin. Die 15 Meter lange Pylonen-Brücke, eingeweiht 2013, hatte einige Vorgänger, die den Stadtvätern viele Sorgen bereiteten. Eine alte, starre Holzbrücke wich Mitte des 19. Jahrhunderts einer hölzernen Hubbrücke. Es folgten im Jahr 1863 eine hölzerne Dreh-

Drehbrücke offen: freie Fahrt für Boote auf der Müritz-Elde-Wasserstraße

brücke und im Jahr 1912 eine mit einer Handkurbel betriebene Stahlkonstruktion. Letztere wurde im Zweiten Weltkrieg zerstört, später auf ihren Fundamenten eine neue, elektrisch betriebene Brücke errichtet. Marode geworden und stillgelegt, sanierte man diese 1989/1991 noch einmal auf den alten Fundamenten. 2012 dann fiel die Entscheidung für ein komplett neues Bauwerk. Es war nach 30 Jahren der erste Neubau einer Brücke mit Drehmechanismus in Deutschland. Die ingenieurtechnische Meisterleistung für die Inselstadt Malchow bekam inzwischen mehrere Preise, gelobt wurden dabei Funktionalität, Aussehen und die Leichtigkeit der Konstruktion. Die 23 Meter lange und knapp zehn Meter breite Brücke wird mithilfe eines Elektromotors in 90 Sekunden um jeweils 90 Grad gedreht. Dann lasten 120 Tonnen Stahl mit Straßenbelag auf dem Großwälzlager. Ein spannender Vorgang, der immer wieder neugierige Zuschauer an die Drehbrücke lockt.

⑮ Klosteranlage – Orgelmuseum in der Kirche und Kunstort

MALCHOW. Am Ostufer des Malchower Sees ragt der 52 Meter hohe Turm der neogotischen Klosterkirche weithin sichtbar in den Himmel. In ihrem Umfeld ist die Anlage eines am Ende des 13. Jahrhunderts entstandenen Magdalenerinnen- und späteren Zisterzienserinnen-Klosters mit Kreuzgang, Höfen, Park und Klosterfriedhof zu besichtigen. Nach der Reformation war das Nonnenkloster zu einem Damenstift und mit Ribnitz und Dobbertin (siehe S. 162) zu einem der drei Landesklöster Mecklenburgs geworden. Reich an Besitz, nach 1918 enteignet, aber mit Wohnrecht und Versorgungsleistungen bedacht, lebten Konventualinnen weiterhin in Malchow. Die letzte Domina starb 1972 im Alter von fast 95 Jahren.
In der die Klosteranlage prägenden Kirche, Mitte des 19. Jahrhunderts nach Plänen des Neustrelitzer Baumeisters Friedrich Wilhelm Buttel (siehe S. 188) errichtet, und im ehemaligen Pfarrhaus präsentiert sich heute das Mecklenburgische Orgelmuseum. Es zeigt in der Kirche zehn vor allem romantische Orgeln aus dem 19. Jahrhundert und im Orgelhaus zwei. Instrumente berühmter Orgelbau-Firmen sind dabei, so Sauer-Orgel (Frankfurt/Oder), Grüneberg-Orgel (Stettin), Jehmlich-Orgel (Dresden) und Lütkemüller-Orgel (Wittstock). Von besonderer Bedeutung ist eine 1890 für die Klosterkirche Malchow gebaute Orgel des Schweriner Orgelbauers Friedrich Friese. Zu den Besonderheiten gehören eine begehbare Orgel und eine fünf Meter lange, tief klingende Orgelpfeife. Älteste Stücke der Ausstellung sind die Reste eines Orgelgehäuses aus der Zeit um 1630, zu sehen im Orgelhaus, wo auch viel über mecklenburgische Orgelbaugeschichte und Orgelbauer zu erfahren ist.

Gern besucht – die Klosterkirche von Malchow mit dem Orgelmuseum

Eine Orgel zum Ausprobieren und Orgelpfeifen im Museum

Anhand einer aus gebrauchten Orgelteilen entstandenen Modellorgel im großen Kirchenraum lassen sich Aufbau und Funktion der »Königin der Instrumente« nachvollziehen. Besucher dürfen darauf auch selbst spielen. Neben der musealen Nutzung finden in der Malchower Klosterkirche Konzerte wie in den Sommermonaten die sonntäglichen Orgelmatineen sowie Trauungen statt.

Ein Teil der alten Klosteranlage wird in aufwendiger Sanierungsarbeit als Kunstmuseum Kulturzentrum Malchow gestaltet und als Kunstort genutzt. Im ältesten Teil, dem Refektorium, wo die Stiftsdamen ihre Wohnungen hatten, ist Raum für ständige Ausstellungen entstanden. Nachlässe mehrerer regionaler Künstler können in zwei restaurierten Wohnungen betrachtet werden, Sonderausstellungen finden statt. Einige dieser Räume wurden mit rekonstruierten historischen Tapeten ausgestattet.

i Mecklenburgisches Orgelmuseum: Kloster 26, 17213 Malchow
Tel. 039932-1 25 37, www.orgelmuseum-malchow.de
Öffnungszeiten: April bis September Di–So 10–17 Uhr sowie Mo auf Nachfrage, Oktober Di–So 10–16 Uhr sowie Mo auf Nachfrage,
November/Dezember Sa/So 11–15 Uhr sowie Di–Fr auf Nachfrage

Führungen: Mai bis September Di–Sa 11.30 Uhr sowie nach Voranmeldung

Orgelmatineen: Juli bis September So 11.30 Uhr

i Kunstmuseum Kulturzentrum Malchow: Kloster 32–34, 17213 Malchow
Tel. 039932-8 23 92, www.kloster-malchow.de
Öffnungszeiten: Mitte März/April und Oktober Di–So 10–16 Uhr, Mai bis September Di–So 10–17 Uhr, November/Dezember Sa/So und auf Nachfrage
Führungen durch das Museum und zur Geschichte der Klosteranlage

Nossentiner/Schwinzer Heide

Weite Kiefernwälder und 60 zum Teil sehr klare Seen, Moore, Dünen und Feuchtwiesen, Trockenrasen und Heiden sowie ruhige kleine Dörfer prägen den Naturpark Nossentiner/Schwinzer Heide. Er hat eine Fläche von 320 Quadratkilometern und erstreckt sich von Goldberg im Westen bis kurz vor Waren (Müritz) im Osten. Sein Kernstück ist eines der größten zusammenhängenden Waldgebiete, über das Mecklenburg-Vorpommern verfügt. Im Naturpark leben zahlreiche, teils seltene Tierarten wie Seeadler und Fischotter. Wegen der Vielfalt an in ihrem Bestand bedrohten Vogelarten wurde er zum Europäischen Vogelschutzgebiet erklärt. In den letzten 250 Jahren hinterließ der Raubbau am Wald durch Glashütten, Kalköfen und Ziegeleien sowie viele Holzmeiler deutliche Spuren. Der Naturpark ist mit 250 Kilometern Rad- und Wanderwegen, 100 Kilometern Rundwanderwegen und 160 Kilometern Reitwegen ausgestattet. Der Karower Meiler am Nordwestufer des Plauer Sees dient als Kultur- und Informationszentrum des Naturparks (Foto).

i www.naturpark-nossentiner-schwinzer-heide.de

Top! 16 Zottelige Riesen – Besuch bei den Wisenten von Damerow

DAMEROW. Zottelpelz und spitze Hörner, zwei Meter Widerristhöhe, bis zu einer Tonne schwer – seit 50 Jahren leben auf dem Damerower Werder, einer 300 Hektar großen Halbinsel im Kölpinsee etwa zwölf Kilometer westlich von Waren (Müritz), Wisente in freier Wildbahn. In zwei Schaugattern können einige der Tiere mit sicherem Abstand von Tribünen aus beobachtet werden. Täglich um 11 und 15 Uhr werden die riesigen Pflanzenfresser gefüttert. Dann kommen Schrot und Wasser in die Tröge und die Wisente machen sich, schön der Reihe nach, darüber her. Der mächtige Bulle frisst zuerst, seine Damen dürfen später. Zusammen mit Rüben und Heu sowie Rinden, Gras und Kräutern verspeist ein ausgewachsenes Tier etwa 60 Kilogramm pro Tag. Insgesamt leben

Auf der Zuschauertribüne den Riesen im Schaugatter ganz nah

in den Schaugattern und im von Besuchern komplett abgeschirmten Teil des Reservats drei Herden mit um die 30 Tieren.
Im Jahr 1957 war auf dem Werder mit seinen Erlenbruchwäldern und Waldwiesen, vermittelt vom damaligen Direktor des Berliner Tierparks Professor Dr. Heinrich Dathe, als Geschenk aus Polen ein Paar der letzten noch lebenden Wildrinder eingetroffen, um hier eine Zucht aufzubauen. Das intensive Bejagen freilebender Wisente hatte dazu geführt, dass es in den 1920er Jahren in Europa nur noch 65 Tiere gab, von denen sich nur zwölf fortpflanzten. Auch durch das in Damerow gegründete Reservat, das zu den bedeutendsten in Europa zählt, konnte in den nachfolgenden Jahren der dramatisch dezimierte Wisentbestand gesichert werden. Heute leben in ganz Deutschland wieder mehr als 500 Wisente, auf der ganzen Welt gibt es über 5000 dieser Urrinder. Das erste Damerower Paar Pumik und Puella aus dem polnischen Nationalpark Białowieża zeugte erfolgreich Nachkommen, seither wurden in Damerow etwa 300 Kälber geboren, deren Namen – wie bei Wisenten üblich – jeweils mit den ersten beiden Buchstaben des Herkunftsortes beginnen, also mit Da für Damerow. Und so heißt ein Bulle Daaks, weibliche Tiere Danata oder Daniga. Mehr noch zu Wisenten und zum Thema Wald ist im Informationszentrum des Wisentreservats am Eingang zu erfahren. Dort sorgt auch eine Gaststätte für leibliches Wohl.

i Wisentreservat Damerower Werder: Zum Werder 5 b, 17194 Jabel OT Damerow
Tel. 0170-3 01 02 19, www.wald-mv.de
Öffnungszeiten: Ende März bis Mai täglich 10–18 Uhr,
Juni bis September täglich 10–20 Uhr,
Oktober bis November täglich 10–17 Uhr, Dezember Sa/So 10–17 Uhr

⑰ Wolhynier-Museum – Grabstein als letzte Erinnerung

LINSTOW. Ein Schild mitten in Mecklenburg weist nach Wolhynien. Entfernung 1854 Kilometer. Wolhynien? Jene, die das Schild in Linstow dicht an der gleichnamigen Abfahrt von der Autobahn A 19 (Berlin) Wittstock-Rostock aufstellten und damit auf ihr Umsiedler-Museum aufmerksam machen wollen, fragen auf ihre Weise: Schon mal was von Wolhynien gehört? Wer mehr darüber wissen und damit in jüngere europäische Migrations-Geschichte eintauchen will, sollte Linstow und sein Museum besuchen. Es berichtet von den Wolhynien-Deutschen, einst sesshaft geworden in der gleichnamigen historischen Region, die heute Teil der Westukraine ist und zu einem sehr geringen Teil Ostpolen umfasst. Als Hitler 1939 die sogenannten Volksdeutschen (Deutsche, die damals außerhalb des Reiches lebten) aufforderte, »Heim ins Reich« zu kommen, machten sich auch die Wolhynier – es waren während des Zweiten Weltkriegs mehrere zehntausend Menschen – auf den Weg. Für 73 Familien endete die Odyssee in Linstow, wo sie sich nach 1945 auf der durch die Bodenreform aufgesiedelten Domäne des Ortes eine neue Heimat schufen. Das nach 1990 in einem Bauernhaus entstandene Museum, errichtet in überlieferter Bauweise von einer der Umsiedler-Familien, erzählt davon. Zugleich geben originale Gegenstände Einblicke in Lebens- und Arbeitsweise, Bräuche und Traditionen der Wolhynier in den Siedlungsgebieten

Grabstein aus der Heimat

Im Wolhynier-Umsiedler-Museum

ihrer Vorfahren und nach der Umsiedlung. Das vollständig aus Holz bestehende Bauernhaus bildet den Kern des Museums. Zusammen mit dem sich anschließenden Freiluftbereich und einer neuen Museumsscheune wurde daraus dank der Arbeit des Heimatvereins Linstow und durch staatliche Förderung eine Gedenk- und Begegnungsstätte. In der Nähe des Modells eines alten, in Wolhynien üblichen Ziehbrunnens steht ein Grabstein. Einst aufgeladen auf einen Wagen im Treck der Umsiedler als letztes Erinnerungsstück, symbolisiert er nun im Umfeld des Museums auf berührende Weise Ende und Neuanfang für die Wolhynien-Deutschen in Linstow. Einmal im Jahr – immer Anfang September – laden die Linstower zu einem Museumsfest ein.

i Wolhynier-Umsiedler-Museum: Hofstraße 5, 18292 Linstow
Tel. 038457-5 19 63, www.umsiedlermuseum-wolhynien.de
Öffnungszeiten: Mi 14–16 Uhr, Juni bis September auch Sa und So 14–16 Uhr
Führungen außerhalb davon nach Vereinbarung

18 Agroneum – Leben auf dem Lande in Mecklenburg

ALT SCHWERIN. Seit vielen Jahren ist das Freilichtmuseum Alt Schwerin am Rande des Naturparks Nossentiner/Schwinzer Heide Ziel für Besucher, die sich für die Agrargeschichte Mecklenburgs interessieren. 1963 als Agrarhistorisches Museum gegründet, lädt es heute als neu strukturiertes und wesentlich erweitertes Agroneum ein. Über das ganze Dorf verteilen sich die Zeugnisse gutswirtschaftlichen Lebens: Herrenhaus, Park und Alleen, Wohn- und Wirtschaftsgebäude. Eine einzigartige Katenzeile dokumentiert mit vielen Originalen, wie die Mecklenburger auf dem Lande um 1870, um 1910, während des Zweiten Weltkrieges und danach lebten. Ihr besonderer Anziehungspunkt ist die komplett

In der Katenzeile: LPG-Bauernwohnung

Dampfpflug-Lokomobile von 1915

Auf dem großen Freigelände

erhaltene Wohnung eines Alt Schweriner LPG-Bauern (LPG – Landwirtschaftliche Produktionsgenossenschaft) aus der Zeit um 1965, die mit allem, was die Familie damals besaß, besichtigt werden kann. Auch eine einklassige Dorfschule aus Kaiserzeiten kann besucht werden. In einer 1904 erbauten Schnitterkaserne wird als ein Teil des Agroneums die 1988 mit großem Aufwand gestaltete DDR-Ausstellung »5000 Jahre Landwirtschaft in Mecklenburg« gezeigt. Sie blieb als ein Museum im Museum erhalten.

Eine eingehauste Dampfpflug-Lokomobile des Baujahres 1915 steht vor dem gläsernen Eingangsgebäude zum großzügig angelegten Freigelände des Agroneums. Dahinter gewähren eine Holländerwindmühle mit neuen Flügeln, Seilerei, Stellmacherei, Dorfschmiede, Sägegatter und eine Feldbahn Blicke weit zurück. Weitere Komplexe sind eine riesige Traglufthalle als Schaudepot, zwei Traktorenpavillons, eine Flugzeughalle und eine Halle zur Demonstration moderner Landwirtschaft. Auf sieben thematisch gestalteten Spielplätzen können sich Kinder die Zeit vertreiben.

Tradition und Brauchtum leben in Alt Schwerin bei Hof- und Schlachtefesten, Oldtimer- und Traktorentreffen, bei Internationalen Dampftreffen sowie verschiedenen Märkten auf. Die Veranstaltungen sind Magnete für Besucher aus Nah und Fern.

i Agroneum: Achter de Isenbahn 1 (Hinter der Eisenbahn 1), 17214 Alt Schwerin
Tel. 039932-4 74 50, www.agroneum-altschwerin.de
Öffnungszeiten: April bis Oktober täglich 10–18 Uhr,
November bis März auf Anfrage

⑲ Kloster – Erst Benediktinerinnen, dann Stiftsdamen

DOBBERTIN. Eines der größten und ehemals reichsten mittelalterlichen Klöster Norddeutschlands und späteres protestantisches Damenstift liegt bei Goldberg idyllisch am Dobbertiner See. Die schöne und weitläufige Anlage mit klassizistischen Damenhäusern, barocker Klausur und einem Neorenaissance-Giebel am Haus der Domina wird von der einzigen doppeltürmigen Klosterkirche in Mecklenburg optisch beherrscht. Sie stammt aus der ersten Hälfte des 19. Jahrhunderts und hatte in Schinkels Friedrichswerderscher Kirche in Berlin ihr Vorbild. Ein Großteil der Anlage wird vom Diakoniewerk Kloster Dobbertin GmbH für Menschen mit Behinderungen genutzt und hat öffentliche, halböffentliche und private Zonen, die Besichtigungen ermöglichen und gleichzeitig zu respektieren sind.

Gegründet worden war Dobbertin um 1200 unter dem mecklenburgischen Fürst Heinrich Borwin I. als Benediktiner-Kloster, umgewandelt

Kloster Dobbertin

Idyllische Lage am Dobbertiner See

In der Klosterkirche

Im Kreuzgang

Eingang zur Klosterkirche

wenige Jahre später zu einem Frauenkloster des gleichen Ordens. Ihren Reichtum verdankten die Nonnen vielen Schenkungen und Vermächtnissen. Nach der Reformation war Dobbertin das größte von drei Landesklöstern – neben Ribnitz und Malchow (siehe S. 155) – und diente nun der »Auferziehung adliger Jungfrauen«. Heute gilt Dobbertin als die bedeutendste und mit ihren 23 denkmalgeschützten und mehrheitlich sanierten Gebäuden am besten erhaltene Klosteranlage im Land. Zu besichtigen sind der stille mittelalterliche Kreuzgang, die Klosterkirche mit den Wappen der Konventualinnen aus zahlreichen mecklenburgischen Adelshäusern an der Nonnenempore, der Konventsaal mit einer Ausstellung über die drei Landesklöster sowie Exponate über die Beziehungen des Schriftstellers Theodor Fontane zu Mathilde von Rohr. Diese Konventualin war eine langjährige Vertraute Fontanes, beide tauschten sich über literarische Fragen aus. Fontane weilte ab 1870 mehrmals in Dobbertin. Am nördlichen Dorfrand liegt der Friedhof des Klosters mit noch über 70 erhaltenen Grabstätten, so auch die von Mathilde von Rohr.
Im ehemaligen Brau- und Brennhaus erwartet den Besucher ein vom Diakoniewerk betriebenes Café mit Blick auf den See.

i Kloster: Am Kloster, 19399 Dobbertin
Tel. 038736-8 61 21, www.kloster-dobbertin.de
Öffnungszeiten für Besichtigungen/Klosterladen: Mai bis September täglich 11–17 Uhr, Oktober bis April Mo–Fr 10–14 Uhr
Führungen: Mai bis September jeweils Sa um 14 Uhr
Öffnungszeiten des Klostercafés: Mai bis Oktober Di–Fr 11–17.30 Uhr, Sa/So 11–18 Uhr; November bis April Di–Fr 11–16.30 Uhr, Sa/So 11–17 Uhr

Plauer See

Der mit 38,4 Quadratkilometern drittgrößte See Mecklenburg-Vorpommerns und siebtgrößte Deutschlands verdankt seinen Namen dem Ort Plau am See, dem einstigen Plawe (slawisch für Flößerort) und der einzigen Stadt an seinen Ufern sowie touristischem Zentrum der Region (Foto: Leuchtturm am Plauer See). Der Plauer See hat eine Länge von 14,2 Kilometern und eine Breite von 4,8 Kilometern, seine maximale Tiefe beträgt 25,5 Meter, im Durchschnitt ist er 6,8 Meter tief. Von Ost nach West durchfließt ihn der mit 209 Kilometern längste Fluss Mecklenburg-Vorpommerns, die Elde. Der Plauer See ist Bestandteil der Bundeswasserstraße Müritz-Elde-Wasserstraße, eines der schönsten europäischen Wassersportreviere. Auf ihm sind Ausflugsschiffe unterwegs, er hat optimale Wassersportmöglichkeiten und kann auf einem 58 Kilometer langen Radweg umrundet werden.

⑳ Attraktionen – Leuchtturm, Hubbrücke, Hühnerleiter

PLAU AM SEE. Die alte Fischer- und Flößerstadt Plau am See hat eine begnadete Lage. Über acht Kilometer erstreckt sich der gern besuchte Luftkurort entlang des Westufers des nach ihm benannten Sees. Die aus ihm abfließende Elde zieht sich wie ein schmales Band durch die Altstadt mit ihren verwinkelten Straßen. An ihr lassen sich beim Promenieren einige Sehenswürdigkeiten entdecken.

Gäste, die mit ihren Booten vom Plauer See kommend in die Müritz-Elde-Wasserstraße einfahren, werden von einem rot-weißen Leuchtturm begrüßt. Viele Spaziergänger hingegen erklimmen von Land aus diesen 13,5 Meter hohen Aussichtsturm am Ende der Promenade An der Metow, um von der Plattform in acht Meter Höhe einen umwerfenden Panoramablick auf den Plauer See, die Müritz-Elde-Wasserstraße und das liebenswerte Städtchen selbst zu werfen. Er ist im Sommer täglich und im Winter an den Wochenenden geöffnet.

Altstadt von Plau am See

Wieder zurück im Zentrum, bleibt so mancher stehen und beobachtet, wie sich bei Bedarf der Fahrweg der stählernen blauen Hubbrücke nach oben bewegt, um für Boote eine größere Durchfahrtshöhe zu schaffen. Dann müssen die Autos anhalten, die Boote können die alte Brücke mit Holzhäuschen unterqueren und ihre Fahrt auf der Elde fortsetzen. Die 1916 errichtete, 13 Meter lange Hubbrücke von Plau gilt mit einer Hubhöhe von 1,86 Metern als die höchste Hubbrücke Mecklenburgs. Ihre Durchfahrtshöhe ist vom jeweiligen Pegelstand abhängig. Bei ihrem Bau ersetzte sie eine hölzerne Zugbrücke. Seither wurde das technische Denkmal rekonstruiert, erneuert und letztendlich von Grund auf instandgesetzt. Dank Fernbedienung kann sie nun auch unterquert werden, ohne dass vom Holzhäuschen auf ihr die Öffnung gesteuert werden muss.

Die alte Hubbrücke über die Elde

Plaus sogenannte Hühnerleiter

Auf dem Wasserweg zur Schleuse

Andere Interessierte stehen einige hundert Meter flussabwärts auf der sogenannten Hühnerleiter über einer Schleuse und beobachten hier das vor allem im Sommer lebendige Treiben. Der erste Vorläufer dieses Bauwerks war eine 1945 zerstörte Drehbrücke. Als Ersatz wurde eine Hochbrücke errichtet, die statt Treppenstufen aufgenagelte Leisten erhielt und damit zur »Häuhnerledder« (Hühnerleiter) wurde. Auch wenn dort seit 2003 ein komfortabler Neubau steht – der Name blieb.

21 Koryphäen – Erfinder Alban und Künstler Wandschneider

PLAU AM SEE. Das kleine Plau am See kann sich mit zwei berühmten Männern schmücken. Sie sind im Stadtbild zu entdecken und das Museum auf dem Burggelände zeigt Ausstellungen zu den beiden Koryphäen.

Ernst Alban: An der Metow liegt neben vielen anderen Schiffen auch MS »Dr. Ernst Alban«. Ernst Alban? Dieser nicht nur für Plau am See wichtige Mann, gebürtig 1791 in Neubrandenburg und ursprünglich Facharzt für Augenheilkunde und Privatdozent an der Rostocker Universität, arbeitete zugleich an technischen Lösungen für Dampfmaschinen und gründete später die erste Maschinenbau-Werkstatt Mecklenburgs in der Nähe von Rostock. Im Jahr 1840 dann ließ sich Alban in Plau nieder und stellte in seiner Maschinenbaufabrik mit eigener Eisengießerei außer Land- und Textilmaschinen sowie

Am Burgmuseum

Ernst Albans Erfindungen im Museum und sein Name auf einem Ausflugsschiff

Wasserrädern Dampfmaschinen her. Noch im gleichen Jahr verließ die erste Hochdruck-Dampfmaschine seinen Betrieb und kam bis 1905 in der Plauer Tuchfabrik zum Einsatz. Der Dampfmaschinen-Pionier baute zudem das erste Mecklenburger Dampfschiff, das seinen Namen erhielt – »ALBAN«. Für den in Plau Verstorbenen wurden auf dem Friedhof der Stadt ein gusseisernes Grabmal und ein Ehrenmal errichtet. Das Burgmuseum würdigt die Leistungen Ernst Albans auf verschiedenen Gebieten und zeigt ein Modell seiner Hochdruckdampfmaschine mit einem schwingenden Zylinder sowie einen einzigartigen Schiffsantrieb.

Wilhelm Wandschneider: »Coriolan« an der Seepromenade, »Sämann« und »Mähmann« in der Meyenburger Chaussee, der »Pfennigjunge« an der Fassade der ehemaligen Sparkasse in der Steinstraße – die Plastiken des 1866 in Plau geborenen Wilhelm Wandschneiders sind unübersehbar im Stadtbild. Wandschneider gilt als eine berühmte und zugleich umstrit-

Ausstellung zu Wilhelm Wandschneider und sein »Pfennigjunge« in der Steinstraße

tene Künstlerpersönlichkeit Mecklenburgs. Außergewöhnlich talentiert, ließ er sich nach Bildhauer-Ausbildung und Auslandsaufenthalten in Berlin nieder. Die Liste seiner Arbeiten im In- und Ausland umfasst etwa 200 Werke, dazu gehören auch der Hechtbrunnen in Teterow (siehe S. 86) und das Reuter-Denkmal in Stavenhagen (siehe S. 84). Der politisch konservative Wandschneider kehrte 1925 – als Künstler nun perspektivlos – in seine Heimatstadt zurück, wo er zum Ehrenbürger ernannt wurde und ein Wandschneider-Museum entstand. Seine die Nazis ansprechenden naturalistischen Körper-Darstellungen brachten ihm noch einmal Aufträge. Er verstarb 1942 und wurde auf dem Plauer Friedhof beigesetzt. In der Wandschneider-Abteilung des Burgmuseums sind Originale, Gipsmodelle, Reliefs, verkleinerte Arbeiten, Gemälde und Arbeitsgeräte sowie Schriftstücke und zahlreiche Fotodokumente ausgestellt.

i Burgmuseum: Burgplatz 2, 19395 Plau am See
Tel. 038735-4 56 78, www.burgmuseum-plau.eu
Öffnungszeiten: Ostern bis Oktober täglich 10–17 Uhr

22 Maskottchen – Mit Plaulina zu den Zaubersteinen

PLAU AM SEE. Auf dem Klüschenberg von Plau am See steht in Lebensgröße die Holzplastik der Hexe Plaulina, gefertigt von dem litauischen Künstler Robertas Keliauskas während eines internationalen Skulpturen-Wettbewerbs. Plaulina, ein Auge etwas listig zugekniffen, ist das Maskottchen der Stadt und soll eine gute Hexe gewesen sein, zu der Sagenhaftes erzählt wird:

Plaulina war eine slawische Königstochter und lebte vor 1000 Jahren auf der Plauer Burg. Die Burg wurde von Feinden erobert, doch Plaulina konnte fliehen und gelangte durch einen unterirdischen Gang zum Kalüschenberg. Dort hatte ihr Vater Gold und Silber versteckt und die Eingänge zu den Gewölben so gut tarnen lassen, dass sie bis heute unentdeckt blieben, obwohl so mancher danach grub. Die Feinde zogen sich nach der Plünderung der Burg zurück, aber Plaulina war verschwunden. Ab und zu jedoch soll sie ihr Versteck, in dem sie den Familienschatz bewacht, verlassen, unerkannt durch die engen Straßen von Plau huschen und sich unter die Leute mischen, um ihre Sorgen kennenzulernen und ihnen zu helfen. Eine gute Hexe eben …

Es gibt noch weitere, gern erzählte Geschichten über Plaulina. Auch ist

Plaulina am Klüschenberg

Auf der »Spur der Zaubersteine«

ihr ein zehn Kilometer langer Rundwanderweg »Spur der Zaubersteine« gewidmet. Er führt durch den Plauer Stadtwald zum alten Burgwall, zu Seen und Mooren und dabei vorbei an den Weg weisenden Steinen, den Zaubersteinen. Auf denen soll die inzwischen alt gewordene Plaulina manchmal sitzen, sich ausruhen und dabei ein bisschen zaubern.

23 Lehmmuseum – Bodenschatz als wertvoller Baustoff

GNEVSDORF. Das Lehmmuseum in Gnevsdorf südlich der Kleinstadt Plau ist ein besonderes Kleinod in der Museumslandschaft. Auf originelle Art und Weise bringt es einen Bodenschatz nicht nur denen nahe, die professionell damit zu tun haben, sondern nimmt auch Laien für ihn ein. In einer rekonstruierten, 1871 erbauten, reetgedeckten Natursteinscheune mit interessanter Holzkonstruktion, Lehmzwischenwänden und Stampflehmboden macht das kleine naturhistorische Museum mit den verschiedenen Facetten des über Jahrtausende in aller Welt als Baustoff genutzten Lehms vertraut. Auch in Mecklenburg war er Hauptbaustoff. Deutschlands erstes und einziges Lehmmuseum demonstriert seit 1999 seine Geschichte. Die Nutzung des Lehms in der Tierwelt, so in einem begehbaren Schwalbennest zu entdecken, erstaunt die Besucher. Sehr praxisnah ist dargestellt, wie sich Lehm von einem historischen zu einem modernen Baustoff entwickelte. Die Sammlung enthält sowohl alte Lehmbauteile als auch Dokumente

Vor dem Lehmmuseum

Backen im Lehmbackofen

Begrüßung durch den Lehm-Golem

aus der jüngeren Lehmbaugeschichte, zum Beispiel über die 1949 gegründete Lehmbauschule in Güstrow. Zu betrachten sind sowohl verschiedene Varianten von gedämmten, energiesparenden Lehmaufbauwänden als auch Muster von ästhetisch anspruchsvoll gestalteten Lehmoberflächen. Das Lehmmuseum, das eine Station der Lehm- und Backsteinstraße ist, zeigt zudem im Obergeschoss Sonderausstellungen. Veranstaltet werden der Mecklenburger Lehmbausommer, Backtage und Sommerfeste mit Kulinarischem aus dem Lehmbackofen.

i Lehmmuseum: Steinstraße 64 a, 19395 Gnevsdorf
Tel. 038737-3 38 30, www.lehmmuseum.de, www.fal-ev.de
Öffnungszeiten: Mai bis September Di–So 10–17 Uhr

24 Bärenwald – Wanderung durch das Zuhause von 16 Petzen

STUER. Im Jahr 2006 kamen die Braunbären-Geschwister Lothar und Sindi als erste Bewohner in den Bärenwald bei Stuer an der Südspitze des Plauer Sees. Er wurde seither zum touristischen Aushängeschild der Müritz-Region und zu Westeuropas größtem Bärenschutz-Zentrum. In Deutschland gibt es insgesamt drei Freigehege, in denen Bären artgerecht gehalten werden. Auch bei Stuer stellt man die Tiere nicht zur Schau, sondern 16 Bären (2016) leben auf einer Fläche von 16 Hektar in einer ihren natürlichen Lebensbedingungen entsprechenden hügeligen Landschaft mit Mischwald, Wiesen, Lichtungen, einem kleinen Wasserlauf und mehreren Teichen. Jedem der Bären stehen etwa 5000 Quadratmeter Fläche zur Verfügung. Sie haben nach nicht artgerechter Haltung in Zooanlagen, in Zirkuswagen und auch in privaten Gehegen sowie dadurch entstandenen Verhaltensstörungen ein Zuhause gefunden, können zurück zu ihrer Natur finden und sie ausleben. Eine Auswilderung nach erlittener Gefangen-

Badespaß im Waldsee

schaft ist nicht mehr möglich. Der Bärenwald ist eines der engagierten Projekte der Tierschutzorganisation Vier Pfoten, einer international tätigen Tierschutzorganisation mit Hauptsitz in Wien.

Ein Stein für jeden verstorbenen Bärenwald-Bewohner

Vor allem Familien mit Kindern sind im Bärenwald unterwegs. Als gute Einstimmung dient ein 180 Meter langer interaktiver Natur-Entdeckerpfad durch den Kiefernwald, auf dem viel über das weltweit größte Landraubtier zu erfahren ist. Am Anfang gibt es einen Überblick zur Entwicklung der Bärenpopulation in Europa. So wurde 1835 in Bayern der letzte freilebende Bär erlegt und – Ironie der Geschichte – ebenfalls in dieser Region der 2006 aus Italien eingewanderte Bär Bruno unter großer medialer Aufmerksamkeit erschossen. Auf dem Pfad folgen nun ein Labyrinth, eine Bärenhöhle, ein Höhenweg und letztendlich ein Lesenest. Abwechslungsreich wird von Schicksal und Lebensweise der großen, schützenswerten Tiere sowie über Mythen und Legenden berichtet.

Mehrere Wege führen durch das weitläufige Gelände des Bärenwaldes, dabei lassen sich ab und zu und natürlich hinter sicheren Zäunen die Petze beobachten. Balou, Siggi, Tapsi und Otto streifen durch den Wald, baden im Teich oder legen sich eine Höhle für den Winter an.

i Bärenwald Müritz: Am Bärenwald 1, 17209 Stuer
Tel. 039924-7 91 18, www.baerenwald-mueritz.de
Öffnungszeiten: täglich, Mitte März bis Oktober 9–18 Uhr,
November bis Mitte März 10–16 Uhr

Die alte Gutskirche von Stuer

㉕ Petrikirche – Flotowsches Erbe, Konzerte und ein Café

STUER. Die Fachwerk-Petrikirche des Dörfchens Stuer an der B 198 zwischen Plau und Röbel hat einen besonderen Charme und ist ein stimmungsvoller Ort für die Internationalen Klaviertage am Plauer See. Schon seit mehreren Jahren geben hier im Sommer hochkarätige Klaviervirtuosen aus Frankreich, Italien, den USA und Deutschland Konzerte und gestalten ein facettenreiches Programm. Die Patronatskirche der Familie von Flotow aus dem 18. Jahrhundert beherbergt zudem einige besondere, sehenswerte Schätze, so einen geschnitzten Altaraufsatz aus der zweiten Hälfte des 15. Jahrhunderts und die Patronatslogen aus dem 18. Jahrhundert rechts und links vom Altar. Außergewöhnlich ist eine an

Ruhestätten der Adelsfamilie von Flotow

Einige der 50 Sargbeschläge

Patronatsloge und Altar

den Wänden angebrachte Sammlung von 50 Sargbeschlägen aus dem 17. bis 19. Jahrhundert.
Östlich der Kirche stehen mehrere Grabkreuze, es sind Ruhestätten der weit verzweigten Adelsfamilie von Flotow, eines mecklenburgischen Uradelsgeschlechts mit vielen Gütern wie in Stuer. Es hatte berühmte Familienmitglieder, so den im 19. Jahrhundert lebenden Komponisten Friedrich von Flotow und den Politiker Andreas von Flotow, der 1933 – nach Ausschluss aus der NSDAP – wegen vermuteter Gegnerschaft von einem SA-Kommando auf mysteriöse Weise erschossen wurde. Er und auch sein Vater Jürgen von Flotow sind auf dem Friedhof bestattet.

Café unter Kastanien im Pfarrhof

In unmittelbarer Nähe liegt der Pfarrhof Stuer mit seinem Hofcafé, ein sehr idyllisches Anwesen, in das eingeladen wird zum Verweilen unter uralten Kastanien oder in der gemütlichen Amtsstube.

i Kirche/Petrikirche: Dorfstraße 20, 17209 Stuer, Tel. 039925-24 54
Der Schlüssel für die Kirche ist erhältlich im Pfarrhof-Café.

i Café im Pfarrhof: Dorfstraße 20 (hinter der Kirche), 17209 Stuer
Tel. 039924-75 00 75, www.pfarrhof-stuer.de

Im Neustrelitzer Stadthafen am Zierker See

Feldberger Seenlandlandschaft und Neustrelitzer Kleinseenland

Karte siehe Seite 264

Glasklare Seen in tiefgrünen Wäldern, Hügel und Täler, sandige Ebenen und versteckte Moore – die Feldberger Seenlandschaft im südwestlichen Mecklenburg an der Grenze zu Brandenburg ist reich an Naturschönheiten. Wer dort unterwegs ist, fährt Rad, wandert, paddelt und taucht. Kulturinteressierte finden die Kunsthalle in Wittenhagen und das Anwesen Hans Falladas auf dem Carwitzer Bohnenwerder. Naturfreunde durchstreifen die Heiligen Hallen. Westlich davon lockt das Neustrelitzer Kleinseenland. Das Tor dazu ist die Residenzstadt Neustrelitz. Der Besuch des dortigen Kulturquartiers im ehemaligen Postamt und zahlreicher Buttel-Bauten, der Kleinstadt Mirow mit Schlossinsel und 3 Königinnen Palais sowie Schloss und Park in Hohenzieritz bringen die Geschichte des Großherzogtums Mecklenburg-Strelitz nahe.

1 Walderlebnis – Heilige Hallen, Paradiesgarten, Museum

LÜTTENHAGEN. Für Gäste der Feldberger Seenlandschaft ist die Gegend um Lüttenhagen nahe Feldberg ein Magnet. Bietet sie doch ganz besondere Walderlebnisse.

Heilige Hallen: Wie die Säulen eines Domes wirken die bis zu 350 Jahre alten Buchen bei Lüttenhagen, gut zu erreichen ab einem Parkplatz direkt an der Straße zwischen Feldberg und Lychen. Die sogenannten Heiligen Hallen sind der älteste Buchenwaldbestand Deutschlands und zugleich das älteste Schutzgebiet. Entstanden im 17. Jahrhundert, bekam diese Gegend ihren besonderen Status durch Großherzog Georg von Mecklenburg-Strelitz. Der war so beeindruckt von den schönen Bäumen, dass er über sie 1850 das Gedicht »Bei der Erinnerung des Buchenwaldes bei Lüttenhagen« schrieb und anordnete, sie »für alle Zeit zu schonen«. Das Naturschutzgebiet Heilige Hallen liegt inmitten einer ausgedehnten Waldregion und umfasst eine Fläche von 65 Hektar. Das Kerngebiet ist etwa 25 Hektar groß, hier haben die Buchen mit bis zu 50 Metern Höhe und einem Durchmesser von über einem Meter ihr mögliches Lebensalter erreicht und sterben ab. Um Besucher vor umstürzenden Stämmen und brüchigen Ästen zu schützen, war diese Gegend längere Zeit gesperrt. Doch die Gefahrenquellen haben sich auf natürliche Weise erledigt, ausgeschilderte Wanderwege führen durch die Heiligen Hallen.

Absterbende Buchen in den Heiligen Hallen

Ihre Pracht entfaltet sich vor allem im Herbst, Winter und Frühling, wenn kein dichtes Laub die Wirkung der hohen Bäume schmälert.

Paradiesgarten: In der Nähe des Parkplatzes der Heiligen Hallen ist auch ein Paradiesgarten zu besichtigen. Der erste forstbotanische Versuchsgarten Mecklenburgs wurde im Jahr 1880 von einem hiesigen Förster auf einem halben Hektar angelegt und mit Obstbäumen sowie 27 ausländischen Gehölzen bepflanzt. In den 1990er Jahren rekonstruierten Forstleute den Garten und erweiterten ihn auf über zwei Hektar.

Lütt Holthus: Das Waldmuseum Lütt Holthus (Kleines Holzhaus) wenig weiter auf dem Gelände des Forstamtes Lüttenhagen ermöglicht großen und kleinen Besuchern Einblicke in die Tier- und Pflanzenwelt der wald-

Eingang zum Paradiesgarten

Zu Besuch im Waldmuseum Lütt Holthus

reichen Umgebung. Vorgestellt werden unter anderem Strelitzer Kiefern und Feldberger Buchen. Dia-Serien zeigen den Wald im Jahresverlauf. Zahlreiche Präparate erlauben es, heimische Tiere in aller Ruhe aus der Nähe zu betrachten. Es gibt eine Waldapotheke und einen begehbaren Fuchsbau. An den interaktiven Stationen Duftorgel, Geräuschebox und Klimakoje ist Wald zu riechen, zu hören und zu fühlen. Auf dem Außengelände sind ein alter Waldarbeiter-Wagen, eine Harzer-Hütte und eine kleine Baumschule zu besichtigen.

i Waldmuseum Lütt Holthus:
Forsthof 2, 17258 Feldberger Seenlandschaft OT Lüttenhagen
Tel. 039831-5 91 25, www.luett-holthus.de
Öffnungszeiten: Mai bis September Di–So 10–18 Uhr,
Oktober und April Di–Sa 13–16 Uhr, November bis März nach Absprache

i Geführte Wanderungen: Vom forstlichen Paradiesgarten zum Buchenwald
Juni bis August, Do 9.30 Uhr, Treffpunkt Waldmuseum Lütt Holthus

2 Seilfähre – Per Handbetrieb über den Schmalen Luzin

FELDBERG. Einer der malerischsten Seen in der Feldberger Seenlandschaft ist – neben Carwitzer See, Zansen, Feldberger Haussee und Breitem Luzin – der Schmale Luzin. Er gilt zudem als einer der schönsten der mecklenburgischen Seen überhaupt. Der etwa sieben Kilometer lange und maximal 34 Meter tiefe Rinnensee schimmert in den verschiedensten Grüntönen, seine reizvolle Uferlandschaft steht unter Naturschutz. Kleine Boote sind auf ihm unterwegs, in ihm Taucher aktiv. Zwischen der Feldberger Luzinhalle an seinem Ufer, zu erreichen über eine steile Treppe, und der gegenüberliegenden Seite, dem Hullerbusch, verkehrt eine der wenigen handbetriebenen Seilfähren Europas. Die Luzinfähre und ein Bootsverleih liegen am vormaligen Standort von

Fährmann in Aktion

Am Schmalen Luzin

Fischerkähnen. Schon seit über 100 Jahren sind an dieser 200 Meter breiten und 19 Meter tiefen Stelle des Sees Fähren unterwegs. Viele Jahrzehnte waren Ruderboote im Einsatz, zu DDR-Zeiten dann wurde die Handseilfähre installiert. Heute bewegt Fährmann Thomas Voigtländer oder einer seiner Mitstreiter zu jeder halben und vollen Stunde die Seilfähre über den See. Sie ist an einem knapp unterhalb der Wasseroberfläche gespannten Seil befestigt; der Fährmann bringt mit viel Muskelkraft sein Boot durch Drehen eines großen Rades an das andere Ufer. Gespannt beobachten die Mitfahrenden, wie er über ein Rollensystem mit jeder Umdrehung das Stahlseil aus dem Wasser holt und sich daran entlanghangelt. Vier Minuten dauert die Überfahrt, manchmal wird in der Mitte angehalten und empfohlen, im Hullerbusch auf Tour zu gehen: zum Hauptmannsberg, zum Hünengrab und ins Kesselmoor. Zur Entlastung und bei großem Besucheransturm setzt der Feldberger Fährmann zusätzlich ein ökologisch betriebenes Solarboot ein, das auch größere Touren auf dem Schmalen Luzin erlaubt. In der Saison gibt es für interessierte Zuhörer an der Luzinhalle »Geschichten mit dem Fährmann«.

i Luzinfähre und Bootsverleih Thomas Voigtländer:
An der Fähre 1, 17258 Feldberger Seenlandschaft OT Feldberg
Tel. 039831-5 28 77, 0170-3 07 01 28, www.luzinfaehre.de

i Geschichten mit dem Fährmann: Mai/Juni und September/Oktober
jeden Dienstag 17 Uhr, Juli/August 18 Uhr

Feldberger Seenlandschaft

Der 34 500 Hektar umfassende Naturpark Feldberger Seenlandschaft liegt zwischen den Ortschaften Feldberg, Woldegk und Neustrelitz, zu ihm gehört der Serrahner Teil des Müritz-Nationalparks (siehe S. 138). Zu knapp 39 Prozent besteht er aus Wald, zu 45 Prozent aus von der Landwirtschaft genutzten Flächen sowie zu zwölf Prozent aus Seen und Kleingewässern. Der Park mit intakter Natur und sauberen Gewässern gilt als das Land der Adler und Fischotter, denn neben See- und Fischadler kommt hier der seltene Schreiadler, auch Pommernadler genannt, vor und der Fischotter findet gute Bedingungen. Etwa 8000 Menschen leben im Naturpark, größte Gemeinde ist die Gemeinde Feldberger Seenlandschaft mit dem Ortsteil Feldberg als Verwaltungszentrum und touristischer Mittelpunkt für naturnahe Erlebnisse (Foto) sowie Sitz des Naturparks im Haus des Gastes.

i www.naturpark-feldberger-seenlandschaft.de

3 Falladas Büdnerei – Gedächtnisort am Carwitzer See

Hans Fallada

CARWITZ. Auf dem in den Carwitzer See hinausragenden Bohnenwerder wollte 1933 der Schriftsteller Hans Fallada nach wechselvollen, anstrengenden Jahren endlich Ruhe finden. Mit seiner Familie bezog er eine alte Büdnerei im Fischerdorf Carwitz, nur wenige Kilometer von Feldberg entfernt. Möglich geworden war der Kauf des Hauses durch seinen erfolgreichen Roman »Kleiner Mann, was nun?«. Fallada verbrachte elf Jahre seines Lebens in ländlicher Zurückgezogenheit. In dieser Zeit entstanden unter anderem seine Bücher »Wer einmal aus dem Blechnapf frisst«, »Wolf unter Wölfen« sowie die »Geschichten aus der Murkelei«.

Falladas Haus mit Dreiecksbeet

Im Arbeitszimmer Hans Falladas

Das Anwesen ist heute ein von der Bundesregierung zertifizierter kultureller Gedächtnisort mit besonderer nationaler Bedeutung. Es war 1965 von Falladas Frau Anna Ditzen verkauft worden und diente als Ferienheim des Berliner Kinderbuchverlages. 1992 gingen Grundstück und Haus in den Besitz der Stadt Feldberg über, 1995 nahm die Fallada-Gesellschaft e.V. dort einen umfangreichen Museumsbetrieb auf. Das Haus wurde so rekonstruiert, dass es in ihm wieder annähernd aussieht wie zu Falladas Zeiten. Der Besucher des Museums kann sechs Räume besichtigen, so das in seiner ursprünglichen Ausstattung erhaltene Arbeitszimmer Falladas, das Esszimmer der Familie, Veranda und Küche. Die wichtigsten Lebensstationen des Schriftstellers sind anhand einer umfangreichen Fo-

Blick nach draußen auf Beet und Carwitzer See

Gedenkstein für Hans Fallada auf dem Carwitzer Friedhof

toschau nachvollziehbar. Alle deutschen Erstausgaben seiner Bücher sowie ausländische Editionen können im ehemaligen Schlafzimmer betrachtet werden. Im Kinderzimmer ist eine Ausstellung »Hans Fallada als Kinderbuchautor« zu sehen. Das Balkonzimmer wird als Filmraum genutzt. Es gibt Wechselausstellungen im Flur des Obergeschosses.
Auch der Hofraum und der Garten der Familie Ditzen haben wieder das originale Aussehen, sei es durch das denkmalgerecht sanierte Bienenhaus oder das Bootshaus, den Sitzplatz am Seeufer oder das Dreiecksbeet von Anna Ditzen. Die ehemalige Scheune dient heute als ein moderner Veranstaltungsort, in ihrem Dachgeschoss ist das Hans-Fallada-Archiv untergebracht. Das ganze Jahr über finden auf dem Anwesen Lesungen, literarische Programme und Sonderausstellungen statt, so auch zu seinem Geburtstag im Juli die jährlichen Hans-Fallada-Tage, eine Festwoche mit einem anspruchsvollen und vielfältigen kulturellen Programm.

i Hans-Fallada-Museum: Zum Bohnenwerder 2,
17258 Feldberger Seenlandschaft OT Carwitz
Tel. 039831-2 03 59, www.fallada.de
Öffnungszeiten: April bis Oktober Di–So 10–17 Uhr,
November bis März Di–So 13–16 Uhr

4 Kunsthalle – Ausstellungen zu Malerei, Grafik, Plastik

WITTENHAGEN. Weit über die regionalen Grenzen hinaus ist die Kunsthalle Wittenhagen in der Feldberger Seenlandschaft für Kunstfreunde ein Begriff. Sie hat ihr großzügiges Domizil auf dem Gutshof Wittenhagen des Gutes Conow. Als das führende private Kunstmuseum des Landes Mecklenburg-Vorpommern, gegründet 2004, zeigt die Kunsthalle auf 500 Quadratmetern Ausstellungsfläche über das Jahr und regelmäßig drei

Die Kunsthalle in ländlicher Umgebung

Blick in die Ausstellungsräumlichkeiten

REALISSIMA mit Arbeiten von Otto Kummert zu den Schriftstellern Uwe Johnson (li.) und Hans Fallada (re.) sowie Flugpionier Otto Lilienthal

Ausstellungen mit Werken der Malerei, Grafik und Plastik von Künstlern des In- und Auslandes. Das Ausstellungsjahr beginnt Anfang März mit einer Frühjahrsausstellung. Alljährlich lädt ab Ende Juni die REALISSIMA ein; in diesem Ausstellungszyklus geben vor allem renommierte Künstler aus Mecklenburg-Vorpommern Einblick in ihr Schaffen. Ab November bis in das neue Jahr hinein sind in einer TRILOGIE genannten Exposition Zeichnungen, Grafiken und Plastiken zu sehen. Im KulturKabinett der Kunsthalle finden Vorträge, Gespräche und Lesungen statt.

i Kunsthalle: Zansenweg 4, 17258 Feldberger Seenlandschaft OT Wittenhagen
Tel. 039831-2 28 31, www.kunsthalle-wittenhagen.de
Öffnungszeiten: Mi–Mo 11–17 Uhr

5 Dorfkirche – Schmuckstück aus Holz und Fachwerk

DABELOW. Die renovierte Fachwerk-Kirche von Dabelow nahe Wokuhl südöstlich von Neustrelitz ist nur eine von 1000 Dorfkirchen in Mecklenburg-Vorpommern. Doch besitzt sie einen besonderen Zauber. Eine frühere Kirche war einst wie der gesamte Ort Dabelow im Dreißigjährigen Krieg niedergebrannt worden. Das neue Gotteshaus hatten sich Kirchenmitglieder von Großherzog Georg erbeten, weil sie nicht mehr den weiten Weg nach Wokuhl zur dortigen Kirche laufen wollten, und dafür 103 Reichstaler und 24 Groschen gespendet. Nach Plänen des Großherzoglichen Hofbaumeisters Friedrich Wilhelm Buttel (siehe S. 188) errichtet, wurde die neue Kirche im Jahr 1855 geweiht. Die Dabelower erhielten ein Schmuckstück. Es hat einen hölzernen Turmaufsatz, der an eine russisch-orthodoxe Kirche erinnert, zum andern ein außergewöhnlich schönes Fachwerk, bei dem helle Holzbalken ein mit roten und schwarzen Ziegeln kunstvoll ausgemauertes Gefache umranden. Der schlichte, mit viel Holz gestaltete Innenraum samt Altar, Kanzel, Gestühl und Westempore sowie

Eine Augenweide - Buttels Fachwerk-Kirche in Dabelow

In Blau, Weiß und Ocker gestalteter Innenraum

einem Tafelbild erstrahlt in den Farben Blau, Weiß und Ocker; die Wände schmücken Schablonenmalereien. Während der Sommermonate finden in der schönen kleinen Kirche Konzerte und Ausstellungen statt.

i Dorfkirche: Alt Thymener Landstraße 7, 17237 Wokuhl OT Dabelow
Tel. 03981-44 73 42, www.kirche-neustrelitz.de
Öffnungszeiten: Mitte Mai bis September täglich 9–16 Uhr

6 Luisen-Gedenkstätte – Erinnerung an eine Legende

HOHENZIERITZ. Eingebettet in die liebliche Landschaft zwischen Neubrandenburg und Neustrelitz liegt in der Nähe der B 96 das Dorf Hohenzieritz mit seinem frühklassizistischen Schloss und einem einzigartigen Landschaftspark. Hier verstarb im Juli 1810 Preußens Königin Luise. Die einstige mecklenburgische Prinzessin hatte – nach Jahren im ostpreußischen Exil körperlich und seelisch geschwächt – ihren Vater, Herzog und späteren Großherzog Karl II. von Mecklenburg-Strelitz, auf

Schloss Hohenzieritz von der Parkseite

Gedenktempel für Königin Luise

seinem Sommersitz besucht. In einem mehrtägigen Trauerzug und unter großer Anteilnahme der Bevölkerung wurde ihr Leichnam von Hohenzieritz nach Berlin überführt. Die bei ihrem Tod erst Vierunddreißigjährige war im Arbeitszimmer ihres Vaters gestorben. Aus dem Sterbezimmer der nahezu legendären Königin und den beiden Vorzimmern wurde in den Folgejahren eine viel besuchte Gedenkstätte, die jedoch die gesellschaftlichen Umbrüche nach 1945 nicht überstand.
Heute ist Schloss Hohenzieritz Sitz des Nationalparkamtes Müritz. Vor allem aber wird dort wieder an die berühmte Mecklenburgerin erinnert. Die Luisen-Gedenkstätte in Verwaltung der Staatlichen Schlösser und Gärten Mecklenburg-Vorpommern war nach 1990 vom Förderverein Schloss Hohenzieritz eingerichtet und im Jahr 2000 eingeweiht worden. Viele Besucher kamen seitdem nach Hohenzieritz, um das Sterbe-

»Die Hoffnung tröstet die Trauer«

In der Luisen-Gedenkstätte

zimmer Luises in seiner historisch verbürgten Ausstattung und mit dem Gipsmodell des Sarkophags der Königin von Christian Daniel Rauch zu besichtigen. Wertvolle Kunstwerke, Bilder und Porzellan sind zu betrachten. Ein besonderes Ausstellungsstück ist ein außergewöhnliches »Gästebuch«: eine Autographentür für Besucher des Schlosses. Auf ihr haben sich unter anderem mehrere in Hohenzieritz weilende Könige verewigt – mit Name, Datum und sogar Körpergröße.
Im Park von Hohenzieritz steht ein Gedenktempel für Luise an deren Lieblingsplatz. Den Park hatte Herzog Karl nach einem Besuch bei seiner Schwester, Königin Charlotte von Großbritannien (siehe S. 201), im Stil eines englischen Landschaftsparks anlegen lassen. Er gilt als der dritte englische Garten auf dem europäischen Kontinent – nach dem Schlosspark von Gotha und dem von Schloss Richmond bei Braunschweig – und als der erste in Norddeutschland. Neben dem Luisentempel zieren ihn unter anderem Rosen- und Weinlaube und das Denkmal »Die Hoffnung tröstet die Trauer«. Er lädt zu ausgiebigen Spaziergängen ein.

i Luisen-Gedenkstätte: Schlossplatz 3, 17237 Hohenzieritz
0172-2 87 39 31, www.mv-schloesser.de
Öffnungszeiten (2017): Juni bis September Di–So 10–17 Uhr, Oktober Sa/So 11–16 Uhr, November/Dezember Führungen auf Anfrage

Top! 7 Kulturquartier – Landesgeschichte als Schatzkammer

NEUSTRELITZ. Besuchern von Neustrelitz präsentiert sich zwischen Markt und Schlosspark ein großzügiges Kulturquartier. Es ist ein mehrfach preisgekröntes architektonisches Ensemble aus dem sanierten, über 100 Jahre alten und denkmalgeschützten Kaiserlichen Postamt der

Der preisgekrönte moderne Neubau des Kulturquartiers

Altes Kaiserliches Postamt mit neuer Funktion

In der Ausstellung

Residenzstadt, einer ehemaligen Münze und einem damit kontrastierenden modernen Neubau, der die beiden alten Gebäude miteinander verbindet. Hier haben das lokalhistorische Karbe-Wagner-Archiv, das Archiv des Landestheaters und die Stadtbibliothek ihre Plätze gefunden. Vor allem aber ist es der Standort des Stadtmuseums mit seiner Dauerausstellung zur Geschichte von Mecklenburg-Strelitz.

Auf 500 Quadratmetern Fläche werden 800 Ausstellungstücke in vier Räumen wie in einer abgedunkelten Schatzkammer inszeniert. Der Bogen spannt sich von der Gründung des Herzogtums Mecklenburg-Strelitz im Jahr 1701 bis zur jüngeren Vergangenheit. Die Geschichte der 1733 am Zierker See gegründeten Residenzstadt Neustrelitz unter Herzog Adolf Friedrich III. sowie seiner klugen Frau und heimlichen Regentin Dorothea Sophie wird jeweils eng damit verbunden. Besonders

Das Neustrelitzer Schloss um 1920

hervorzuheben sind bei den Exponaten Originale aus dem Neustrelitzer Residenzschloss, so Herrscherporträts, Möbel, Bücher und Münzen.
An einer der zahlreichen Medienstationen ist das 1945 zerstörte Schloss – als Barockbau nach 1755 errichtet, später überformt und erweitert – virtuell wiedererstanden und erlaubt aufschlussreiche Blicke in höfisches Leben.
Zwar war Mecklenburg-Strelitz im großen Weltgetriebe eher ein Nebenschauplatz, doch brachte es Persönlichkeiten von Rang hervor, die in der Ausstellung entsprechend gewürdigt werden. So saßen drei Töchter des Herzoghauses auf europäischen Königsthronen – in England Charlotte (siehe S. 201), in Preußen Luise (siehe S. 183) und in Hannover Friederike. Große Aufmerksamkeit erfährt der Schinkel-Schüler und Großherzogliche Hofbaumeister Friedrich Wilhelm Buttel (siehe S. 188), der zwischen 1821 und 1869 unter Großherzog Georg das Stadtbild von Neustrelitz, der letzten barocken Stadtgründung Deutschlands, entscheidend im Stil des Klassizismus und der Neogotik prägte. Neben der reich präsentierten Geschichte des Herzogtums wird bürgerliche Entwicklung mit Beginn des 19. Jahrhunderts dargestellt und jüngere Geschichte der Region anhand von Zeitzeugenberichten beleuchtet.

i Kulturquartier Mecklenburg-Strelitz/Stadtmuseum:
Schlossstraße 12/13, 17235 Neustrelitz
Tel. 03981-2 39 09 99, www.kulturquartier-neustrelitz.de
Öffnungszeiten: täglich 10–18 Uhr

Die Strelitzie

Die Neustrelitzer Stadtblume Strelitzie (Foto: Skulptur von René Winter) verdankt ihren Namen Königin Charlotte von Großbritannien und Irland, einstige Prinzessin Sophie Charlotte von Mecklenburg-Strelitz. Der Engländer Joseph Banks - Weltreisender, Naturforscher und Direktor des Royal Botanic Garden bei London - widmete die nach Forschungsreisen aus Südafrika nach London gebrachte exotische Blume 1773 seiner Königin und gab ihr wegen deren Herkunft den Namen Strelitzia reginae, Strelitzie der Königin. Die Queen mit mecklenburgischen Wurzeln hielt immer Verbindung zu ihrer Heimat. Die Strelitzie gelangte so auch als Geschenk für ihre Familie nach Mecklenburg-Strelitz in die Gewächshäuser auf Schloss Hohenzieritz (siehe S. 183). Von dort wurde die große Pflanze nach Neustrelitz gebracht, wo sie im Jahre 1822 in der fürstlichen Orangerie erstmals in Deutschland blühte. Ihrer Schönheit wegen ist die Strelitzie auch als Paradiesvogel-Blume bekannt. Sie blüht in den mecklenburgischen Landesfarben Gelb, Blau und Rot.

8 Buttels Bauten – Spuren des Hofbaumeisters überall

NEUSTRELITZ. Kein anderer prägte das Gesicht von Neustrelitz so wie der Großherzogliche Hofbaumeister Friedrich Wilhelm Buttel, der 1821 als junger Architekt in die Residenzstadt kam und dort über 48 Jahre bis zu seinem Freitod 1869 Spuren hinterließ. 350 von ihm gefertigte Entwürfe zu verschiedensten Bauwerken sind bekannt. Die barocke Stadtgründung Neustrelitz mit der in Europa einmaligen Anlage eines quadratischen Platzes, auf den sternförmig acht gerade Straßen führen, wurde durch ihn mit repräsentativen Gebäuden im Stil des Klassizismus und der Neogotik ausgestattet.

Friedrich Wilhelm Buttel

Schlosskirche: Die Neustrelitzer Schlosskirche mit kreuzförmigem Grundriss sowie neogotischen Verzierungen und zwölf schlanken Türmen gilt als Buttels Hauptwerk. Sie wurde aus hellgelbem Backstein errichtet, dem für Buttel typischen Baumaterial. Er ließ die von ihm geschätzten gelben Ziegel in einer Neustrelitzer Ziegelei brennen, die

Zwei der wichtigsten Buttel-Bauten: Schlosskirche und Orangerie

auch von ihm entworfene Formsteine fertigte. Die Kirche, geschmückt von Kolossalstatuen des Berliner Bildhauers und Rauch-Schülers Albert Wolff (siehe S. 191) über ihrem Portal, ist heute eine weit über Neustrelitz hinaus bekannte Galerie für figürliche Bildhauerei mit anspruchsvollem Ausstellungsprogramm. Die Werke der Künstler werden unter einer bemerkenswert schönen Holzdecke präsentiert.

Hirschportal: Nahe der Schlosskirche steht das Hirschportal, der ehemalige Haupteingang zum Neustrelitzer Tiergarten. Buttel entwarf dafür die Pfeiler und das Gitter aus Schmiedeeisen; die Hirschplastiken stammen von Christian Daniel Rauch.

Orangerie: Ursprünglich ein Rokokobau im barocken Schlossgarten und genutzt zur Aufbewahrung exotischer Pflanzen während der kalten

Galerie in der Schlosskirche

Säulen des Hirschportals

Blick vom Turm der Stadtkirche auf die barocke Stadtanlage

Jahreszeit, gestaltete Buttel mit Unterstützung von Rauch und Schinkel aus der Orangerie einen klassizistischen Gartensalon mit drei Sälen. Diese erhielten als Schmuck wertvolle Ausmalungen im pompejanischen Stil, ausgeführt in den Landesfarben Blau, Gelb und Rot, sowie Reliefs und Kopien antiker Skulpturen. Die Orangerie gilt als eines der schönsten Gebäude der Stadt.

Turm der Stadtkirche: 1778 wurde die Neustrelitzer Stadtkirche am Marktplatz mit Platz für 1500 Gläubige errichtet, blieb aber lange aus Kostengründen turmlos. Sie erhielt erst 1831 durch Buttel einen 45 Meter hohen Turm im toskanischen Stil, der der Kirche allerdings den Namen

Stadtkirche mit Buttel-Turm

Das Rathaus von Neustrelitz

»Botterfat« (Butterfass) einbrachte. Eine Aussichtsplattform in luftiger Höhe bietet einen Rundblick auf die Stadt und ihre Umgebung.

Rathaus: Als ein Pendant zur Stadtkirche entstand das zwischen 1840 und 1843 nach Plänen von Buttel errichtete Rathaus. Es war ein Geschenk des Großherzogs an seine Residenzstadt zu deren hundertjährigem Bestehen. Der klassizistische massive Putzbau hat eine attraktive Pfeilervorhalle, Arkaden und Zinnenkranz.

i Plastikgalerie Schlosskirche: Hertelstraße 2, 17235 Neustrelitz
Tel. 03981-34 95 52, 03981-23 92 62, www.bildhauermuseen.de
Öffnungszeiten: Mai bis Oktober Di–So 11–18 Uhr

i Stadtkirche: Marktplatz, 17235 Neustrelitz
Tel. 03981-20 50 42, www.kirche-neustrelitz.de
Öffnungszeiten: Mo–Fr 10–17.30 Uhr, So 10–12.30 Uhr

9 Schlossgarten – Tempel, Skulpturen und Wolffs Werke

NEUSTRELITZ. Der weitläufige Neustrelitzer Schlossgarten mit alten Bäumen, Brunnen und Skulpturen lädt zu ausgiebigen Spaziergängen und Entdeckungen ein. Er war gleichzeitig mit der Gründung der Residenzstadt Anfang der 1730er Jahre als Barockgarten vom Schlossberg bis in die Nähe des Zierker Sees angelegt und Mitte des 19. Jahrhunderts teilweise im englischen Stil umgestaltet worden. Erhalten blieb die barocke Mittelachse, für deren Abschluss Baumeister Buttel den Hebe-Tempel entwarf. Überall – an Götterallee und Orangerie, auf der barocken Sichtachse und an der ehemaligen Schlossauffahrt – sind Kopien antiker und klassizistischer Skulpturen als Ausdruck einstigen Geschmacks zu finden. Besondere Beachtung jedoch verdienen die Werke Albert Wolffs in diesem Areal.

Skulpturen im Schlossgarten vor dem Buttelschen Hebe-Tempel

Albert Wolff

Der Berliner Bildhauer, 1815 in Neustrelitz geboren, war seiner Heimatstadt eng verbunden und prägte sie mit seinen Werken auf besondere Weise, so mit seinem Anteil an der 1891 in der Nähe des Hebe-Tempels errichteten Gedächtnishalle für die mecklenburgische Prinzessin und preußische Königin Luise (siehe S. 183). In diesem Sandstein-Tempel befindet sich als eine der bedeutendsten Arbeiten Albert Wolffs eine Marmorkopie der von Rauch gefertigten und vom königlichen Gatten abgelehnten zweiten Grabstatue Luises. An der Gartenseite der Orangerie (siehe S. 189) erfreut der sogenannte Kinderbrunnen mit Kinderdarstellungen von Wolff. Eines seiner Hauptwerke

Werke Albert Wolffs: Marmorkopie der Grabstatue von Königin Luise, Kinderbrunnen vor der Orangerie und Standbild von Großherzog Georg vor der Schlosskirche

steht vor der Schlosskirche: das vier Meter hohe Bronze-Standbild des 1860 verstorbenen Großherzogs Georg von Mecklenburg-Strelitz, der den Bildhauer förderte. Das Denkmal war 1866 auf dem Marktplatz enthüllt worden und kam nach 1945 in ein Depot. 1989 wurde es auf dem heutigen Platz und in der Nähe Wolffscher Marmorbüsten von Großherzog Karl (Carl) II. und dessen Sohn Herzog Karl (Carl) von Mecklenburg aufgestellt. Das Portal der Schlosskirche (siehe S. 188) zieren etwa zwei Meter hohe, von Wolff in Terrakotta gestaltete Apostel-Figuren: Markus, Lukas, Johannes und Matthäus. Der Künstler fertigte auch den Christuskopf für die Fensterrose.

⑩ Besuchermagnet – Große Operette auf dem Schlossberg

NEUSTRELITZ. Die Theaterstadt Neustrelitz mit ihrem Großen Haus des Landestheaters ist weit über die Region hinaus bekannt für ihre jährlichen Festspiele im Schlossgarten, veranstaltet von der Theater und Orchester GmbH Neubrandenburg/Neustrelitz. Während der größten Operetten-Festspiele Deutschlands erklingen auf dem Schlossberg bis tief in die Sommernächte hinein beliebte Operettenmelodien. Angefangen hatte alles 2001 mit »Königin Luise – Königin der Herzen«, einer Operette mit der Musik von Johann Strauss zur 300-Jahr-Feier des Herzogtums Mecklenburg-Strelitz. Seitdem zieht es jährlich Tausende Zuschauer nach Neustrelitz zu den beliebten Freiluft-Inszenierungen. Bekannte Operetten von »Im Weißen Rössl« und »Die Fledermaus« über »Frau Luna« und »Land des Lächelns« bis zu »Hello, Dolly!« kamen bislang auf die Bühne unter freiem Himmel.

i www.theater-und-orchester.de

Operette unter freiem Himmel: »Gräfin Mariza« von Emmerich Kálmán

⑪ Domjüch – Ein nur scheinbar verlorener Ort

ALTSTRELITZ. Ein besonderer Ort und bestens geeignet als Ferienparadies: der idyllische Domjüchsee nahe des südöstlichen Neustrelitzer Stadtteils Altstrelitz, eine Parklandschaft an seinem Westufer, dazwischen villenartige, unter Denkmalschutz stehende Gebäude. Doch die sind leer und in einem schlechten Zustand. Auf der Domjüch, wie es landläufig heißt, hatte im Jahr 1902 die Großherzogliche Mecklenburg-Strelitzsche Landesirrenanstalt Domjüch ihren Betrieb aufgenommen. Es war eine modern ausgestattete psychiatrische Klinik für Mecklenburg-Strelitz mit Patientenhäusern, einem Verwaltungsgebäude mit Kapelle und Personalwohnungen, mit Garten und Ställen, einem Kesselhaus mit Wasserturm. Die Nazis machten die 1934 in Heil- und Pflegeanstalt Domjüch umbenannte Einrichtung auch zu einer Übergangsstation im Zuge ihrer Euthanasie-Morde. Zwischen Juni 1940 und Juni 1941 beispielsweise verschwanden mindestens 100 Menschen, die nachweislich in eine Tötungsanstalt gebracht wurden. Ab 1943 war die Domjüch eine Heilstätte für an Tuberkulose Erkrankte, bevor dann von Mitte 1945 bis 1993 die Sowjetarmee das Gelände abriegelte, zusätzlich mit inzwischen verschwundenen Kasernen bebaute und für sich nutzte. Spuren davon, so eine Sauna im Kesselhaus, sind heute noch vorhanden. Später kamen Investoren, die den Wert der Immobilie am schönen Domjüchsee erkannten, aber nicht ausreichend Geld hatten für ihr geplantes Ferienparadies. Seit 2010 kümmert sich der Verein zum Erhalt der Domjüch – ehemalige Landes-

Auf der Domjüch

Einige der letzten russischen Spuren

Gestoppter Verfall

irrenanstalt e.V. zusammen mit weiteren Engagierten um diesen scheinbar verlorenen Ort und hat den Verfall gestoppt. Gebäude und Villen wurden aufgeräumt, Dächer abgedichtet, Wege angelegt. Die Kapelle der Domjüch konnte 2011 restauriert wiedereröffnet werden. Gleichzeitig stellt sich der Verein der Auseinandersetzung mit der schwierigen Geschichte dieses Ortes und gestaltet Ausstellungen.

Auf dem Areal der Domjüch finden Konzerte, Seefeste und andere Veranstaltungen statt. Vereinsmitglieder bieten Führungen an. Besonders viele Besucher kommen am Tag des offenen Denkmals im September.

i Domjüch: Am Domjüchsee 1, 17235 Neustrelitz
Tel. 03981-20 61 95 und 0173-3 84 15 58, www.domjuechsee.eu
Öffnungszeiten: April bis September So ab 14 Uhr, Führungen ab 14.30 Uhr

Das Bett einer geistig Behinderten vor dem idyllischen Domjüchsee

⑫ Stadthafen – Tor in ein wahres Naturparadies

NEUSTRELITZ. Wo früher am Zierker See Getreide, Holz und Baustoffe umgeschlagen wurden und eine Hafenbahn in Aktion war, sitzt man heute in der Sonne oder flaniert. Alte Speicher wurden zu Wohnungen mit schönster Aussicht, es laden Restaurants, Cafés, Antiquariate und Hafengalerie ein. Der 1975 stillgelegte, nur wenige Minuten vom Stadtzentrum entfernte Hafen dient als Wasserwanderrastplatz mit Mole, der nötigen Infrastruktur und Hafenmeisterei. An die 30 Boote können hier festmachen, Parkplätze für Reisemobile und PKW stehen zur Verfügung. Dass es den Stadthafen von Neustrelitz überhaupt gibt, ist dem in Neustrelitz überall und so auch hier präsenten unermüdlichen Baumeister Friedrich Wilhelm Buttel (siehe S. 188) zu verdanken. Unter seiner Leitung wurde zwischen 1840 und 1843 auf der Trasse eines Torfflößer-Kanals der Kammerkanal gebaut, der den 380 Hektar großen Zierker See an die Woblitz bei Wesenberg anschloss und damit die schiffbare Verbindung nach Hamburg und Berlin herstellte. Neustrelitz

Im Stadthafen von Neustrelitz

Beliebte Flaniermeile

Einladung in die Hafengalerie

erhielt daraufhin einen Hafen am Zierker See und Buttel entwarf dafür einen gelben Backstein-Kornspeicher, errichtet 1852/53 und heute Hotel, Restaurant und originelle Kaffeerösterei. In den 1870er Jahren bekam der Hafen dann eine zweite Ausfahrt, mit der gleichzeitig die als Ausflugsziel bis in die Gegenwart beliebte kleine Insel Helgoland entstand.
Ab Neustrelitzer Stadthafen mit seinem fast mediterranen Flair lässt sich bei Touren über Kanäle und Seen das Kleinseenland erkunden. So startet während der Saison ein Fahrgastschiff von hier aus in dieses Naturparadies. Der Zierker See kann per pedes oder per Fahrrad umrundet werden.

i Hafen-Information: Am Stadthafen 11, 17235 Neustrelitz
Tel. 03981-26 29 96

i Mirower Schifffahrtsgesellschaft: Rotdornstraße/Schlossinsel, 17252 Mirow
Tel. 039833-2 22 70, www.schifffahrt-mueritz.de
Schiffsrundfahrten ab Stadthafen Neustrelitz: Mai bis September, täglich 11 Uhr; Tel. 0151-27 65 97 83

Neustrelitzer Kleinseenland

Das an Wald und Wasser reiche Neustrelitzer Kleinseenland, eine Region innerhalb der Mecklenburgischen Seenplatte, bedeckt eine Fläche von rund 1770 Quadratkilometern im Südosten Mecklenburg-Vorpommerns und im Norden Brandenburgs. Mecklenburgische größere Orte im Kleinseenland sind Neustrelitz, Wesenberg und Mirow, brandenburgische Rheinsberg, Fürstenberg an der Havel und Lychen. Der Zierker See, der Große Labussee und der Useriner See zählen zu den größten aus einer Vielzahl von kleineren Seen in Mecklenburg, in Brandenburg sind es der Rheinsberger See und der Große Stechlin. Sie entwässern in die Havel. In diese Region mit ihrem sanften Tourismus kommen vor allem naturverbundene Urlauber (Foto: Schleuse bei Canow an der Landesgrenze zu Brandenburg), sie wird landläufig gern auch als Mecklenburgische Kleinseenplatte bezeichnet.

Blick auf die Woblitz vom Burgturm

⓭ Burg – Nach Panoramablick in die Fischerei-Ausstellung

WESENBERG. Von der hochmittelalterlichen Turmhügelburg Wesenberg sind nur noch der Bergfried – oder auch Fangelturm – und Reste einer Umfassungsmauer erhalten. Doch Wesenberg pflegt sein Wahrzeichen Burg sorgsam und hat den Fangelturm zum Ort für einen Panoramablick auf die reizvolle Umgebung der Stadt am Woblitzsee gestaltet. Am Eingang zum Burggelände gibt es eine kurze Geschichtslektion auf Holz: Um 1250 ließ Nikolaus I., Herr zu Werle, die Burg zum Schutz der Stadt errichten, sie geriet in den Besitz brandenburgischer Markgrafen und mecklenburgischer Fürsten. Der Nutzung als fürstliches Amt nach 1500 folgten im 17. Jahrhundert Zerstörung und Verfall.

Neben der Tourist-Information hat die Burg noch ein kleines Museum zu bieten. In einem ehemaligen Stallgebäude ist eine Ausstellung über die Fischerei in Wesenberg und Umgebung zu sehen. Über viele Jahre

In der Fischerei-Ausstellung

Die Reste der alten Turmhügelburg von Wesenberg

trug ein hiesiger Fischer eine umfangreiche Sammlung traditioneller Fang- und Arbeitsgeräte zusammen, so zum Beispiel Fässer von Anfang des 20. Jahrhunderts zum Transport lebender Fische und alte Windentypen, die bei der Zugnetzfischerei genutzt wurden. Aus jedem Bereich der Binnenfischerei sind Zeugnisse eines jahrhundertealten Berufs zu finden.

i Fischerei-Ausstellung: Burg 1, 17255 Wesenberg
Öffnungszeiten: Juni bis September täglich 8–16 Uhr

14 Fischereihöfe – Ziel für Fischesser und Petrijünger

WESENBERG/AHRENSBERG. Für die vielen Aktivurlauber, die auf und zwischen den Gewässern im Kleinseenland unterwegs sind, aber ebenso für andere Hungrige halten die Fischereihöfe von Wesenberg, Mirow, Canow und Ahrensberg reichlich Fisch – geräuchert und frisch – in ihren Ladengeschäften bereit. Bei Frischfisch gibt es dazu den einen

Beim alljährlichen Fischerfest am Fischereihof Wesenberg

Am Fischereihof Ahrensberg

Die Hausbrücke bei Ahrensberg

oder anderen Tipp für die Zubereitung. Und auch Hobby-Petrijüngern wird geholfen mit Ratschlägen für die Zubereitung von selbst geangelten Fischen. Doch die Berufsfischer der Seenfischerei Obere Havel e.G. bieten den Touristen noch mehr. Sie nehmen Zuschauer mit auf ihre Boote und lassen sich beim Einholen der Netze beobachten. Zwei Fischereihöfe haben Ferienwohnungen auf ihrem Gelände, so der in Ahrensberg. Er liegt idyllisch zwischen Wäldern und Wiesen direkt an der Havel und in unmittelbarer Nähe der weithin bekannten und viel fotografierten Ahrensberger Hausbrücke. Die restaurierte Holzfachwerk-Brücke, ein technisches Denkmal von 15 Metern Länge und fünf Metern Breite, überspannt hier zwischen Finow- und Drewensee den Fluss. Erbaut 1928, gilt sie als die älteste noch erhaltene Brücke ihrer Art in Norddeutschland; die Überdachung sollte vermutlich den Belag schützen.

Auf dem Fischereihof in Wesenberg sind Ferienwohnungen an der Woblitz zu mieten. Seine Attraktion ist ein Fischerfest am letzten Wochenende im August. Dann gibt es einen traditionellen Fischzug, Ausstellungen und vieles andere sowie natürlich Fisch in allen Facetten.

i Seenfischerei Obere Havel e.G.: Fischereihof 14, 17255 Wesenberg
Tel. 039832-2 02 68, www.fischerei-wesenberg.de

⑮ Schlossinsel – Ein Ensemble voller Sehenswürdigkeiten

MIROW. Für einen unterhaltsamen Ausflug in die Geschichte des Herzoghauses von Mecklenburg-Strelitz ist die kleine Stadt Mirow das richtige Ziel. War doch Mirow ab 1701 zeitweise Sitz der Herzöge von Mecklenburg-Strelitz und später Nebenresidenz. Der Weg zur romantischen Schlossinsel im Mirower See führt durch das Renaissance-Torhaus, das älteste Gebäude der Stadt und gleichzeitig mit den im 16. Jahrhundert angelegten Wallanlagen eines Bollwerks entstanden. Ein Verein hat einen Spazierweg auf dem Wallkamm sowie Sichtachsen zu den Sehenswürdigkeiten der Insel angelegt. Auf dem sich nach dem Torhaus öffnenden Parkgelände liegt ein außerordentlich sehenswertes Schlossensemble.

3 Königinnen Palais: Das ehemalige Kavaliershaus der Schlossanlage Mirow bietet als 3 Königinnen Palais eine interaktive Ausstellung zum Herzogtum Mecklenburg-Strelitz und dessen weitverzweigte Beziehungen in die großen Adelshäuser Europas. Zwar war es klein und politisch eher unbedeutend, doch ließen sich seine schönen und klugen Töchter erfolgreich verheiraten. Im Mittelpunkt stehen so auch die mecklenburgischen Prinzessinnen, die Königinnen wurden: die in Mirow geborene und dort aufgewachsene Sophie Charlotte, Großbritanniens und Irlands Königin Charlotte, sowie ihre Nichten Luise und Friederike, die eine Preußens Königin (siehe S. 183), die andere Königin von Hannover. Sie waren die »Queen of Botany« (siehe S. 188), die »Königin der

Das Mirower Schlossensemble mit Kavaliershaus (li.) und Schloss (re.)

Die legendären Königinnen Charlotte, Luise und Friederike (v. l. n. r.)

Herzen« und die »Galanteste Löwin des Jahrhunderts«. Im Palais-Café gibt es zu jeder der Monarchinnen eine passende Tortenkreation: zu Charlotte eine Fruchttorte mit Quarkboden, zu Luise eine Himbeer-Caramel-Sahne-Torte und zu Friederike eine Himbeer-Baiser-Torte.

Schloss: Gegenüber liegt das Schloss, der Witwensitz des Herzoghauses Mecklenburg-Strelitz, mit dessen Bau bereits 1707 begonnen worden war und das in seiner heutigen Form als ein Kleinod des Rokoko zwischen 1749 und 1752 entstand. Allerdings endete die Hofhaltung 1761 und das Schloss diente als Nebenresidenz. Genutzt als Museum nach 1918 und als Seniorenwohnheim bis 1978, wurde nach 1990 über knapp zwei Jahrzehnte die prächtige Raumkunst aus Barock- und Rokoko-Zeiten wieder hergestellt. Kostbare Schnitzereien, seidene und handgemalte Tapeten sowie aufwendiger Stuck schmücken 21 zu besichtigende Räume mit Museumscharakter. Bei einem Rundgang sind beispielsweise der prunk-

Vor dem Schloss:
Einladung zu den »Mirokesen«

Das Grab des letzten Großherzogs
auf der Liebesinsel

volle hochbarocke Festsaal und einzigartige handgestickte Tapeten zu bewundern. Beleuchtete Säulen informieren über die Räume, Audioguides liefern weitere Geschichten über das Herzogtum, das Schloss und auch seine Bewohner, beispielsweise den »Prinz von Mirow«, Königin Charlottes Vater Karl zu Mecklenburg-Strelitz. Sie wurden von dem im nahen Rheinsberg lebenden jungen Kronprinzen Friedrich und späteren Preußenkönig etwas spöttisch »Mirokesen« genannt.

Liebesinsel: Auf einer über eine kleine Brücke zu erreichenden Insel ist der symbolische Endpunkt der mecklenburg-strelitzschen Dynastie zu finden. Hier steht das Grabmal für den letzten Großherzog von Mecklenburg-Strelitz, Adolf Friedrich VI., ein von Mythen und Geheimnissen umwitterter Mann, der 1914 im Alter von 32 Jahren seine Regentschaft antrat und im Februar 1918 wohl aus Liebeskummer Selbstmord beging. Seinem Testament hatte er einen Entwurf für ein Monument mit der Aufschrift »Gott ist die Liebe« beigefügt. Die kleine Insel am Schlossensemble, auf der dieses Grabmal errichtet wurde, heißt deshalb auch Liebesinsel.

i 3 Königinnen Palais: Schlossinsel 2 a, 17252 Mirow
Tel. 039833-26 99 55, www.3koeniginnen.de
Öffnungszeiten: April bis Oktober täglich 10–18 Uhr,
November bis März Fr–Mo 10–16 Uhr, Di–Do auf Anfrage
Führungen durch die Ausstellung und Schlossinsel-Führungen

i Schloss: Schlossinsel, 17252 Mirow
Tel. 039833-27 51 18 76 64, 0174-1 52 58 37,
www.mv-schloesser.de, www.schlossmirow.de
Öffnungszeiten: April und Oktober Di–So und Feiertag 10–17 Uhr,
Mai bis August täglich 10–18 Uhr, September Di–So 10–18 Uhr,
November bis März: Führungen auf Anfrage

Jeweils eine Tortenkreation im Palais-Café für die drei Königinnen und auch für Charlottes Vater Karl sowie für den letzten Großherzog von Mecklenburg-Strelitz

⑯ Johanniterkirche – Fürstliche Grablege und Erlebnisturm

MIROW. Die schlichte, nach ihrer Zerstörung 1945 wieder aufgebaute Kirche auf der Schlossinsel von Mirow war einst die Kirche der Komturei Mirow des Johanniterordens und diente ab Anfang des 18. Jahrhunderts dem Herzoghaus Mecklenburg-Strelitz als Schlosskirche. Besucher des heute evangelisch-lutherischen Gotteshauses finden an der Nordseite der Saalkirche, deren älteste Teile aus dem 14. Jahrhundert stammen, eine mehrfach erweiterte Fürstengruft, in der ab 1708 Mitglieder der Linie Mecklenburg-Strelitz der mecklenburgischen Dynastie beigesetzt wurden. Nachgewiesen sind vier Grufträume mit 52 Särgen, die nach dem Zweiten Weltkrieg beschädigt waren und geplündert wurden. Ein Teil der fürstlichen Grablege mit 22 einfachen Särgen ist zugänglich, darunter auch die von fünf Regenten. Bei einem Kirchenbesuch lohnt es sich, den Turm zu besteigen. Er ist über fünf Etagen als Erlebniskirchturm gestaltet und präsentiert – neben Sonderausstellungen und einem Bücherbasar – eine Dauerausstellung zur Geschichte des Johanniterordens, die einmalig in Mecklenburg-Vorpommern ist. Dabei lässt sich Interessantes erfahren über die

Johanniterkirche auf der Schlossinsel

In der fürstlichen Grablege von Mirow

Anfänge des Ordens als geistlicher Ritterorden im 11. Jahrhundert bis hin zum heutigen Ordenswerk »Die Johanniter«. Die 29 Meter hohe Aussichtsplattform gestattet einen weiten Blick über die Seenlandschaft.

i Johanniterkirche: Schlossinsel, 17252 Mirow
Tel. 039833-2 07 10, 0152-05 67 17 97, www.johanniterkirche-mirow.de
Öffnungszeiten: Mai bis Oktober täglich 10–18 Uhr

17 Erbsland – Das älteste Arboretum Deutschlands

GRANZOW. Sechs Kilometer nordöstlich von Mirow liegt zwischen Granzow und Qualzow tief im lichten Mischwald der forstbotanische Garten Erbsland. Der etwas ungewöhnliche Name stammt aus einer Zeit, als Bauern des Dorfes Qualzow hier auf einer sieben Hektar großen Insel aus Geschiebelehm inmitten ausgedehnter Sandflächen Erbsen anbauten. Im Jahre 1887 gründete auf dieser Fläche der Mecklenburg-Strelitzer Oberförster Friedrich Scharenberg ein Arboretum mit 40 ausländischen Baumarten, die auf ihre Eignung für die deutsche Forstwirtschaft getestet werden sollten. Mit über 30 heute noch vorhandenen Baumarten, die zum Teil beeindruckende Wuchsleistungen bis 42 Meter aufweisen, gehört das Erbsland zu den ältesten und dendrologisch interessantesten Anbauversuchsanlagen in Deutschland. Zu finden sind hier unter anderem Japanlärche, Esskastanie, Butternuss und griechische Tanne. Zu erreichen ist das Arboretum Erbsland über einen ausgeschilderten Abzweig des Weges von Granzow nach Schillersdorf.

i Führungen durch die Stiftung Alte Fahrt/Leppiner Heide
Tel. 039829-2 28 44, www.alte-fahrt.de

Hier wachsen die Bäume in den Himmel.

Am Eingang zum Arboretum

Der wundervolle Ostgiebel der Neubrandenburger Konzertkirche

Um Neubrandenburgs Tollensesee und in den Brohmer Bergen

Karte siehe Seite 266

Im Osten Mecklenburg-Vorpommerns hat die Eiszeit vor vielen tausend Jahren eine wunderbar abwechslungsreiche Landschaft hinterlassen. Hier liegt auch der von Buchenwäldern idyllisch umrandete Tollensesee mit Neubrandenburg an seinem Nordufer. Gäste können bei einem Besuch der drittgrößten Stadt des Landes mittelalterliche Backstein-Bauten wie Stadtmauer, vier Tore sowie eine große Konzertkirche besichtigen und zugleich in modernes urbanes Leben eintauchen. Von hier aus lassen sich kleine Städte wie Penzlin mit seinem Hexenmuseum und Altentreptow mit seiner schönen Kirche St. Petri, die Burg Stargard und die Woldegker Mühlen entdecken. Die Helpter Berge mit dem Dach Mecklenburg-Vorpommerns, die Brohmer Berge mit dem Galenbecker See in ihrer Nähe sowie Spuren der Box-Legende Max Schmeling in Klein Luckow und Strasburg sind lohnenswerte Ziele. Als eine besondere Spezialität dieser Region gelten Weine aus dem Stargarder Land.

1 Rundgang – Stadtmauer mit Toren, Wiekhäusern und Wall

NEUBRANDENBURG. Die mit 63 000 Einwohnern drittgrößte Stadt Mecklenburg-Vorpommerns, Neubrandenburg am Tollensesee, schmückte und schmückt sich mit klangvollen Beinamen. Bekannt ist sie vor allem als Stadt der vier Tore. Vor dem Zweiten Weltkrieg war sie das »Rothenburg des Nordens« – dank mittelalterlicher Straßenzüge und

Die Ringstraße zwischen alten Wiekhäusern und neuen Gebäuden

großer Backstein-Kirchen sowie einer alten Wehranlage mit Stadtmauer, vier Toren und zahlreichen Wach- und Kampfhäusern, den sogenannten Wieken. Die schöne Innenstadt fiel im Frühjahr 1945 zu 80 Prozent in Schutt und Asche und wurde mühevoll zu neuem Leben erweckt.
Wie eh und je lieben die Neubrandenburger ihre 2,3 Kilometer lange Stadtmauer, ein Meisterstück gotischer Backsteinkunst und Markenzeichen. Eine gepflasterte Ringstraße führt an ihr entlang, unterbrochen von zwei Zufahrten und den viel bewunderten Toren: Im Nordosten steht das Friedländer Tor mit Standesamt und Café, es ist das älteste und am besten erhaltene. Zweitältestes ist das reich geschmückte Stargarder Tor aus südlicher Richtung, das hinter seinen Mauern die wohl außergewöhnlichste Wohnung der Stadt sowie eine kleine Ausstellung und ein Blumengeschäft beherbergt. Im östlich gelegenen Neuen Tor, von dem nur noch das Haupttor erhalten ist, hat die Fritz-Reuter-Gesellschaft ihren Sitz. Höchstes und zugleich repräsentativstes ist das Treptower Tor Richtung Westen, hier sind Besucher in einer Ausstellung des Regionalmuseums zur Ur- und Frühgeschichte sowie im Zollhaus Café und Laden willkommen. Zur Stadtmauer gehören zudem zwei

Friedländer Tor

Stargarder Tor

Neues Tor

Treptower Tor

historische Wehrtürme und 23 Wiekhäuser von ursprünglich einmal 57 Wieken. Die zu Wohnzwecken umgebauten einstigen Wachhäuser sind restaurierte kleine Fachwerkbauten mit Werkstätten, Geschäften, Gaststätten und Ferienwohnungen. Von außen umschließt der Wall – ein grüner Gürtel aus 2000 Eichen, Ahornbäumen, Linden und Kastanien – die Innenstadt. Neubrandenburgs Doppelring-Wallanlage um die mittelalterliche Stadtmauer gilt in ihrer Art als einmalig. Im 19. Jahrhundert wurde sie zur Promenade und lädt auch heute zu Spaziergängen ein.

Entlang der Stadtmauer: innen auf der Ringstraße und außerhalb auf dem Wall

Adorantinnen

Aufmerksamen Betrachtern des Neuen und des Stargarder Tores in Neubrandenburg fallen an deren Giebeln lebensgroße Terrakotta-Figuren in langen, gefalteten Gewändern und mit zum Himmel gereckten Armen auf. Neun Figuren sind es am Stargarder Tor (Foto) und acht am Neuen Tor. Der Prähistoriker und Denkmalpfleger Robert Beltz gab ihnen 1917 den Namen »Adorantinnen« (lat. adoratio – Verehrung, Anbetung). Seiner Meinung nach entsprach die Armhaltung – Arme geknickt, Hände bis zur Brusthöhe – einem altchristlichen Gestus der anbetenden Verehrung. Die Figuren gelten als einmalig an europäischen Stadttoren. Es liegen keinerlei Quellen darüber vor, wie sie entstanden und was sie bedeuten. Niemand weiß, ob sie Frauen oder Männer darstellen. Eine Spur führt nach Wanzka, zu einem 18 Kilometer südlich von Neubrandenburg gelegenen Zisterzienserinnen-Kloster. Die Klosterfrauen sollen der Stadt in Notzeiten geholfen haben und als Dank an den Toren verewigt worden sein. Aber die Adorantinnen werden in der Literatur auch als Brautjungfern, Engel und sogar als Ratsherren gedeutet. Der Dichter Fritz Reuter persiflierte die erhobenen Hände als Klage der Stadtoberen über leere Kassen: »Wi hemm ok keen Geld« (Wir haben auch kein Geld).

Top! 2 Marienkirche – Phantastische Raum- und Klangerlebnisse

NEUBRANDENBURG. Die Backstein-Mauern der Neubrandenburger Marienkirche umschließen einen der aufregendsten Konzertsäle Deutschlands. Zwar ist die Verbindung von historischem Kirchenbauwerk und Konzerthalle nicht neu, aber in der Größenordnung wie in Neubrandenburg zu sehen und zu erleben einmalig. Die Marienkirche, 1298 geweiht und eines der bedeutenden Zeugnisse norddeutscher Backsteingotik, ist das traditionsreiche Wahrzeichen der Stadt im Osten des Landes. Immer wieder bewundern deren Besucher den Ostgiebel der Marienkirche mit seinem filigranen vorgeblendeten Maßwerk. Es wurde von einem unbekannten Baumeister aus einer Vielzahl von Formsteinen geschaffen und ist von seltener Schönheit.

Am Ende des Zweiten Weltkrieges brannte die mächtige Hallenkirche aus. Erhalten blieben nur noch die Umfassungsmauern und Teile des

Schmuckstück – die Marienkirche, ihr wunderschöner Giebel und ihr Eingang

Turmes. 1975, nachdem die Ruine in das Eigentum der Stadt übergegangen war, begann ein Wiederaufbau. Geplant war schon damals, das historische Gebäude wieder originalgetreu zu errichten und in seinen Innenraum einen Konzertsaal und eine Kunstsammlung einzubauen. Dafür lag der Entwurf eines Neubrandenburger Architekten vor. Äußerlich wurde die Kirche dann so fertiggestellt, wie sie vor der Zerstörung ausgesehen hatte, einschließlich Dach und Turm. Nach 1990 stockte anfangs der Ausbau, später wurde ein europaweiter Architektenwettbewerb ausgeschrieben, an dem sich 66 Bewerber beteiligten. Neubrandenburg entschied sich 1996 für den Finnen Pekka Salminen, der alte Form und neue Bestimmung genial verband. Den langgestreckten Innenraum teilte er mit einer Glaswand in Saal und Foyer, die gotischen Außenwände blieben erhalten, alle Funktionsräume wurden im Kellergeschoss angeordnet. Der von ihm eingesetzte hellgraue Sichtbeton kontrastiert

Modell der Schuke-Orgel

Die Neubrandenburger Philharmonie in ihrer Heimstatt

reizvoll mit dem warmen Rotton der alten Ziegel. Ergänzend wurden Holz und Stahl verwendet. Beton, Glas, Holz, Stahl und Backstein gehen eine ästhetische Symbiose ein. Mit einer von einem Neubrandenburger Unternehmer großzügig gespendeten Schuke-Orgel – zwölf Meter hoch, acht Meter breit, ausgestattet mit 2500 Pfeifen und 70 Registern – ist seit 2017 Salminens Projekt komplett umgesetzt.

Die Konzertkirche mit ihren 853 Plätzen, Heimstatt der Neubrandenburger Philharmonie und einer der Spielorte der Festspiele Mecklenburg-Vorpommern (siehe S. 98), bietet hervorragende Klangerlebnisse in einer exklusiven Umgebung. Und so heißt es in Mecklenburg-Vorpommern auch: »Unsere Elbphilharmonie steht am Tollensesee.«

Außerhalb von Veranstaltungen kann die Konzertkirche besichtigt werden. Im Turm befindet sich die Ausstellung des Regionalmuseums »Wege zur Backsteingotik – In Neubrandenburg zur Wehr und Zier«.

i Konzertkirche: An der Marienkirche 1, 17033 Neubrandenburg
Tel. 0395-5 59 50, www.konzertkirche-nb.de
Öffnungszeiten für Besichtigungen: täglich 10–17 Uhr
(außer während der Proben und Veranstaltungen)

3 HKB – Modernes Wahrzeichen mit viel Weitblick

NEUBRANDENBURG. Die Stadt am Tollensesee bietet Besuchern ihres Zentrums ein Kontrastprogramm mit Mittelalterbauten und modernem städtischen Leben. Zu Letzterem gehört vor allem das Neubrandenburg weit überragende Haus der Kultur und Bildung (HKB) am großen Marktplatz, das mit seiner extravaganten Bauweise durchaus polarisieren kann. Zwischen 1963 und 1965 war der sogenannte Kulturfinger mit Turm, Bibliothek, Ausstellungshalle und Saal errichtet worden, bot viel Platz für Veranstaltungen und künstlerische Arbeit sowie Bildungsmöglichkeiten. Der älteste Kulturpalast der DDR, ein Entwurf der Architektin Iris Grund und nach 1990 unter Denkmalschutz gestellt, gilt nach sorgfältigem Umbau als eines der modernsten Kongress- und Veranstaltungszentren im Nordosten und wurde zum zentralen Ort für Events in der Stadt. Das neuzeitliche Wahrzeichen Neubrandenburgs, schon immer kurz HKB genannt, erlaubt von seinem 15-stöckigen Turm mit Aussichtsplattform grandiose Ausblicke. Der großzügige Gebäudekomplex mit der Tourist-Information am Eingang gibt dem Marktplatz nahezu Großstadtflair. Im neuen HKB kann gespeist oder im Ambiente der 1960er Jahre eingekauft werden. Großzügige Bedingungen haben Stadtarchiv und Regionalbibliothek. Im 65 Meter hohen Turm befinden sich Geschäftsräume und Büros sowie ein Café mit viel Weitblick.

i Haus der Kultur und Bildung: Marktplatz 1, 17033 Neubrandenburg
Tel. 0395-5 59 50, www.vznb.de

Dominante – das Haus der Kultur und Bildung im Stadtzentrum

❹ Museumsmeile – Eintauchen in Geschichte und Kunst

NEUBRANDENBURG. Für an Geschichte und Kunst Interessierte hat Neubrandenburg mehrere Museen zu bieten, die von spannungsreichen Ereignissen erzählen und Traditionen aufleben lassen.

Regionalmuseum: »Zeiten vergehen« leuchtet es weiß von der Wand aus rotem Backstein, im mittelalterlichen Ambiente begrüßen die rätselhaften Adorantinnen (siehe S. 210) die Besucher des Regionalmuseums am nördlichen Zugang zur Innenstadt. Es befindet sich im ältesten Gebäude Neubrandenburgs, einem Kloster der Franziskaner aus dem 13./14. Jahrhundert. Das Gemäuer aus Feld-und Backstein wurde mit einem modernen Komplex aus Glas, Stahl und Beton verbunden und damit zu einer attraktiven Hülle für die Stadtgeschichte. Auf drei Etagen ist eine Ausstellung vom Mittelalter bis zur Gegenwart zu betrachten, die auf vielfältige Weise Spuren von Kriegs- und Friedenszeiten aufzeigt. So folgt im Erdgeschoss der Darstellung klösterlichen Lebens anhand wertvoller Exponate das nachgestaltete Schlachtengetümmel des Dreißigjährigen Krieges. In der ersten Etage werden Geschichten auf gemauerten Themeninseln erzählt, die den mehrmaligen Wiederaufbau

Eine Adorantin am Eingang

Regionalmuseum im alten Kloster

der Stadt nach kriegerischer Zerstörung symbolisieren. Mecklenburgs bekanntester Dichter Fritz Reuter (siehe S. 103), der in Neubrandenburg seine produktivsten Jahre verlebte, erhielt eine Insel. Auch Turnvater Friedrich Ludwig Jahn wird vorgestellt, dazu stehen die Erfolge hiesiger Sportler. Zu finden sind Handwerk, bürgerliches Leben, Theater … Audioguides informieren in Deutsch, Polnisch und Englisch an 19 Stationen. Die oberste Etage dient Sonderausstellungen und Veranstaltungen. Im edlen Ambiente des alten Klosters kann an wenigen Tagen im Jahr auch wieder geheiratet werden. Von 1979 bis 1996 gaben sich hier bis zu 1000 Paare jährlich das Ja-Wort, Neubrandenburg war nach Wernigerode der zweitbeliebteste Ort zum Heiraten im Osten.

Ausstellung zur Ur- und Frühgeschichte der Region: Ein weiterer Standort des Regionalmuseums ist das spätmittelalterliche Treptower Tor. Auf vier Ausstellungsetagen wird die Ur- und Frühgeschichte der Region von der ersten menschlichen Besiedlung bis zur Zeit der deutschen Kolonisation dargestellt. Die fünfte Etage gehört allein Rethra, dem seit Jahrhunderten an Tollensesee und Lieps vermuteten und gesuchten slawischen Heiligtum. Die Exposition im Treptower Tor ist die größte Dauerausstellung zur Ur- und Frühgeschichte in Mecklenburg-Vorpommern.

Kunstsammlung: In der Großen Wollweberstraße hat die Kunstsammlung, eines von vier Kunstmuseen des Landes und ein Museum der Bildenden Kunst des 20. und 21. Jahrhunderts, ihr Domizil. Angelockt werden Besucher durch ein langes Banner von Otto Sander Tisch-

Kunst an der Kunstsammlung

bein (OST) an der Fassade des markanten Fachwerkgebäudes aus dem 18. Jahrhundert und eine Spraybanane von Thomas Baumgärtel neben dem Eingang. Mit modernem Anbau bietet das Haus 400 Quadratmeter Ausstellungsfläche, im Obergeschoss für die Bestände, die rund 6000 Kunstwerke der Malerei, Grafik und Plastik umfassen, im Erdgeschoss für Sonderausstellungen. Die Tradition einer Städtischen Kunstsammlung reicht in das 19. Jahrhundert zurück, zwei gebürtige Neubrandenburger hatten der Stadt ihren umfangreichen Kunstbesitz hinterlassen. Die wertvollen Bestände der Städtischen Kunstsammlung gelten seit 1945 als verschollen. 1982 wurde sie neugegründet und eine Sammlung nach ausschließlich künstlerischen Kriterien aufgebaut.

Versicherungsmuseum: Im Frühjahr 1797 gründete sich in Neubrandenburg mit dem Zusammenschluss hiesiger Landwirte zu einer Hagelkasse die Mecklenburgische Versicherung. Damit ist diese Versicherungsgruppe der älteste private überregionale Versicherer in Deutschland und die älteste noch existierende Hagelversicherung der Welt. In einem Wiekhaus nahe dem Treptower Tor hat die Mecklenburgische Versicherungsgruppe in der Stadt ihrer Gründung das vermutlich kleinste Versicherungsmuseum der Welt eingerichtet. Der Besucher kann sich hier anhand zahlreicher Exponate über die Anfänge der Versicherung bis zu ihren Aufgaben in der Gegenwart informieren.

i Regionalmuseum/Franziskanerkloster:
Treptower Straße 38, 17033 Neubrandenburg
Tel. 0395-5 55 12 70, www.museum-neubrandenburg.de
Öffnungszeiten: Mi und Fr 10–17 Uhr, Do 10–19 Uhr, Sa/So 11–17 Uhr

i Regionalmuseum/Ur- und Frühgeschichte:
Treptower Tor, 17033 Neubrandenburg
Tel. 0395-5 55 12 70, www.museum-neubrandenburg.de
Öffnungszeiten: Mi und Fr 10–17 Uhr, Do 10–19 Uhr, Sa/So 11–17 Uhr

i Kunstsammlung: Große Wollweberstraße 24, 17033 Neubrandenburg
Tel. 0395-5 55 12 90, www.kunstsammlung-neubrandenburg.de
Öffnungszeiten: Mi und Fr 10–17 Uhr, Do 10–19 Uhr, Sa/So 11–17 Uhr

i Versicherungsmuseum:
Ringstraße, Wiekhaus Nähe Treptower Tor, 17033 Neubrandenburg
Tel. 0395-58 11 70, www.mecklenburgische.de
Öffnungszeiten: Mi–So 10.30–13 und 15–17 Uhr

5 Theater und Marstall – Renaissance herzoglicher Gebäude

NEUBRANDENBURG. Für seine Sommerresidenz Neubrandenburg ließ einst Herzog Adolf Friedrich IV. von Mecklenburg-Strelitz – etwa zeitgleich mit dem nicht mehr vorhandenen herzoglichen Palais – ein Theater und einen Marstall bauen. Diese traditionsreichen Gebäude in der Innenstadt werden gepflegt und kreativ genutzt.

Schauspielhaus: Das sorgfältig restaurierte Fachwerkgebäude des Schauspielhauses, das als der älteste noch bestehende Theaterbau Mecklenburgs gilt, ragt auffällig aus der Häuserzeile der Pfaffenstraße hervor. 1787 wurde das »neue Komödienhaus« erstmals erwähnt und durch das Strelitzer Hoftheater eingeweiht. Seine heutige äußere Form erhielt es durch einen Umbau nur wenige Jahre später. 100 Jahre lang wurde dort Theater gespielt, bevor es zweckentfremdet unter anderem als Anstalt für Bewegungskuren, als Lazarett und Vulkanisierwerkstatt diente. Das zwischen 1990 und 1994 sanierte Gebäude erhielt eine Anbindung an das Nachbarhaus, die ehemalige Grevesche Buchdruckerei. Wiedererstanden als Schauspielhaus mit 200 Plätzen, wurde es Mitglied der Europäischen Gesellschaft historischer Theater. Der barocke Theatersaal

Das alte Schauspielhaus

Im barocken Theatersaal

Eingang zum restaurierten Marstall

Zum Wohlfühlen – der Saal im Marstall

mit Fürstenloge und einem modernen Deckengemälde des Grafikers und Bühnenbildners Clemens Kühn bietet ein stimmungsvolles Ambiente für Sprech- und Musiktheater.

Marstall: Der einstige herzogliche Marstall in unmittelbarer Nähe wurde in den vergangenen Jahren aufwendig restauriert und zu einem Kleinod an der alten Stadtmauer sowie zu einem spannend kontrastierenden Gegenüber von modernen Wohnbauten. Daniela und Peter Them haben aus dem unbewohnbar gewordenen Anwesen von Ende des 18. Jahrhunderts eine Oase geschaffen, bestehend aus stilvoll eingerichteten Räumen, einem Saal von 170 Quadratmetern sowie einem idyllischen Innenhof. Hier finden kulturelle Veranstaltungen statt, kann getagt und gefeiert sowie in einer Ferienwohnung Urlaub gemacht werden.

i Schauspielhaus: Pfaffenstraße 22, 17033 Neubrandenburg
Tel. 0395-5 69 98 32, 03981-20 64 00 (Service Neustrelitz),
www.theater-und-orchester.de

i Marstall: Behmenstraße 16, 17033 Neubrandenburg
Tel. 0179-2 36 62 80, www.im-marstall.de

6 Literaturhaus – Ein Gedächtnisort für Brigitte Reimann

NEUBRANDENBURG. Das erste nach 1990 neu erbaute Literaturhaus in Mecklenburg-Vorpommern steht in Neubrandenburg, wenige Minuten Fußweg außerhalb des Stadtwalls in einer der unzerstörten alten Villenstraßen. Das Brigitte-Reimann-Literaturhaus bezieht seinen ideellen Wert auch daraus, dass es unter der Adresse Gartenstraße 6 ein literarischer Gedächtnisort ist. Hier lebte von 1968 bis zu ihrem frühen Tod

Brigitte Reimann

Das Literaturhaus von der Gartenseite

In der Ausstellung zu Brigitte Reimann, rechts ihr Schreibtisch

1973 die Schriftstellerin Brigitte Reimann und schrieb an ihrem Roman »Franziska Linkerhand«, der, 1974 unvollendet veröffentlicht, zu einem Kultbuch avancierte. Den maroden Charme der alten kleinen Villa beschrieb die Reimann mit den Worten: »[…] Wände reißen, Dielen ächzen […] eine Agatha-Christie-Wohnung […]«. Das gespenstische Haus aus dem Jahre 1914 stürzte bei Sanierungsarbeiten 1997 ein und musste abgetragen werden. Die Neubrandenburger Architektin Sonni Bock entwarf daraufhin ein stilvolles, modernes, offenes Gebäude, angemessen dem Geist einer mutigen Schriftstellerin der DDR-Literatur und ihrer literarischen Figur Franziska Linkerhand, einer Architektin. Eine Ausstellung mit Fotos, Briefen, Manuskriptseiten und einer filmischen Dokumentation, originalen Möbeln sowie der Bibliothek der Schriftstellerin erwartet den Besucher. Die literarischen Nachlässe von Brigitte Reimann, Hans Fallada und anderen Schriftstellern der Region verwahrt ein Depot und stellt sie wissenschaftlicher Nutzung zur Verfügung. Ganzjährig lädt das Literaturhaus zu Buchpremieren und Buchlesungen sowie zu Veranstaltungen für Kinder ein.

i Brigitte-Reimann-Literaturhaus:
Gartenstraße 6, 17033 Neubrandenburg
Tel. 0395-5 71 91 80, www.literaturzentrum-nb.de
Öffnungszeiten: Di 10–12 Uhr und 13–18 Uhr,
Mi 10–12 Uhr und 13–16 Uhr, jeden ersten Samstag im Monat 10–16 Uhr
Besuche und Führungen außerhalb der Öffnungszeiten nach Absprache

7 RWN-Art – Junge Kunstgalerie in alter Industriehalle

NEUBRANDENBURG. Am östlichen Ufer des Tollensesees ist in der Nähe des Neubrandenburger Yachthafens die noch junge Galerie RWN-Art zu finden. Damit hat eine besondere Galerie an einem außergewöhnlichen Ort ihren Platz gefunden. Der Name ist ihrem Umfeld, dem Gewerbegebiet RWN-NB, entliehen. RWN steht für Reparaturwerk Neubrandenburg, das seit Anfang der 1950er Jahre die großflächige Anlage einer ehemaligen Torpedoversuchsanstalt der deutschen Marine (1942–1945) nutzte und nach der politischen Wende überflüssig geworden war. Wo einst in großen Hallen die Kettenfahrzeuge der Nationalen Volksarmee der DDR (NVA) repariert wurden, ließen sich neue Unternehmen nieder. Eine vermeintliche Brache mitten in der Stadt belebt sich, so auch durch das ambitionierte Projekt des Vereins zur Förderung moderner Kunst, der in der denkmalgeschützten Halle 9 dieses Areals einen neuen Schauplatz für Kunstausstellungen in der Stadt etablierte. In der 400 Quadratmeter großen Halle mit Oberlicht und in einem kleineren Seitenraum von 75 Quadratmetern präsentieren Maler, Grafiker, Bildende Künstler und Fotografen ihre Arbeiten.

i Galerie RWN-Art:
Nemerower Straße 16,
17033 Neubrandenburg
Tel. 0171-6 40 77 33,
www.rwn-art.jimdo.com
Öffnungszeiten: Mai bis Oktober
Sa/So 10–19 Uhr

Ausstellungsort Halle 9

Tollensesee und Lieps

Vor der Haustür Neubrandenburgs liegt im Tollensebecken, einem eiszeitlichen Urstromtal, der zehn Kilometer lange und von 1,3 bis 2,3 Kilometer breite Tollensesee. Er hat eine durchschnittliche Tiefe von etwas über 17 Metern, an seiner tiefsten Stelle sind es über 30 Meter. Der mit 17,9 Quadratkilometern Wasserfläche sechstgrößte See Mecklenburg-Vorpommerns ist ein Eldorado für Wassersportler und Freizeitkapitäne. An seinen Ufern hat er außerhalb mehrerer Badestellen dichte Schilfgürtel, dahinter geht es zuweilen steil nach oben und in Laub- und Mischwälder hinein. Viele von ihnen sind im Frühjahr von einem dichten Anemonenflor bedeckt. Wege zum Laufen und Radfahren gibt es reichlich. Zwei Fahrgastschiffe bringen Ausflügler im Linienverkehr oder bei Rundfahrten zu schönen Orten und auch bis zur Lieps, einem Flachwassersee am südlichen Ende des Tollensesees und mit ihm durch einen Kanal verbunden. Nur Fahrgastschiffe dürfen dieses Gewässer mit einer maximalen Tiefe von knapp vier Metern und einer Fläche von 4,23 Quadratkilometern überqueren. Auf Inseln in Lieps und Tollensesee wurde über Jahre nach Spuren des slawischen Heiligtums Rethra geforscht.

8 Seenrunde – Entdeckungen an traumhaften Ufern

NEUBRANDENBURG/KLEIN NEMEROW. Durch die von der Eiszeit geprägte abwechslungsreiche Landschaft um den Tollensesee und die Lieps führt ein durchgängig ausgeschilderter Radweg von etwa 45 Kilometern über lange Strecken an traumhaften Seeufern entlang. Dabei lassen sich viele Sehenswürdigkeiten im Vorbeifahren kennenlernen. Ab Neubrandenburg geht es anfangs am Ostufer des Sees entlang.

Am Seeufer bei Neubrandenburg

Vor und in Klein Nemerow: Erinnerung an Humboldt und an den letzten Komtur

Behmshöhe: Der Aussichtsturm aus Backstein im Nemerower Holz erinnert an den 1631 ermordeten Neubrandenburger Bürgermeister Erasmus Behm. Der Turm ist 34 Meter hoch und überragt den Seespiegel um 42 Meter. Von hier aus schweift der Blick weit über den See.

Chimborazo am Tollensesee: Eine Erhebung kurz vor Klein Nemerow erhielt Mitte des 19. Jahrhunderts zu Ehren Alexander von Humboldts den Namen des Chimborazo (6310 Meter hoch) in den Anden, den der Naturforscher im Jahr 1802 bis zu einer Höhe von 5892 Metern bestiegen hatte. Humboldt war viele Jahre später in Neubrandenburg zu Besuch und weilte gegenüber am westlichen Seeufer. Da kamen hiesige Bürger auf die Idee, ihm zu Ehren einen namenlosen Hügel auf der Ostseite nach dem Chimborazo zu benennen. Der wurde ein beliebtes Ausflugsziel.

Komtureireste: Im Dorf Klein Nemerow stehen dicht am Seeufer die Reste einer Feldsteinscheune aus dem 14. Jahrhundert, die zu einer ehemaligen Johanniterkomturei gehörte, und das fast lebensgroße Abbild des letzten Komturs auf einer Steinplatte von 1620.

Eugen-Geinitz-Sicht: Etwas abseits vom Radweg, aber leicht zu finden, gewährt nahe eines Parkplatzes an der B 96 bei Usadel die Eugen-Geinitz-Sicht, benannt nach einem in Mecklenburg tätigen Geologen, einen phantastischen Blick auf die zum Naturschutzgebiet Nonnenhof gehörende Lieps.

Jahn-Stein: Am Westufer des Tollensesees ist im Brodaer Holz auf der Jahnshöhe inmitten von Buchenwäldern der Jahn-Stein zu entdecken.

Blick auf die Lieps von der Eugen-Geinitz-Sicht

Dieser Gedenkstein wurde 1928 zu Ehren von Turnvater Friedrich Ludwig Jahn aufgestellt, der als Turnlehrer »Herr Fritz« während seiner Neubrandenburger Zeit von 1802 bis 1804 in dieser Gegend mit seinen Schülern Sport trieb.

Belvedere: Kurz vor Neubrandenburg erhebt sich – freistehend am westlichen Steilufer – Belvedere. Ursprünglich als herzogliches Sommerhaus in schönster Lage errichtet und dann umgebaut zu einem klassizistischen Tempel, ist es beliebtes Ausflugsziel und Ort für romantische Trauungen hoch über dem Tollensesee.

Am Jahn-Stein im Brodaer Holz

Belvedere nahe Neubrandenburg

9 St. Petri – Flügelaltar als besonderes Schmuckstück

ALTENTREPTOW. Der Turm der Altentreptower Kirche St. Petri grüßt schon von Weitem – obwohl er nicht mehr 90 Meter hoch ist und auch keine schlanke Spitze hat wie einst, sondern seit 1773 »nur« noch 65 Meter misst, massig erscheint und eine barocke Haube besitzt. Zweimal hatten ihn zuvor Unbilden zum Einsturz gebracht. Dennoch nimmt sich St. Petri beachtlich aus für das kleine Altentreptow nördlich von Neubrandenburg und im Tal der Tollense liegend. Der dreischiffige gotische Backsteinbau aus dem 14. und 15. Jahrhundert bewahrt wertvolle Schätze. Von einer Vorgängerkirche aus dem Jahr 1175 blieb ein massiver Taufstein aus Granit erhalten. In einer Seitenkapelle sind Wandmalereien aus dem 15. Jahrhundert zu entdecken. Vor allem aber ist ein großer geschnitzter Flügelaltar bemerkenswert, der geöffnet und dezent beleuchtet unter dem gotischen Gewölbe seine volle Pracht entfaltet. Es ist ein Hochaltar mit 40 Heiligen-Figuren aus der zweiten Hälfte des 15. Jahrhunderts, der in der Art mecklenburgischer Altäre breit angelegt wurde. Er gilt neben dem Flügelaltar der Wismarer Georgenkirche als der zweitgrößte in Mecklenburg-Vorpommern. Früher wurde er nur an hohen

Eine Buchholz-Orgel von 1812

Altentreptows Dominante St. Petri

Der wertvolle Flügelaltar

kirchlichen Feiertagen wie Weihnachten und Ostern geöffnet, jetzt kann er jederzeit bewundert werden. In der Kirche erklingt eine 1865 erweiterte Buchholz-Orgel von 1812.

i Kirche St. Petri: Mühlenstraße 4, 17087 Altentreptow
Tel. 03961-21 47 45, www.kirche-altentreptow.de
Öffnungszeiten: Mo–Fr 10–12 und 14–16 Uhr, Sa 10–12 Uhr

⑩ Großer Stein – Zweitmächtigster Findling im Norden

ALTENTREPTOW. Am Klosterberg von Altentreptow liegt, gut ausgeschildert, in einer Kleingartenanlage Norddeutschlands zweitgrößter Findling. Nur der Buskam im Ostseewasser vor Göhren auf Rügen ist größer. Der Altentreptower Brocken aus mittelkörnigem Granit hat eine Höhe von 5,20 Metern, eine Länge von 8,20 Metern und eine Breite von sechs Metern bei einer Masse von 360 Tonnen. Das Volumen des etwa zu zwei Dritteln unter der Erdoberfläche liegenden Steines beträgt 133 Kubikmeter bei einem Umfang von 23 Metern. Er gehört zu den vielen Findlingen, die während der Weichseleiszeit aus Skandinavien nach Norddeutschland gelangten. In alten Sagen wurden Riesen, Hünen oder Teufel für das Vorhandensein derartig großer Steine an bestimmten Stellen verantwortlich gemacht. So auch in Altentreptow:

Als die Treptower einst den Turm auf ihr Gotteshaus setzten, ärgerte das den Teufel so sehr, dass er beschloss, ihn zu zerstören.

Von Neubrandenburg aus warf er einen großen Felsbrocken nach dem Turm, doch der Stein verfehlte sein Ziel und fiel zwischen Stadt und Klosterberg nieder. Die fünf Finger des Teufels hinterließen sichtbare Spuren tief im Stein.

1832 wurde das Ungetüm in wissenschaftlichen Veröffentlichungen als eines der bedeutendsten Geschiebe der Eiszeit in Norddeutschland erwähnt und das einstige Treptow an der Tollense hatte mit seinem Großen Stein plötzlich eine echte Sehenswürdigkeit.

Am 1. April 1915 weihten ihn die Treptower Bürger zu Ehren des 100. Geburtstages des Reichsgründers Otto von Bismarck als Bismarckstein ein. Die Inschrift »Bismarck 1.April 1815 1. April 1915« wurde 1957 entfernt und bislang noch nicht erneuert.

⑪ Kulturburg – Konzerte, Kino, Kunst und Kanustation

KLEMPENOW. Mäandernd schlängelt sich, aus dem Tollensesee bei Neubrandenburg Richtung Norden abfließend, die Tollense durch ihr urtümliches Flusstal. Weithin sichtbar liegt an ihrem Ufer 15 Kilometer nördlich von Altentreptow, nahe der Autobahn A ,20, Burg Klempenow. Pommersche Herzöge hatten im 13. Jahrhundert »castrum clempenowe« als Teil einer Burgenkette an der Grenze zu Mecklenburg errichten lassen. Zeiten und Ereignisse zogen über die Burg hinweg, sie war fast 100 Jahre schwedisch, kurzzeitig brandenburgisch, später eine preußische Domäne. Nach 1945 wurden hier Wohnungen für Umsiedler ausgebaut, Gebäudeteile als Stallungen genutzt.

Der Verein Kultur-Transit-96 e.V. nahm 1991 die Geschicke der ver-

Burg Klempenow am Ufer der Tollense

Blick vom Burgturm in das Tollensetal

fallenden Burg in seine Hände und machte daraus einen reizvollen Ort für Kunst und Kultur inmitten der vorpommerschen Weite. Kultstatus haben das Transit Festival, ein Musikfest mit Künstlern aus aller Welt, und das Filmfest »der NEUE HEIMAT film«. Geboten werden Clubkino, Ausstellungen, Lesungen, Konzerte, Folktanz sowie verschiedenste Märkte und auch eine Saatgutbörse. Auf Burg Klempenow kann in stilvoller Umgebung geheiratet und gefeiert werden, beispielsweise im sorgsam restaurierten großen Burgsaal. Er strahlt dank Feldsteinmauern, Balkenwerk und Backsteinwänden eine besondere Atmosphäre aus. Hier und im Kabinett des Westflügels präsentieren regelmäßig Künstler ihre Werke. Im Burgturm mit Turmzimmer aus dem 17. Jahrhundert geht es über eine Wendeltreppe zur Turmspitze mit Blick auf die Anlage und in die malerische Umgebung.

Viel Stimmung beim Transit-Festival

Auf dem Gelände sind ein behagliches Café, ein kleiner Laden und ein Kräutergarten zu finden. In der Nähe haben Künstler ihr Atelier. Am Flussufer liegen die Boote einer Kanustation bereit, um von hier aus das Paddelparadies von Tollense, Peene und Trebel zu erkunden.

i Burg Klempenow, Kultur-Transit-96 e. V.: 17089 Breest OT Klempenow
Tel. 03965-21 13 31, www.burg-klempenow.de
Öffnungszeiten: April bis Oktober, Café Mi–So 11–18 Uhr,
Laden Do–Mo 11–18 Uhr, Burg und Galerie Mi–So 11–18 Uhr

i Kanustation Klempenow: Tel. 0162-4 72 42 37,
www.kanustation-klempenow.de

⓬ Alte Burg – Grusel im Folterkeller unter der Erde

PENZLIN. Ein grausames Kapitel Geschichte birgt die Alte Burg Penzlin 15 Kilometer westlich von Neubrandenburg. Im dortigen Hexenmuseum wird der Besucher hautnah und authentisch mit der Hexenverfolgung in Mecklenburg konfrontiert. Sieben Meter unter dem Burghof liegen Hexenverliese, in denen Frauen im 16. und 17. Jahrhundert viel Leid erdulden mussten. Vermeintliche Hexen wurden in Wandnischen angekettet, sie sollten unter der Erde und ohne Bodenhaftung ihre magischen Kräfte verlieren. In einem mit abscheulichen Werkzeugen ausgestatteten Folterkeller erpressten ihre Peiniger von ihnen Geständnisse für angeblich schändliches Tun. Allein in Mecklenburg kam es auf diese Weise zu schätzungsweise 4000 Hexenprozessen. Ein vor Führungen im Rittersaal der Burg zu erlebendes Hörspiel bringt Besuchern das Thema Magie und Hexenverfolgung in Mecklenburg vorab nahe und bereitet auf Hexenverliese und Folterkeller vor. Belege liefert eine Ausstellung in den Räumen der Burg. So sind die Kopien der Originalakte des Prozesses gegen eine Penzliner Bürgerin aus der Zeit um 1700 zu betrachten. Diese berichtet darin, dass man die Absicht hatte, sie »mit aller Gewalt zur Hexe zu machen, und solange zu peinigen, bis ich Hexerei bekannt hätte«.
Die Alte, erstmals 1230 erwähnte Burg Penzlin, über Jahrhunderte Stammsitz der Familie von Maltzan und dann in Besitz anderer Eigentümer, gehört seit 1941 der Stadt Penzlin, die sie für Wohnzwecke und als Museum nutzte. Nach 1990 wurde die Burg umfassend saniert. Neben den Hexenverliesen ist eine spätmittelalterliche Schwarzküche

Am Eingang zur Alten Burg und in der Schwarzküche

Im Folterkeller mit seinen abscheulichen Werkzeugen

mit Brunnen und Herd sowie einem zwölf Meter langen Rauchfang besonders sehenswert. Im Rittersaal mit dekorativer Deckenbemalung aus dem 19. Jahrhundert finden Konzerte und Lesungen statt, er dient zudem als Standesamt. Das Restaurant Hexenkeller lädt ein. Gefeiert wird in Penzlin die Walpurgisnacht vom 30. April zum 1. Mai sowie ein Burgfest jeweils am vorletzten Wochenende im August.

i Alte Burg Penzlin/Kulturgeschichtliches Museum für Alltagsmagie und Hexenverfolgungen in Mecklenburg: Alte Burg 1, 17217 Penzlin
Tel. 03962-21 04 94, www.alte-burg.amt-penzliner-land.de
Öffnungszeiten: Mai bis August täglich 10–18 Uhr,
April und September/Oktober täglich 10–17 Uhr,
November bis März Sa/So 13–16.30 Uhr

Spaß am Hexenhäuschen

⑬ Höhenburg – Einst Adelssitz, heute beliebtes Ausflugsziel

BURG STARGARD. Nur wenige Kilometer südlich von Neubrandenburg liegt zwischen sieben Hügeln die kleine Stadt Burg Stargard. Ihr Wahrzeichen ist eine über ihr thronende mittelalterliche Burg, die einige Superlative vorweisen kann: Die Burg Stargard als das älteste weltliche Bauwerk Mecklenburg-Vorpommerns und die einzige Hochadelsburg nördlich der thüringischen Wartburg gehört zu den ersten großen Steinbauten des Landes und ist die nördlichste erhalten gebliebene Höhenburg Deutschlands. Die Anlage aus rotem Backstein wurde zwischen 1236 und 1260 für den Markgrafen von Brandenburg errichtet und hatte für die Kolonisation des hiesigen slawischen Gebietes zentrale Bedeutung. Deutsche Händler und Handwerker siedelten sich unterhalb der Burg an, 1259 wurde der Flecken zur Stadt erhoben. 1292 dann gelangten Burg und Land Stargard durch Heirat zu Mecklenburg. Als Residenz der Herzöge von Mecklenburg-Stargard erlebte die Burg zwischen 1352 und 1471 eine Blütezeit.

Heute ist die Anlage mit Burgpark und Streuobstwiese ein beliebtes Ausflugsziel. Im Marstall auf dem Gelände der Vorburg zeigt ein Museum auf 500 Quadratmetern Fläche seine Schätze zur Burg-,

Die mittelalterliche Burg Stargard

Flaschenfüller im Museum und Weinstöcke wie früher auf dem Burggelände

Stadt- und Regionalgeschichte. Hervorzuheben ist eine umfangreiche Ausstellung zur Historie des Weinbaus in Mecklenburg und zum gegenwärtigen Weinbau im Norden Deutschlands. Sie gilt als einzige norddeutsche Weinbauausstellung überhaupt und präsentiert neben alten Dokumenten auch historische Geräte und Maschinen. Dabei spielen der Weinbau im Stargarder Land und insbesondere die Burg Stargarder Weinbau-Traditionen (siehe S. 232) eine große Rolle. Passend dazu gedeihen im Burggelände auf einem kleinen Weinberg Rebstöcke vor allem der Sorte Regent.

Auch ein Wurz- und Krautgarten ist hier zu finden, in dem auf 16 Hochbeeten eine Grüne Apotheke wächst. Im Innenhof der Burg steht unter anderem ein Gebäude, das Mitte des 18. Jahrhunderts dem Land Mecklenburg-Strelitz zum Prägen von Münzen diente. Überragt wird alles von einem 38 Meter hohen Bergfried, der ein 13 Meter tiefes Turmverlies – das vermutlich tiefste deutschlandweit – besitzt. Eine Wendeltreppe mit 144 Stufen führt nach oben zu einer Plattform mit Blick in das anmutige Stargarder Land.

Burghotel und Burgladen, die gastronomisch genutzte Alte Münze und ein Café laden ein. Im Damenflügel der Hauptburg geben sich Heiratswillige das Ja-Wort. Das ganze Jahr über finden Veranstaltungen statt, unter anderem Konzerte, historische Märkte, ein Burgfest am zweiten Wochenende im August und zum Jahresausklang eine romantische Burgenweihnacht.

i Höhenburg Stargard: Burg 1, 17094 Burg Stargard
Tel. 039603-2 53 51, www.burg-stargard.de
Öffnungszeiten: März bis Oktober täglich 10–17 Uhr
Burgführungen: März bis Oktober Sa/So und Feiertag 14 Uhr

Top! 14 Weinbau – Wiederbelebte Tradition im Stargarder Land

RATTEY/BURG STARGARD. So mancher Gast der Region wundert sich: Wein aus Mecklenburg? Doch die denkmalgeschützte Schlossanlage Rattey am Fuß der Brohmer Berge gilt als das nördlichste Schlossweingut und der Ort Burg Stargard als die nördlichste Weinstadt Deutschlands. Seit 2004 sind die Rebflächen um Schloss Rattey bei Friedland und die von Burg Stargard bei Neubrandenburg offiziell nördlichstes zugelassenes deutsches Weinbaugebiet Stargarder Land. Der Mecklenburger Landwein aus dieser Region darf als einzige Spezialität aus Mecklenburg-Vorpommern mit dem Siegel »Geschützte geografische Angabe« beworben werden.

Die Winzer des Stargarder Landes begründeten mit ihren Aktivitäten eine Renaissance des norddeutschen Weinbaus, der mittlerweile auch in Schleswig-Holstein und Niedersachsen wieder Fuß gefasst hat. Sie belebten damit eine sehr alte Tradition, wie im Museum auf der Burg Stargard in einer im Norden einzigartigen Weinbauausstellung zu erfahren ist (siehe S. 230). Seit dem 13. Jahrhundert hatten Mönche in Mecklenburgs Klöstern Wein kultiviert. Aufschwung nahm der Weinbau, als hiesige Fürsten im 16. Jahrhundert vielerorts die Rebkultur förderten und so auch nachweislich im Jahre 1508 Weinterrassen an der Burg Stargard angelegt wurden. Doch die Konkurrenz des Weins aus fernen, wärmeren Regionen brachte das Ende des Weinbaus im Mecklenburgischen. Vorerst …

Weinkönigin bei der Leseeröffnung auf Schloss Rattey

Rattey: Ende der 1990er Jahre begannen Winzer, auf Flächen um Schloss Rattey wieder Wein im Stargarder Land anzubauen. Diese Region ist vom Kontinentalklima beeinflusst und hat eine hohe Sonnenscheindauer. Die nach Süden ausgerichteten Hanglagen um das Park Hotel Schloss Rattey bieten günstige Bedingungen für die Rebkultur. Im Mai 1999 pflanzten die Winzer hier die ersten Rebstöcke, inzwischen bewirtschaften sie, unterstützt von einem 350 Mitglieder starken Verein, 4,75 Hektar auf zwölf Weinbergen mit Rebsorten wie die weißen Phönix und Solaris sowie die roten Regent, Rondo und Cabernet Cortis. Die Ratteyer Landweine umfassen die Palette von Weiß-, Rosé- und Rotwein, von trocken bis halbtrocken. Die fassgelagerten Weine werden unter der geschützten Bezeichnung »Eikspon« verkauft.
Das Anfang des 19. Jahrhunderts errichtete Schloss Rattey mit seiner historischen Parkanlage, mit Teichen und Rundwegen sowie Ferienhäusern bildet den gepflegten Rahmen für die Weinkulturen. Auf dem Gelände vor dem Schloss befinden sich die große Festscheune »Alter Reitstall«, ein kleines Museum, die Kellerei, das Weinlager und der Gutsladen »Alte Weinkanne«. In Rattey feiert man im Juni das Weinblütenfest und im September das große Winzerfest mit der Wahl einer Weinkönigin; im Oktober findet der Ratteyer Weinlauf statt.
Burg Stargard: 20 Burg Stargarder Privatwinzer bauen als Verein an einem Hang in Ortslage und an der Burg Stargard (siehe S. 230) auf insgesamt 0,25 Hektar Wein an. Auf dem großen Weinberg im Teufelsbruch

Weinlese auf der Burg Stargard

Am Weinberg im Teufelsbruch

wachsen mehr als 1000 Rebstöcke der weißen Sorten Müller-Thurgau, Phoenix, Ortega und Solaris. Auch die älteste deutsche Rebsorte, der Elbling, ist hier zu finden. Der Blaue Portugieser und der Regent, wie sie auf dem Burgberg angebaut werden, vervollständigen die Vielfalt des Burg Stargarder Weins. Die Winzer bewirtschaften ihre Weinberge, stellen den Wein her und füllen ihn ab. In durchschnittlichen Jahren können das mehr als 2000 Flaschen sein. Ein Winzerfest wird im Rahmen des Burg Stargarder Altweibermarktes gefeiert.

i Verein der Privatwinzer zu Rattey e.V.:
Schloss, Rattey 21, 17349 Schönbeck OT Rattey
Tel. 03968-25 50 10 und 03968-25 50 50, www.privatwinzer.de, www.mecklenburger-landwein.de

i Verein der Privatwinzer zu Burg Stargard e.V.:
Lindenweg 49, 17094 Burg Stargard
Tel. 0171-1 43 61 11, 0395-4 21 18 01, www.burg-stargard.de

i Beide Vereine bieten Besuche, Verkostungen und Führungen auf ihren Anbauflächen und in Ausstellungen an.

Brohmer Berge und Helpter Berge

Die Region der Brohmer Berge zwischen Friedland im Nordwesten, Schönbeck im Westen, Strasburg im Südosten und Jatznick im Osten ist ein Höhenzug auf 6500 Hektar Endmoränenlandschaft. Benannt sind die Brohmer Berge nach dem Friedländer Ortsteil Brohm. Es ist eine idyllische hügelige Landschaft, die von viel naturnahem Buchenwald und Buchenmischwald, zahlreichen Biotopen und Natursehenswürdigkeiten bedeckt wird (Foto). Sie gilt als Geheimtipp für Naturliebhaber und Erholung Suchende, die gern auch den hier liegenden Galenbecker See und die Dörfer Schwichtenberg und Galenbeck besuchen. Zwölf Kilometer südlich der Brohmer Berge erstrecken sich die Helpter Berge, benannt nach dem kleinen Ort Helpt und mit der höchsten natürlichen Erhebung von Mecklenburg-Vorpommern – ganze 179,2 Meter über Normalnull.

⑮ Eiszeit-Route – Unterwegs in eindrucksvoller Landschaft

KLEMPENOW/SCHWICHTENBERG. Die Eiszeit-Route Mecklenburgische Seenplatte lässt eine vor Tausenden von Jahren durch skandinavische Gletschermassen eindrucksvoll geformte Landschaft per Rad erfahren. Schautafeln, Findlingsgärten, Museen und Lehrpfade entlang der Route informieren über die Eiszeit und deren Hinterlassenschaften, Burgen und Kirchen aus Feldsteinen laden zu Besichtigungen ein. Die Gesamtstrecke beträgt 666 Kilometer und besteht aus neun Einzeltouren und sechs Rundtouren. Eine der Einzeltouren (Nr. 7/45 km) führt von der Burg Klempenow an der Tollense (siehe S. 226) durch das breite Landgrabental mit seinen Flussgrabenmooren über das Städtchen Friedland bis nach Schwichtenberg in der Nähe des Galenbecker Sees. Sehenswertes für einen Zwischenstopp ist ausgeschildert.

Veste Landskron: Malerisch liegt bei Janow die Veste Landskron mit ausgedehnten Wallanlagen, einer Vorburg und einer Hauptburg sowie einer Kapelle und Nebengebäuden. Sie gilt als eine der eindrucksvollsten Ruinen Norddeutschlands. Die Reste dieser Niederungsburg aus dem 16. Jahrhundert, einsam und landschaftlich sehr reizvoll gelegen, sind fast zauberisch anzusehen. Wer hierher kommt, hat oft einen Picknickkorb dabei, sitzt dann auf der Wiese der Vorburg und genießt den mystischen Ort. Vom Turm der Veste lässt sich rundum Ausschau halten.

Blücher-Stein: Ein Schwergewicht unter den Findlingen an der Eiszeit-Route ist zweifelsohne der Blücher-Stein bei Kavelpass in der Nähe von Friedland. Auf einer zugänglichen Hochfläche an einem Kiestagebau

Mystische Veste Landskron

Der Blücher-Stein bei Kavelpass

liegt nahe der B 197 seit rund 14 000 Jahren ein Brocken mit dem geschätzten Volumen von 38 Kubikmetern, rund 100 Tonnen Gewicht und einem Umfang von über elf Metern. Etwa 3,5 Meter ragt er aus der Erde. Seit 1935 ist der Stein ein geschütztes Naturdenkmal, lange vorher wurden aus dem feinkörnigen Granit Teile als Baumaterial abgesprengt. Der ihm verliehene Name nimmt Bezug auf den berühmten sogenannten Marschall Vorwärts, Gebhard Leberecht von Blücher, der als junger Soldat auf schwedischer Seite im Sommer 1760 bei Kämpfen im Siebenjährigen Krieg am Kavelpass Gefangener der Preußen wurde und danach im Gutshaus von Galenbeck (siehe S. 239) in deren Armee übernommen wurde.

Grafenstuhl: Wenige hundert Meter nördlich vom Blücher-Stein steht Richtung Anklam auf einer weiteren Anhöhe an der B 197 an der Stelle eines mittelalterlichen Turmhügels der einem Grafen gewidmete Grafenstuhl, der mit dem Chausseebau 1883 als Aussichtspunkt aus gehauenem Granit, rund in der Form und mit einer Plattform errichtet wurde. Auf einer Tafel wird Heinrich Graf von Schwerin-Putzar dafür gedankt, dass er dafür den Boden zur Verfügung gestellt hatte.

Im Findlingsgarten von Schwichtenberg

Findlingsgarten Schwichtenberg: Mit 2100 Findlingen präsentiert sich am Ortsrand des Dorfes Schwichtenberg östlich von Friedland der größte Findlingsgarten von Mecklenburg-Vorpommern im Binnenland. Er besteht aus einer 15 Hektar großen Anlage im Schulwald mit alten Bäumen und auch Neuanpflanzungen, mit Büschen, Lichtungen und Feuchtbiotopen. Bei einer Wanderung lassen sich Nachbildungen von Großsteingräbern und Steinkreisen sowie die größte horizontale Sonnenuhr des Landes entdecken. Besondere Attraktion ist ein begehbares Labyrinth aus 666 Findlingen. Der Findlingsgarten besitzt auch eine Haltestelle der nostalgischen Mecklenburg-Pommerschen Schmalspurbahn (siehe unten).

i www.eiszeitrouten.m-vp.de, www.eiszeitroute.com

16 Nostalgie-Zug – Mit einer Kleinbahn-Legende auf Fahrt

SCHWICHTENBERG/FRIEDLAND. Einst durchschnitten rund 250 Kilometer Kleinbahngleise die fruchtbare Landschaft nordöstlich von Neubrandenburg zwischen Friedland, Ferdinandshof und Anklam. Eine Bimmelbahn mit Spurweite 600 Millimeter transportierte mit Tempo 10 km/h Menschen und Güter quer durch die Friedländer Große Wiese und weiter Richtung Norden. Für den vorerst letzten und von einer Dampflok gezogenen Zug läutete im Sommer 1969 das Sterbeglöckchen, schon ein Jahr später waren alle nach 1945 noch bedienten Gleise abgebaut. Ein Relikt der Verkehrsgeschichte von Ende des 19. Jahrhunderts erlag der Konkurrenz der Straße.

Kurz vor der Abfahrt Richtung Uhlenhorst

Friedländer Spuren der alten MPSB

Aber immerhin überlebten einige Dampfloks und Waggons den Zug der Zeit. Dank des rührigen Vereins von Freunden der Mecklenburg-Pommerschen Schmalspurbahn (MPSB) lagen im Jahr 1999 auf 2,6 Kilometern der ehemaligen Strecke auch wieder Schienen und begann östlich von Friedland zwischen den Orten Schwichtenberg und Uhlenhorst ein Nostalgie-Zugbetrieb. Es ist jene Gegend, über die der DDR-Schriftsteller Joachim Wohlgemuth seinen Bestseller »Egon und das achte Weltwunder« schrieb und damit einem großangelegten sogenannten Jugendobjekt des ehemaligen Bezirkes Neubrandenburg zur Melioration der Friedländer Großen Wiese zwischen 1958 bis 1962 ein literarisches Denkmal setzte und in der ein DEFA-Team Szenen des gleichnamigen Films drehte. Von Ostern bis in den September hinein bietet der Verein an den Wochenenden Fahrten mit einem von einer Diesel- oder Dampflok gezogenen kleinen Zug an. Als besonderen Spaß für Fans von heißen Loks und heißen Getränken organisieren seine Mitglieder auch Glühwein-Fahrten an Adventswochenenden.

Mehr über die MPSB ist im Museum von Friedland zu erfahren. Dort werden ihr zwei Ausstellungsräume gewidmet, in denen der Besucher zugleich Einblick erhält in die recht umfängliche Industriegeschichte der mecklenburgischen Kleinstadt bis zum Jahre 1990. Ein Film aus den 1930er Jahren macht die Bimmelbahn noch einmal lebendig. Und wer sie in »Lebensgröße« sehen möchte, sollte die Ausstellungshalle am Friedländer Bahnhof aufsuchen. Gut bedacht und fein konserviert stehen dort die Dampflok Nr. 4, Baujahr 1907, und Waggons der ehemaligen MPSB.

i Mecklenburg-Pommersche Schmalspurbahn:
Zur Kleinbahn 7 a, 17099 Galenbeck OT Schwichtenberg
Tel. 0173 - 4 67 23 47, www.mpsb-online.de

i Museum: Mühlenstraße 1, 17098 Friedland
Tel. 039601-2 67 79, www.friedland-mecklenburg.de
Öffnungszeiten: Mo–Fr 10–12 und 13–17 Uhr,
April bis September So 14–17 Uhr, Oktober bis März So nach Anmeldung

Auf beiden Homepages werden die aktuellen Fahrzeiten der Kleinbahn veröffentlicht.

17 Idylle – Der Schwanensee und ein Dorf voller Geschichten

GALENBECK. Am Fuß der Brohmer Berge liegt südwestlich von Friedland der Galenbecker See. Dieses knapp sechs Quadratkilometer umfassende Gewässer in der Friedländer Großen Wiese ist ein Eldorado für Naturfreunde und ein europäisches Vogelschutzgebiet von Rang. Sein Ökosystem hatte noch vor einigen Jahren durch verschiedenste Einflüsse vor dem Kollaps gestanden. Zwischen 2005 und 2007 konnte das Gewässer dank des millionenschweren EU-Life-Projektes »Naturraumsanierung Galenbecker See«gerettet werden. Viele Vogelarten sind zurückgekehrt, so zählten Ornithologen Hunderte übersommernde Kraniche. Ganzjährig, vor allem ab August, lassen sich viele weiße Höckerschwäne auf dem See beobachten.

Auch das an seinem Westufer gelegene 80-Seelen-Dorf Galenbeck hat Besuchern Interessantes zu bieten. Die älteste Sehenswürdigkeit ist in Seeufernähe der schiefe Turm einer brandenburgischen Grenzfestung zu Pommern aus dem 13. Jahrhundert – der Rest einer 1453 zerstörten Burg, umgeben von Graben und Wall. Ab dem 14. Jahrhundert saß hier das Rittergeschlecht derer von Rieben, deren Nachfahren bis zur Enteignung 1945 das Leben im Dorf prägten. Nahe der Burgruine steht ihr Fachwerk-Gutshaus aus dem 18. Jahrhundert und davor die Büste von Gebhard Leberecht von Blücher. Sie erinnert daran, dass der

Aussichtsplattform am Galenbecker See bei Fleethof

Turmrest einer Grenzfestung

Blücher-Büste vor dem alten Gutshaus

später legendäre Marschall Vorwärts im August 1760 hier in Galenbeck eine wichtige Entscheidung fällte. Blücher war ein noch sehr junger Mann im Dienste der Schweden, als ihn während des Siebenjährigen Krieges preußische Husaren bei einem Scharmützel am Kavelpass bei Friedland festnahmen (siehe S. 235) und nach Galenbeck brachten. Im hiesigen Gutshaus wurde er gefangen gehalten, unterschrieb eine Übertrittsurkunde zur königlich preußischen Armee von Friedrich II. und machte eine Karriere ohnegleichen: Blücher wurde preußischer Generalfeldmarschall und tat sich in bedeutenden Schlachten hervor.
Zum Gut derer von Rieben gehörte die Galenbecker Feldsteinkirche,

Die berühmte Tanzlinde

Galenbecks Dorfkirche

deren ältester Teil aus dem 14. Jahrhundert stammt. Besonders bemerkenswert an ihr sind ein schöner Stufengiebel an seiner Westseite und ein in der Region einmaliger achteckiger Kirchturm, den die von Rieben Mitte des 18. Jahrhunderts errichten ließen. Am Rand des Friedhofs liegt ihr Erbbegräbnis.

Am Fischerhaus

Die wohl bekannteste Galenbecker Sehenswürdigkeit ist ein Zeugnis ländlichen Lebens und dörflicher Feste: Im ehemaligen Gutspark steht eine etwa 150 bis 200 Jahre alte Tanzlinde, die letzte noch vorhandene in Mecklenburg-Vorpommern und überhaupt in ihrer Art selten im norddeutschen Raum. Um sie herum errichtete man ein Fachwerkgerüst, das einen Tanzboden trägt und Platz für etwa 24 Personen bietet.

Im Dorf kann auch das Fischerhaus Galenbeck besucht werden, ein denkmalgeschütztes Volllaubenhaus von Ende des 18. Jahrhunderts mit gemütlichem Galerie-Café.

i Auskunft zu Führungen an den Galenbecker See:
Informationszentrum des Naturparks am Stettiner Haff
Am Bahnhof 4–5, 17367 Eggesin
Tel. 039779-2 96 80, www.naturpark-am-stettiner-haff.de

i Fischerhaus Galenbeck: Zum Fischerhaus 13, 17099 Galenbeck
Tel. 039607-26 98 22, www.fischerhaus-galenbeck.de

18 Forstsamendarre – Ein einmaliges technisches Denkmal

JATZNICK. Die Forstsamendarre von Jatznick am östlichen Rand der Brohmer Berge ist eine von nur neun Darren in ganz Deutschland und die einzige sogenannte Klenge in Mecklenburg-Vorpommern. Sie war 1927 als Kiefernsamendarre errichtet und 1935 durch einen Brand zerstört worden. Zwei Jahre später konnte dort wieder gearbeitet werden. Seither hat sich an ihrer technischen Ausstattung kaum etwas geändert, und so wurde die Jatznicker Darre zu einem einmaligen technischen Denkmal – um- und ausgebaut zur Schaumanufaktur auf Initiative des Fördervereins Forstsamendarre Jatznick e.V. Der Darrespeicher samt Trocknungsbereich erfuhr eine denkmalgerechte Sanierung, ein Besuchergebäude mit Ausstellungstafeln und Modellen der Samendarre

Eine historische Produktionsstätte

Kiefern- und Fichtenzapfen mit Samen

Samendarre und Dendrologischer Garten

entstand. In der historischen Produktionsstätte, Anfang der 1990er Jahre um einige Neuerungen ergänzt, wird nach wie vor das Saatgut der heimischen Waldbaum- und Straucharten aufbereitet. Besucher des Jatznicker technischen Denkmals erhalten bei laufendem Betrieb Einblick in einen relativ unbekannten Produktionszweig der Forstwirtschaft.
Im Außenbereich ist ein Dendrologischer Garten mit 90 Baum- und Straucharten, mit Zapfenpflückerbaum und Lebensbäume-Labyrinth speziell für Kinder angelegt. Zwei Handhebel-Draisinen für je zwölf Personen stehen bereit für eine 1,5 Kilometer lange, kräftezehrende und zugleich lustige Fahrt bis nach Jatznick hinein.

i Forstsamendarre: Rothemühler Chaussee 1a, 17309 Jatznick
Tel. 039741-8 03 73, www.wald-mv.de
Öffnungszeiten von Besucherzentrum und Dendrologischem Garten:
Mo–Fr 10–15 Uhr
Führungen: Di und Do 10 und 14 Uhr, am Wochenende und an Feiertagen nach telefonischer Anmeldung

19 Sport-Idol – Max Schmelings Andenken zweifach bewahrt

KLEIN LUCKOW/STRASBURG. In Klein Luckow, einem Dorf wenige Kilometer nordöstlich der Uckermark-Stadt Strasburg, wurde ein ganz Großer des deutschen Sports geboren. Am 28. September 1905 erblickte im Hof des Bauern Fuchs dessen Enkel Max Schmeling das Licht der Welt. Nur ein dreiviertel Jahr war der Knabe alt, als seine Eltern mit ihm zuerst nach Stettin und dann nach Hamburg verzogen. Dennoch wird in dem Ort mit nur 150 Einwohnern gebührend an das deutsche Box-Idol erinnert. Vor seinem Geburtshaus in der Dorfmitte, versehen mit einer glänzenden Erinnerungstafel, steht ein Gedenkstein mit Namenszug und Boxhandschuhen sowie einer Bronzebüste, gefertigt von dem Torgelower Bildhauer Falko Steimer. Im Gemeindehaus daneben, das früher zum Gehöft gehörte, entstand ein liebevoll eingerichtetes Max-Schmeling-Gedenkzimmer. Zu sehen sind hier Reproduktionen von Fotos unter anderem aus seiner Jugend und

Büste des Box-Idols in Klein Luckow

Das Max-Schmeling-Zimmer im Heimatmuseum Strasburg

von seinem siegreichen Weltmeisterkampf 1936 gegen den »schwarzen Bomber« Joe Louis in den USA sowie zahlreiche Presseveröffentlichungen und natürlich die Urkunde, die den 2005 verstorbenen Max Schmeling als Ehrenbürger von Klein Luckow seit seinem 99. Geburtstag im Jahr 2004 ausweist. Dreimal war der für seine Fairness und Bescheidenheit bekannte Schmeling nach 1990 in seinem Geburtsort gewesen, ohne jedoch viel Aufhebens darum zu machen, und spendete über seine 1991 gegründete Stiftung sehr großzügig für verschiedene umfangreiche soziale Projekte in diesem Landstrich. Sein Motto: »Wenn es einem gut geht, sollte man dafür sorgen, dass es anderen auch gut geht.«
Das Heimatmuseum im nahen Strasburg zeigt eine Ausstellung über das Leben des legendären Sportlers. Ein großer Raum wurde komplett mit Mobiliar und Gegenständen aus dessen Besitz gestaltet. Dazu stehen Infotafeln über Jugendjahre und sportliche Erfolge vor allem in den USA, die glückliche Ehe mit der Schauspielerin Anny Ondra, die Vermarktung durch die Nazis nach dem Weltmeistertitel 1936 und seine Brüskierung nach dem verlorenen Kampf zwei Jahre später, des Weiteren seinen Kriegseinsatz, den Verlust der wirtschaftlichen Grundlagen nach 1945 und Schmelings zweite große Karriere als Getränkehersteller in den Wirtschaftswunder-Zeiten der Bundesrepublik.

i Max-Schmeling-Gedenkzimmer:
Max-Schmeling-Straße 20, 17309 Jatznick OT Klein Luckow
Kontakt: Alfred Fiebig, Tel.039752-2 07 16

i Heimatmuseum mit Galerie: Pfarrstraße 22 a, 17335 Strasburg
Tel. 039753-2 25 84, www.strasburg.de
Öffnungszeiten: Di–Do 10–12 und 14–16 Uhr, Fr 10–12 Uhr, So 15–17 Uhr, Oktober bis April So geschlossen

20 Strohuhr – Meisterwerk eines bastelnden Schuhmachers

STRASBURG. Das Heimatmuseum der Uckermark-Stadt Strasburg hat eine Kuriosität zu bieten: eine Uhr aus Roggen- und Haferstroh, gefertigt von Otto Wegener, einem hiesigen Schuhmachermeister. In seiner Freizeit war der schweigsame Wegener ein begeisterter Bastler, dem auch die Idee für eine Uhr ganz aus Stroh kam und für deren Bau er dann fünfzehn Jahre brauchte. Die Strohuhr ist 175 mal 65 mal 65 Zentimeter groß, wiegt etwa 2,5 Kilogramm und hatte, als sie noch in Betrieb war, eine Laufzeit von sechs Stunden. Wegener verwendete ausschließlich Strohhalme und kleine spitze Nägel; weder Draht oder Holz noch Fäden oder Klebstoff kamen zum Einsatz. Mit dieser Uhr sicherte sich der Schuhmacher einen festen Platz in den Annalen seiner Heimatstadt, denn das Kunstwerk wurde berühmt. Ab 1920 trat es große Reisen an, zuerst in Museen überall in Deutschland, dann zu Ausstellungen nach Österreich, Holland, Frankreich und in die Schweiz. Ein Amerikaner wollte die Uhr sogar für die Summe von 150 000 Dollar kaufen. Das empfindliche Stück überstand die häufigen Transporte jedoch nicht unbeschadet und war irgendwann nicht mehr funktionsfähig. Ein Großneffe Wegeners hütete die Uhr und schenkte sie Ende der 1990er Jahre der Heimatstadt seines Onkels. Das einmalige Wunderwerk der Technik avancierte zum Glanzstück des Museums.

i Heimatmuseum mit Galerie: Pfarrstraße 22 a, 17335 Strasburg
Tel. 039753-2 25 84, www.strasburg.de
Öffnungszeiten: Di–Do 10–12 und 14–16 Uhr, Fr 10–12 Uhr, So 15–17 Uhr, Oktober bis April So geschlossen

Wunderwerk Strohuhr

21 Gipfeltour – Auf dem Dach Mecklenburg-Vorpommerns

HELPT/WOLDEGK. Südlich der Brohmer Berge nahe der Windmühlenstadt Woldegk (siehe rechts) liegen die Helpter Berge mit der höchsten Erhebung des Landes – es sind gerade einmal 179,2 Meter über Normalnull. Fachleute verweisen übrigens immer wieder darauf, dass die korrekte Bezeichnung für die höchste Erhebung Helpter Berge ist und nicht Helpter Berg wie allgemein üblich. Wenige hundert Meter weiter an deren Südwesthang und für die Öffentlichkeit nicht zugänglich steht bei etwa 155 Metern über Normalnull der bis zu 203,2 Meter in den Himmel ragende Sendeturm Helpterberg (!) für UKW-Rundfunk und Fernsehen. Er wurde 1981 von der Deutschen Post errichtet, heute betreibt ihn die Telekom.
Auf den Gipfel der Helpter Berge und damit auf das Dach des Landes zu kommen, ist relativ leicht. Gemütlich geht es nach oben. Feste Schuhe sollten es aber sein. Unter anderem führen von einer schmalen Straße zwischen Woldegk und dem Örtchen Helpt sparsam ausgewiesene Wege durch Nadel- und Mischwald in etwa 30 Minuten zum Gipfel. Der ist zugewachsen und bietet leider keinen Weitblick, aber auf ihm steht ein Gipfelkreuz. Daran ist ein Kästchen mit Gipfelbuch befestigt, in dem sich stolze Gipfelstürmer verewigen.

Gipfel mit Gipfelkreuz (li.), in der Nähe der markante Telekom-Sendeturm Helpterberg

22 Windmühlenstadt – Besuch bei fünf Erdholländern

WOLDEGK. Das südöstlich von Neubrandenburg gelegene Woldegk ist eine Stadt der Windmühlen. Zwei Müller wurden in alten Dokumenten bereits Ende des 15. Jahrhunderts erwähnt, 1587 dann war von der ersten Bockwindmühle auf dem Mühlenberg die Rede. 1635 gab es vier, 1745 sieben Mühlen. Später wurden sechs davon abgerissen und als Erdholländer noch einmal aufgebaut. Von den einst sieben Woldegker Mühlen auf den Hügeln sind heute noch fünf erhalten und werden gut gepflegt. Drei von ihnen stehen auf dem Mühlenberg im Westen des Ortes dicht beieinander.

Museumsmühle: Die Buddesche Mühle auf dem Mühlenberg gilt als die bekannteste der Woldegker Mühlen und wurde nach ihrem ersten Besitzer Otto Budde benannt. Dieser Erdholländer aus dem Jahre 1883, seit 1952 mit dem Tod des Müllers außer Betrieb, ist eine Museumsmühle mit Exponaten zur Ur- und Frühgeschichte der Region, mit Mühlenmodellen im Maßstab 1:50, mit Stadtmodellen von Woldegk sowie wechselnden Expositionen. Heiratslustige können sich hier das Ja-Wort geben. Nach der Zeremonie muss das Brautpaar die erste gemeinsame Arbeit verrichten und Korn in einer slawischen Rundmühle zu Mehl mahlen.

Buddesche oder auch Museumsmühle

Ehlertsche Mühle

Café-Mühle

Ehlertsche Mühle: Nicht weit entfernt von der Museumsmühle steht die Ehlertsche Mühle, eine vollständig erhaltene Holländerwindmühle aus dem Jahr 1886, die noch heute Getreide mahlen kann und gern genutzt wird als Schauanlage. Ihren Namen verdankt sie Müller Hans Ehlert, der sie 1985 an die Stadt Woldegk verkaufte. Seit 1926 war die Mühle in Besitz der Familie gewesen, ihr Innenleben blieb über 100 Jahre unverändert. Sie wurde Anfang der 1990er Jahre rekonstruiert und mit originalgetreuen Flügeln ausgestattet.

Erinnerung an Müller Julius Hundt auf dem Woldegker Markt

Café-Mühle: Die dritte und älteste Mühle auf dem Mühlenberg besitzt kein Flügelkreuz mehr. Die massive schwarze Turmwindmühle aus dem Jahr 1859 gehörte anfangs dem in Woldegk für allerlei Streiche bekannten Müller Julius Hundt, an den im Stadtzentrum mit einer Skulptur erinnert wird. Die Mühle dient heute auf zwei ihrer Etagen als gemütliches Mühlencafé, betrieben von der Urenkelin des letzten Müllers.

Fröhlkesche Mühle: Die auch Seemühle genannte, 1887 erbaute Fröhlkesche Mühle am Stadtsee im Osten von Woldegk gilt als eine der größten Galerieholländerwind-

Fröhlkesche Mühle

Moulin Rouge

mühlen Norddeutschlands. Sie ist 26 Meter hoch, die Mechanik zum Teil noch vorhanden. Es war die leistungsfähigste Windmühle des Ortes, sie stellte 1960 die Produktion ein.

Moulin Rouge: Die auffallend rote Mühle der Töpferfamilie Saalfeld aus dem Jahr 1895, auch Moulin Rouge genannt und ohne Flügelkreuz, steht am Gotteskamp im Süden von Woldegk. Sie bietet Raum zum Wohnen und hat einen Anbau für die Töpferwerkstatt. Hier wird Ton aus drei hiesigen Tongruben zu robuster Gebrauchskeramik mit unverwechselbarer rotbrauner Färbung verarbeitet.

Gastlich geht es in der Windmühlenstadt am Deutschen Mühlentag jedes Jahr zu Pfingsten zu. Dann wird auf dem Mühlenberg ein großes Mühlenfest gefeiert, das am Sonntag mit einer langen Mühlennacht beginnt.

i Museumsmühle: Mühlenberg 12, 17348 Woldegk
Tel. 03963-21 13 84, www.windmuehlenstadt-woldegk.de
Öffnungszeiten: April bis September täglich 10–12 und 13–16 Uhr,
März und Oktober Di–Fr 10–12 und 13–16 Uhr, Sa/So und Feiertag 13–16 Uhr

i Zum Mühlencafé und Pension: Mühlendamm 12, 17348 Woldegk
Tel. 03963-21 08 52, www.zum-muehlencafe.de

i Töpferei Saalfeld: Gotteskamp 7, 17348 Woldegk
Tel. 03963-21 03 18

㉓ Gedenkorte – Erinnerung an mutigen Hitler-Gegner

GÖHREN. Das Dorf Göhren südlich der Windmühlenstadt Woldegk und dicht an der Grenze zu Brandenburg hat viel Geschichte und dazu besuchenswerte Orte zu bieten. Einst schmückte Göhren ein großes Herrenhaus, 1855 erbaut von dem Berliner Architekten Friedrich Hitzig (siehe S. 110), mit einer großen Gutsanlage und einem weitläufigen, von Peter Joseph Lenné gestalteten Park. Letzter Besitzer war ab 1926 Ulrich-Wilhelm Graf von Schwerin von Schwanenfeld, der zum Kreis der Männer um Claus Schenk Graf von Stauffenberg gehörte. Nach deren misslungenem Hitler-Attentat wurde der Göhrener Graf vom Volksgerichtshof zum Tode verurteilt und 1944 in Berlin-Plötzensee hingerichtet. Seine Familie kam in Sippenhaft und musste Göhren verlassen. Die Nazis enteigneten das Gut noch 1944, das Herrenhaus brannte 1945 nieder. Nach der Wende erhielt die Familie ihr Eigentum zurück.

Im Gutspark steht seit 1987 für den widerständigen Grafen ein Gedenkstein mit einer ganz eigenen Geschichte. Noch in den letzten Jahren der DDR hatte ein Text der Historikerin Annette Leo in der Zeitschrift »Weltbühne« über Ulrich-Wilhelm Graf von Schwerin von Schwanenfeld und dessen Beteiligung am Hitler-Attentat sowie seine Ermordung dafür gesorgt, dass ihm endlich angemessene Beachtung widerfuhr. Daraufhin wurde für ihn ein Findling mit Gedenktafel unter alten Eichen und Buchen aufgestellt. In der alten Guts-

Gedenkstein im Gutspark

kirche aus dem 15. Jahrhundert nicht weit davon entfernt ließ die Familie des Grafen wenige Wochen später ihre eigene Gedenktafel anbringen.

Zollhaus mit Ausstellung an der Landesgrenze zu Brandenburg

In der Mitte des Dorfes kann ein Ausstellungs- und Gedenkort besucht werden. Er entstand im alten Zollhaus von Göhren, das Anfang des 19. Jahrhunderts an der Landesgrenze zwischen Mecklenburg und Brandenburg errichtet worden war, in Gutsbesitz gelangte und später vielfältig genutzt wurde. In den 1990er Jahren drohte das Zollhaus, zurückgeführt in das Eigentum der Grafenfamilie, zu verfallen. Die Stadt Woldegk kaufte es 2006 und erneuerte es mit EU-Hilfe aufwendig. Zu sehen ist hier heute – neben Exponaten zum Zollwesen und historischen Gerätschaften – eine Dauerausstellung, die an Männer und Frauen aus Mecklenburg erinnert, die unterschiedlicher Herkunft waren und aus unterschiedlichen Gründen Widerstand gegen das Nazi-Regime leisteten, so auch Ulrich-Wilhelm Graf von Schwerin von Schwanenfeld.

i Zollhaus: Fürstenwerder Chaussee 9, 17348 Woldegk OT Göhren
Tel. 03963-2 56 50 (Amt Woldegk), 03963-21 13 84 (Mühlenmuseum),
www.windmuehlenstadt-woldegk.de
Öffnungszeiten: Mai bis September Di–Do 10–12 und 13–16 Uhr,
Sa/So 13–16 Uhr

Die alte Gutskirche

Bootstour durch die Lewitz

Tourist-Informationen

Region 1 – Landeshauptstadt Schwerin mit Sternberger Seenland und Güstrow

Bützow
Am Markt 1, 18246 Bützow
Tel. 038461-5 01 20, www.buetzow.de

Güstrow
Franz-Parr-Platz 10, 18273 Güstrow
Tel. 03843-68 10 23, www.guestrow.de

Schwerin
Am Markt 14, 19055 Schwerin
Tel. 0385-5 92 52 14,
www.schwerin.com

Sternberg
Am Markt 3, 19406 Sternberg
Tel. 03847-44 45 35,
www.tourismus.stadt-sternberg.de

Tarnow
Hauptstraße 39c, 18249 Tarnow
Tel. 038450-2 24 16,
www.gemeinde-tarnow.de

Warin
Am Markt 4a, 19417 Warin
038482-6 04 31, www.stadt-warin.eu

Region 2 – Im Südwesten, entlang der Elbe und am Schaalsee

Banzkow
Straße des Friedens 12,
19079 Banzkow
Tel. 03861-3 02 97 72,
www.die-lewitz.de

Boizenburg
Markt 1, 19258 Boizenburg
Tel. 038847-6 26 66,
www.boizenburg.de

Dömitz
Rathausplatz 1, 19303 Dömitz
Tel. 038758-2 21 12, www.doemitz.de

Grabow
Am Markt 1, 19300 Grabow
Tel. 038756-5 03 42, www.grabow.de

Hagenow
Lange Straße 79, 19230 Hagenow
Tel. 03883-72 90 96,
www.hagenow.de

Ludwigslust
Schlossstraße 36, 19288 Ludwigslust
Tel. 03874-52 60,
www.stadtludwigslust.de

Neustadt-Glewe
An der Burg, 19306 Neustadt-Glewe
Tel. 038757-5 00 64,
www.neustadt-glewe.de

Parchim
Blutstraße 5, 19370 Parchim
Tel. 03871-7 10, www.parchim.de

Rehna
Kirchplatz 1 a, 19217 Rehna
038872-5 27 65,
www.kloster-rehna.de
und
Gletzower Straße 15, 19217 Rehna
Tel. 038872-5 23 35, www.rehna.de

Wittenburg
Molkereistraße 4, 19243 Wittenburg
Tel. 038852-3 31 11,
www.amt-wittenburg.de

Zarrentin am Schaalsee
Hauptstraße 15,
19246 Zarrentin am Schaalsee
Tel. 038851-33 34 35,
www.schaalsee-info.de

Region 3 – Mecklenburgische Schweiz mit Kummerower See und oberem Peenetal

Dargun
Kloster- und Schlossanlage,
Platz des Friedens 6, 17159 Dargun
Tel. 039959-2 23 81, www.dargun.de

Demmin, Hansestadt
Am Hanseufer 1, 17109 Demmin
Tel. 03998-22 50 77, www.demmin.de

Loitz
Lange Straße 83, 17121 Loitz
Tel. 039998-1 53 12, www.loitz.de

Malchin
Am Markt 1, 17139 Malchin
Tel. 03994-64 01 11, www.malchin.de

Teterow
Östliche Ringstraße 105,
17166 Teterow
Tel. 03996-17 20 28, www.teterow.de

Region 4 – Zwischen Müritz und Plauer See

Dobbertin
Am Kloster, 19399 Dobbertin
Tel. 038736-8 61 21,
www.kloster-dobbertin.de

Göhren-Lebbin
Marktplatz 10, 17213 Göhren-Lebbin
Tel. 039932-8 21 86,
www.goehren-lebbin.com

Klink
Schlossstraße 1, 17192 Klink
Tel. 03991-63 46 88,
www.gemeinde-klink.de

Krakow am See, Luftkurort
Markt 21, 18292 Krakow am Seen
Tel. 038457-2 22 58,
www.krakow-am-see.de

Malchow, Luftkurort
Kirchenstraße 10, 17213 Malchow
Tel. 039932-8 31 86,
www.tourismus-malchow.de

Plau am See, Luftkurort
Marktstraße 20, 19395 Plau am See
Tel. 038735-4 56 78,
www.plau-am-see.de

Rechlin, Erholungsort
Müritzstraße 51, 17248 Rechlin
Tel. 039823-2 12 61,
www.mueritzferien-rechlin.de

Röbel, Erholungsort
Straße der Deutschen Einheit 7,
17207 Röbel
Tel. 039931-8 01 13 oder 8 01 14,
www.stadt-roebel.de

Waren (Müritz), Heilbad
Neuer Markt 21, 17192 Waren
Tel. 03991-74 77 90,
www.waren-mueritz.de

Region 5 – Feldberger Seenlandschaft und Neustrelitzer Kleinseenland

Feldberger Seenlandschaft
Strelitzer Straße 42, 17258 Feldberger Seenlandschaft OT Feldberg
Tel. 039831-27 00,
www.feldberger-seenlandschaft.de

Mirow
Schlossinsel 2 a, 17252 Mirow
Tel. 039833-2 75 67,
www.klein-seenplatte.de

Neustrelitz, Residenzstadt
(mit Nationalpark-Information)
Strelitzer Straße 1, 17235 Neustrelitz
Tel. 03981-25 31 19,
www.neustrelitz.de

Wesenberg
Burg 1, 17255 Wesenberg
Tel. 039832-2 06 21,
www.klein-seenplatte.de

Region 6 – Um Neubrandenburgs Tollensesee und in den Brohmer Bergen

Altentreptow
Rathausstraße 1, 17087 Altentreptow
Tel. 03961-2 55 10,
www.stadt-altentreptow.de

Burg Klempenow
Klempenow 15,
17089 Breest OT Klempenow
Tel. 03965-2 13 31,
www.burg-klempenow.de

Burg Stargard
Bachstraße 9–12, 17094 Burg Stargard
Tel. 039603-2 53 55,
www.burg-stargard.de

Friedland
Mühlenstraße 1, 17098 Friedland
Tel. 039601-57 41 49,
www.friedland-mecklenburg.de

Neubrandenburg
Marktplatz 1 (HKB),
17033 Neubrandenburg
Tel. 0395-1 94 33,
www.neubrandenburg-touristinfo.de

Penzlin
Warener Chaussee 55 a, 17217 Penzlin
Tel. 03962-21 00 64,
www.penzliner-land.de

Strasburg
Pfarrstraße 22 a, 17335 Strasburg
Tel. 039753-2 25 84,
www.strasburg.de

Woldegk
Karl-Liebknecht-Straße 1,
17348 Woldegk
Tel. 03963-2 56 50,
www.windmuehlenstadt-woldegk.de

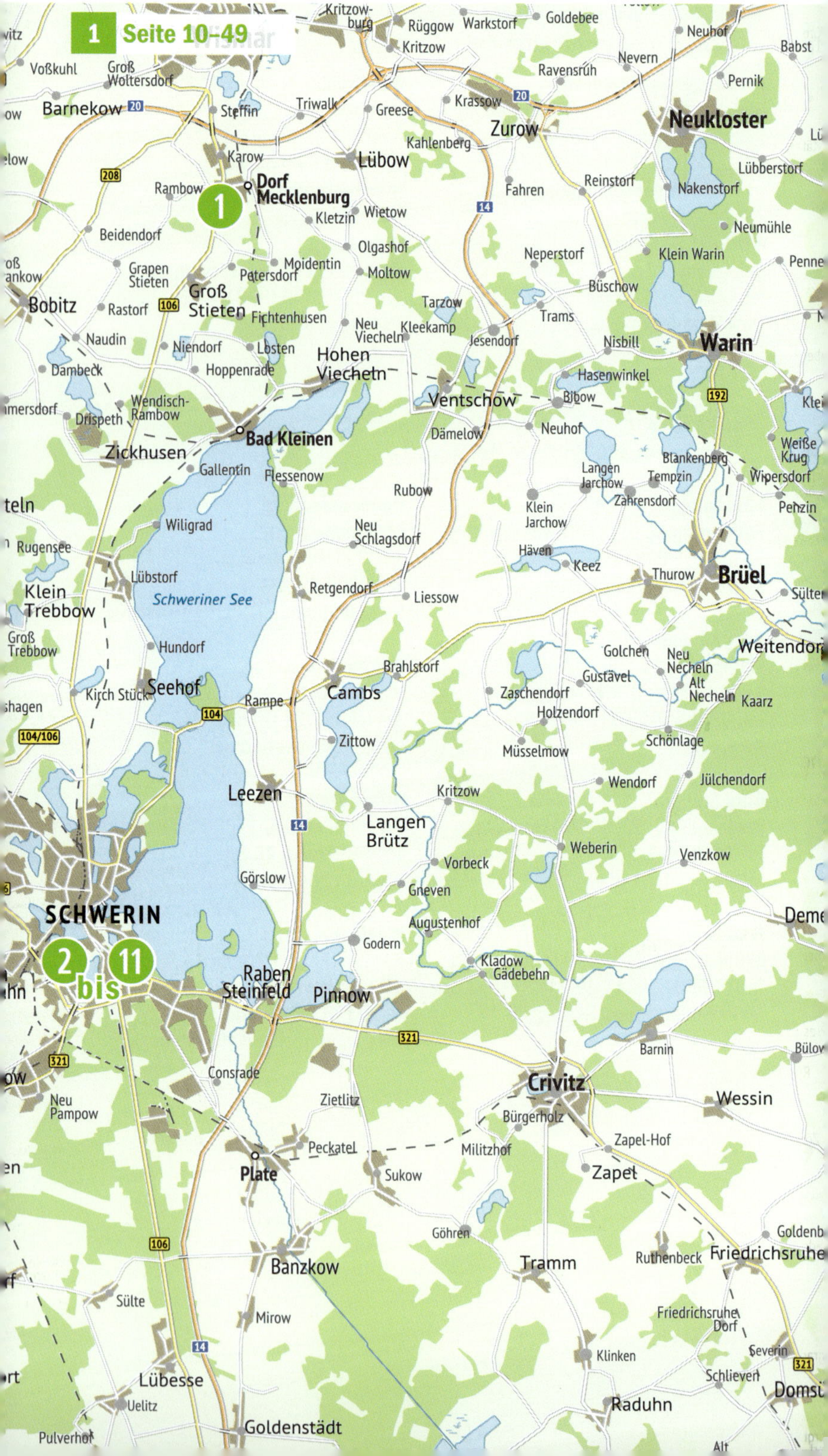
1 Seite 10–49
Neukloster
Warin
Brüel
Dorf Mecklenburg
Bad Kleinen
Lübow
Zurow
Ventschow
Hohen Viecheln
Groß Stieten
Bobitz
Barnekow
Zickhusen
Schweriner See
Lübstorf
Seehof
Cambs
Leezen
Langen Brütz
SCHWERIN
2 bis 11
Raben Steinfeld
Pinnow
Crivitz
Wessin
Zapel
Plate
Banzkow
Tramm
Friedrichsruhe
Raduhn
Goldenstädt
Lübesse
Weitendorf
Klein Trebbow
Kritzow
Weberin
Wendorf
Sukow
Peckatel
Conrade
Zietlitz

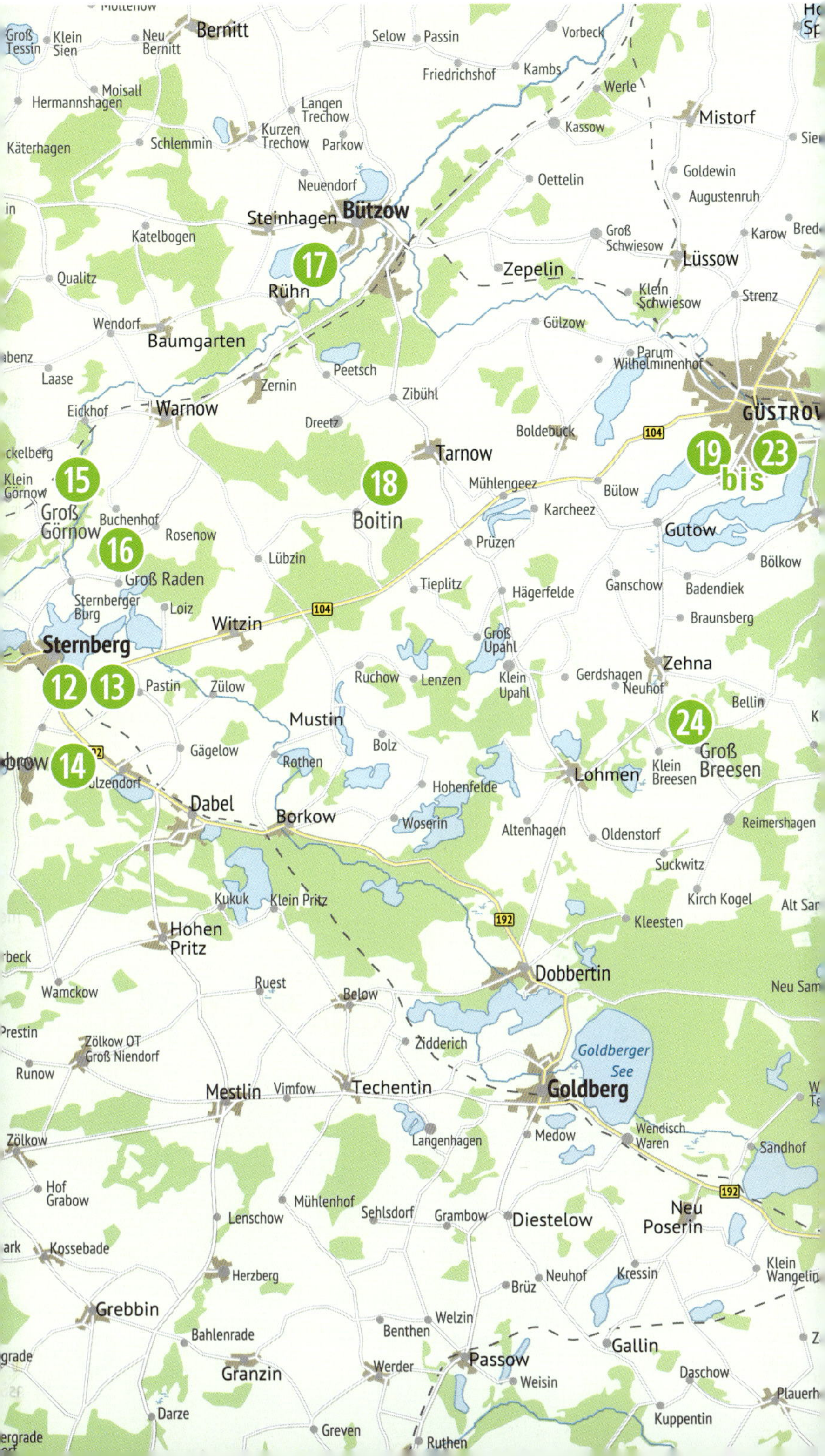
Groß Tessin
Klein Sien
Neu Bernitt
Bernitt
Selow
Passin
Vorbeck
Friedrichshof
Kambs
Werle
Moisall
Hermannshagen
Langen Trechow
Kurzen Trechow
Mistorf
Käterhagen
Schlemmin
Parkow
Kassow
Goldewin
Oettelin
Neuendorf
Augustenruh
Steinhagen
Bützow
Katelbogen
Groß Schwiesow
Karow
17
Zepelin
Lüssow
Qualitz
Rühn
Klein Schwiesow
Strenz
Wendorf
Baumgarten
Gülzow
Parum
Wilhelminenhof
Laase
Peetsch
Zernin
Zibühl
Eickhof
Warnow
Dreetz
Boldebuck
GÜSTROW
104
Tarnow
19
bis
23
15
18
Klein Görnow
Groß Görnow
Mühlengeez
Bülow
Buchenhof
Boitin
Karcheez
Rosenow
Gutow
16
Prüzen
Lübzin
Bölkow
Groß Raden
Tieplitz
Ganschow
Hägerfelde
Badendiek
Sternberger Burg
Loiz
104
Braunsberg
Witzin
Sternberg
Groß Upahl
Zehna
12
13
Pastin
Zülow
Ruchow
Lenzen
Klein Upahl
Gerdshagen
Neuhof
Bellin
Mustin
24
Gägelow
Bolz
Groß Breesen
14
Rothen
Klein Breesen
Lohmen
Hohenfelde
Dabel
Borkow
Woserin
Altenhagen
Oldenstorf
Reimershagen
Suckwitz
Kukuk
Klein Pritz
Kirch Kogel
192
Kleesten
Hohen Pritz
Dobbertin
Ruest
Below
Wamckow
Neu Sam
Zölkow OT Groß Niendorf
Zidderich
Goldberger See
Runow
Mestlin
Vimfow
Techentin
Goldberg
Zölkow
Langenhagen
Medow
Wendisch Waren
Sandhof
Hof Grabow
192
Mühlenhof
Lenschow
Sehlsdorf
Grambow
Diestelow
Neu Poserin
Kossebade
Herzberg
Brüz
Neuhof
Kressin
Klein Wangelin
Grebbin
Bahlenrade
Welzin
Benthen
Gallin
Granzin
Werder
Passow
Weisin
Daschow
Plauerh
Darze
Greven
Kuppentin
Ruthen

2 Seite 50–83
19
20
17
18
11
10
16
9
13
15
Grinau
Bliestorf
Rondeshagen
Klempau
Klein Sarau
Groß Sarau
Utecht
Schlagsülsdorf
Wendorf
Raddingsdorf
Löwitz
Rehna
Campow
Thandorf
Rieps
Neschow
Samkow
Klein Rünz
Groß Rünz
Carlow
Bülow
Brützkow
Wedendorf
Kirch Grambow
Köchelstorf
Nesow
Benzin
Groß Hundorf
Düchelsdorf
Berkenthin
Klein Disnack
Großer Ratzeburger See
Schlagsdorf
Schlagresdorf
Klein Molzahn
Groß Molzahn
Kuhlrade
Schaddingsdorf
Klocksdorf
Warnekow
Demern
Klinkrade
Göldenitz
Hollenbek
Einhaus
Kulpin
Bäk
Mechow
Römnitz
Schlagbrügge
Woitendorf
Röggelin
Dechow
Breesen
Meetzen
Neu Benzin
Buchholz
Passow
Duvensee
Bergrade
Niendorf bei Berkenthin
Behlendorf
Harmsdorf
Sankt Georgsberg
Ratzeburg
Ziethen
Neu Thurow
Groß Thurow
Klein Thurow
Roggendorf
Möllin
Gadebusch
Giesensdorf
Albsfelde
Kühsen
Neu Lankau
Mustin
Ganzow
Neubauhof
Panten
Ritzerau
Nusse
Lankau
Fredeburg
Dutzow
Schmilau
Kittlitz
Klein Salitz
Groß Salitz
Radegast
Wakenstädt
Poggensee
Mannhagen
Walksfelde
Marienwohlde
Salem
Kneese
Kneese Dorf
Krembz
Neuendorf
Pokrent
Alt Mölln
Mölln
Horst
Balau
Borstorf
Sterley
Seedorf
Schaalsee
Alt Steinbeck
Neu Steinbeck
Breitenfelde
Waldstadt
Rögnitz
Bentin
Stöllnitz
Badow
Renzow
Niendorf
Talkau
Lehmrade
Hollenbek
Groß Zecher
Lassahn
Neuenkirchen
Woltersdorf
Grambek
Dronnewitz
Tramm
Hornbek
Klein Zecher
Döbbersen
Boddin
Wotersen
Gudow
Boize
Testorf
Neuhof
Tessin
Raguth
Güster
Zarrentin am Schaalsee
Boissow
Pogreß
Roseburg
Göttin
Besenthal
Schadeland
Lüttow
Valluhn
Püttelkow
Groß Pampau
Klein Pampau
Siebeneichen
Müssen
Kölzin
Dreilützow
Fitzen
Langenlehsten
Luckwitz
Wittenburg
Gallin
Kogel
Dodow
Büchen
Nieklitz
Wölzow
Brothen
Schulendorf
Leisterförde
Greven
Lehsen
Bobzin
Witzeeze
Granzin
Tüschow
Camin
Wulfskuhl
Perdöhl
Lüttenmark
Bennin
Dalldorf
Zweedorf
Schwanheide
Heidekrug
Gresse
Beckendorf
Schildfeld
Rodenwalde
Goldenbow
Albertinenhof
Körchow
Granzin
Basedow
Marsow
Hagenow
Nostorf
Rensdorf
Klein Bengerstorf
Wiebendorf
Banzin
Kloddram
Schwaberow
Setzin
Tessin b. Boizenburg
Schwartow
Zahrensdorf
Vellahn
Steegen
Lanze
Bickhusen
Streitheide
Pätow
Lauenburg (Elbe)
Horst
Boizenburg (Elbe)
Dersenow
Dammereez
Jesow
Schwechow
Pritzier
Goldenitz
Warlitz
Neu Gülze
Bahlen
Barförde
Hittbergen
Wendewisch
Garlstorf
Brackede
Gothmann
Blücher
Brahlstorf
Pritzier Bahnhof
Radegast
Gülze
Besitz
Jürgenstorf
Langenheide
Redefin
Lüdersburg
Preten
Quassel
Gößlow
Rosenthal
Karze
Neu Jürgenstorf
Garze
Sückau
Garlitz/Meckl.
Brömsenberg
Neumühlen
Bleckeder Moor
Dellin
Lübtheen
Lübbendorf
Neu Neetze
Bleckede
Rosien
Probst Jesar
Stiepelse
Sumte
Gudow
Neu Lübtheen
Trebs
Neetze
Breetze
Neu Garge
Neuhaus
Jessenitz Werk
Jessenitz
Nindorf
Alt Garge
Viehle
Haar
Volzrade
Süttorf
Wennekath
Barskamp
Konau
Popelau
Stapel
Thomasburg
Walmsburg
Darchau
Benz
Alt Jabel
Hohen Woos
Ellringen
Köstorf
Katemin
Groß Kühren
Horndorf
Radenbeck
Neu Darchau
Vockfey
Gülitz Zeetze
Briest
Vielank
Rieckingen
Harmstorf
Dahlem
Schutschur
Pommau
Neu Jabel
Bavendorf
Marienau
Tosterglope
Glienitz
Laave
Ventschau
Drethem
Stixe
Dahlenburg
Eimstorf
Bohndorf
Karßen
Woosmer
Buendorf
Dumstorf
Nahrendorf
Wietzetze
Rassau
Tripkau
Aljarn
Becklingen
Pinnau
Gienau
Bitter
Wehningen
Eichdorf
Pommoissel
Eddelstorf
Oldendorf
Meudelfitz
Bohnenburg
Boitze
Lüben
Laake
Wilkenstorf
Harlingen
Raffatz
Rüterberg
Groß Thondorf
Hitzacker (Elbe)
Strachau
Rad
Niendorf I
Secklendorf
Strothe
Drögennottorf
Römstedt
Riskau
Breese in der Marsch
Himbergen
Streetz
208
207
104
24
195
5
216
191

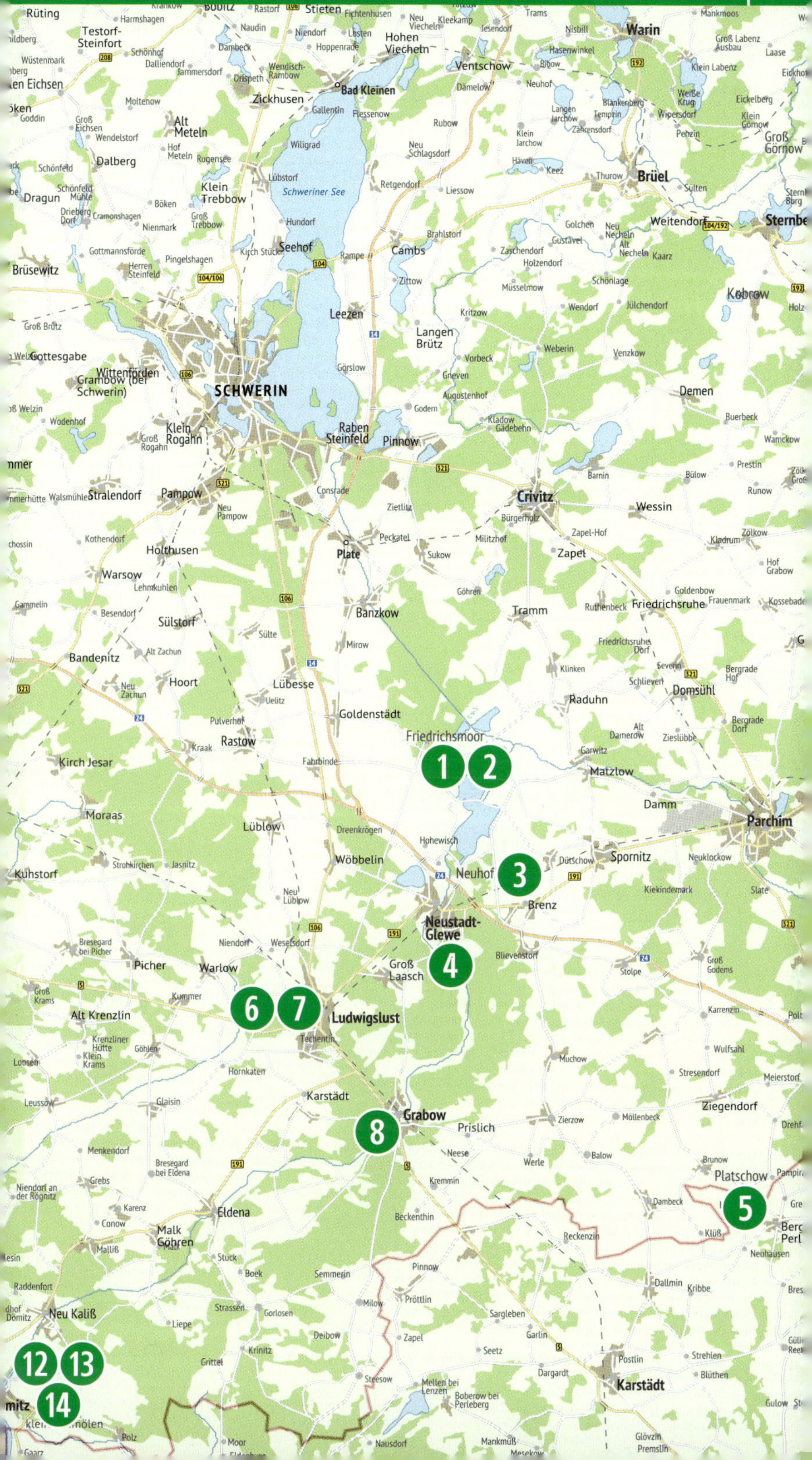
Rüting
Harmshagen
Testorf-Steinfort
Schönhof
Dalliendorf
Jammersdorf
Bobitz
Naudin
Dambeck
Rastorf
Stieten
Fichtenhusen
Niendorf
Losten
Hoppenrade
Neu Viecheln
Kleekamp
Hohen Viecheln
Jesendorf
Trams
Nisbill
Warin
Mankmoos
Groß Labenz Ausbau
Laase
Wüstenmark
Drispeth
Wendisch-Rambow
Zickhusen
Bad Kleinen
Ventschow
Hasenwinkel
Bibow
Klein Labenz
Moltenow
Gallentin
Flessenow
Damelow
Neuhof
Weiße Krug
Eickelberg
Goddin
Groß Eichsen
Wendelstorf
Alt Meteln
Wiligrad
Rubow
Langen Jarchow
Tempzin
Blankenberg
Wipersdorf
Klein Görnow
Zahrensdorf
Penzin
Groß Görnow
Hof Meteln
Rugensee
Neu Schlagsdorf
Klein Jarchow
Dalberg
Schönfeld
Häven
Keez
Thurow
Brüel
Lübstorf
Schönfeld Mühle
Dragun
Klein Trebbow
Schweriner See
Retgendorf
Liessow
Sülten
Böken
Drieberg Dorf
Cramonshagen
Nienmark
Groß Trebbow
Hundorf
Golchen
Neu Necheln
Weitendorf
Sternberg
Brahlstorf
Gustävel
Alt Necheln
Kaarz
Gottmannsförde
Kirch Stück
Seehof
Cambs
Zaschendorf
Holzendorf
Herren Steinfeld
Pingelshagen
Rampe
Brüsewitz
Zittow
Mühlen Eichsen
Müsselmow
Schönlage
Kobrow
Wendorf
Jülchendorf
Groß Brütz
Leezen
Kritzow
Langen Brütz
Gottesgabe
Weberin
Venzkow
Wittenförden
Grambow (bei Schwerin)
Görslow
Vorbeck
Gneven
Demen
SCHWERIN
Augustenhof
Godern
Groß Welzin
Wodenhof
Kladow
Gädebehn
Buerbeck
Klein Rogahn
Groß Rogahn
Raben Steinfeld
Pinnow
Wamckow
Prestin
Bülow
Barnin
Consrade
Walsmühlen
Stralendorf
Pampow
Crivitz
Runow
Neu Pampow
Zietlitz
Bürgerholz
Wessin
Kothendorf
Peckatel
Militzhof
Zapel-Hof
Zölkow
Kladrum
Holthusen
Plate
Sukow
Zapel
Hof Grabow
Warsow
Lehmkuhlen
Göhren
Goldenbow
Gammelin
Besendorf
Sülstorf
Banzkow
Tramm
Ruthenbeck
Friedrichsruhe
Frauenmark
Kossebade
Sülte
Mirow
Friedrichsruhe Dorf
Bandenitz
Alt Zachun
Klinken
Severin
Bergrade Hof
Neu Zachun
Hoort
Lübesse
Schlieven
Domsühl
Uelitz
Raduhn
Goldenstädt
Pulverhof
Bergrade Dorf
Alt Damerow
Zieslübbe
Kraak
Rastow
Friedrichsmoor
Garwitz
Kirch Jesar
Fahrbinde
Matzlow
Damm
Moraas
Parchim
Lüblow
Dreenkrögen
Hohewisch
Wöbbelin
Dütschow
Spornitz
Neuklockow
Strohkirchen
Jasnitz
Kuhstorf
Neuhof
Kiekindemark
Slate
Neu Lüblow
Brenz
Neustadt-Glewe
Bresegard bei Picher
Niendorf
Weselsdorf
Blievenstorf
Stolpe
Groß Godems
Picher
Warlow
Groß Laasch
Groß Krams
Kummer
Karrenzin
Alt Krenzlin
Ludwigslust
Techentin
Krenzliner Hütte
Klein Krams
Göhlen
Wulfsahl
Muchow
Loosen
Hornkaten
Stresendorf
Meierstorf
Leussow
Glaisin
Karstädt
Ziegendorf
Grabow
Zierzow
Möllenbeck
Prislich
Menkendorf
Neese
Balow
Bresegard bei Eldena
Werle
Brunow
Grebs
Kremmin
Platschow
Niendorf an der Rögnitz
Karenz
Dambeck
Eldena
Beckenthin
Conow
Malk Göhren
Reckenzin
Klüß
Mallië
Neuhausen
Stuck
Pinnow
Raddenfort
Boek
Semmerin
Dallmin
Kribbe
Milow
Prötllin
Strassen
Gorlosen
Neu Kaliß
Sargleben
Liepe
Garlin
Deibow
Zapel
Krinitz
Seetz
Postlin
Strehlen
Grittel
Dargardt
Blüthen
Steesow
Mellen bei Lenzen
Karstädt
Boberow bei Perleberg
Gulow
Polz
Moor
Nausdorf
Mankmuß
Glövzin
Premslin
1
2
3
4
5
6
7
8
12
13
14

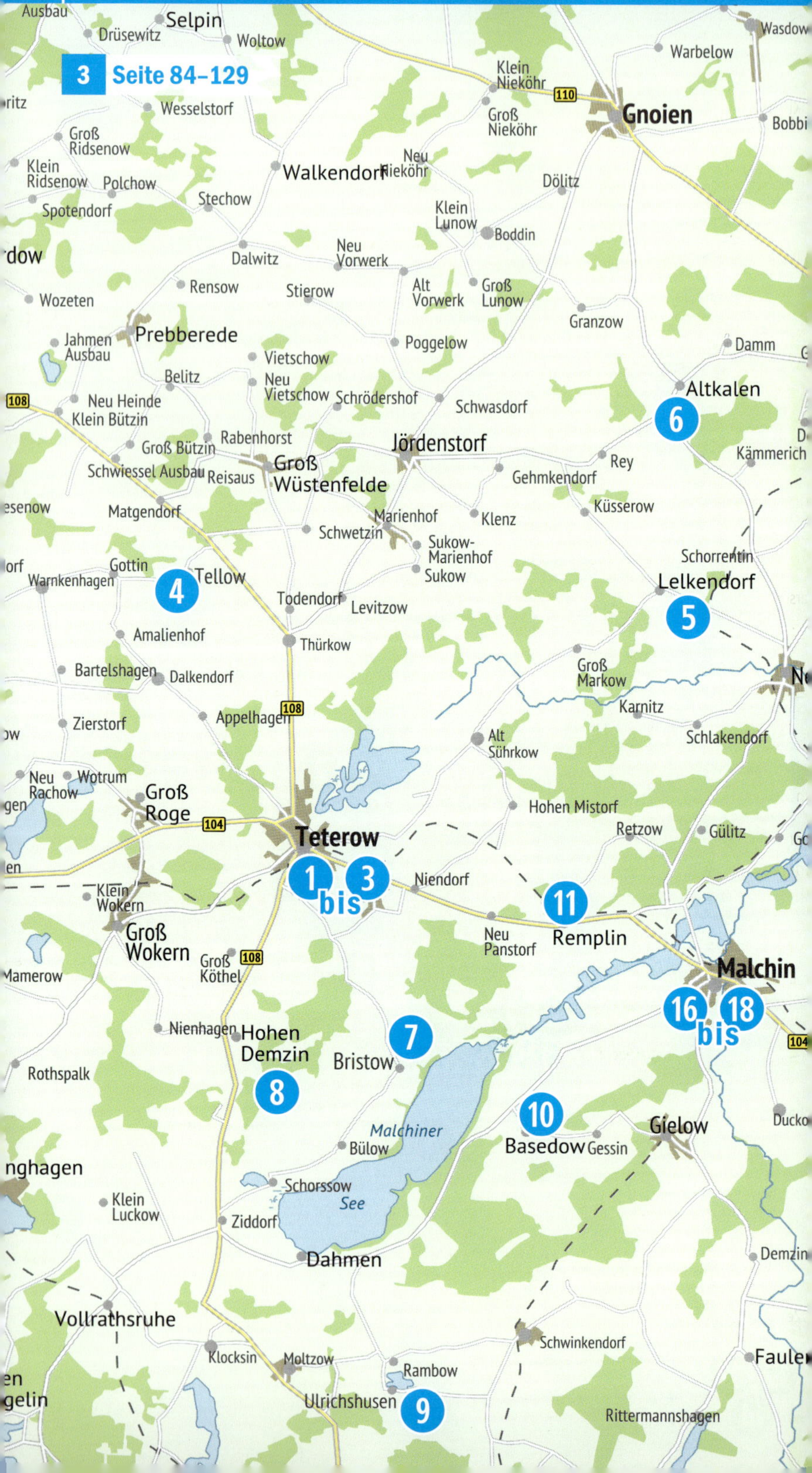
3 Seite 84–129
Ausbau
Selpin
Drüsewitz
Woltow
Wasdow
Warbelow
Klein Nieköhr
110
Gnoien
Groß Nieköhr
Bobbi
Wesselstorf
Groß Ridsenow
Klein Ridsenow
Polchow
Walkendorf
Neu Nieköhr
Dölitz
Stechow
Spotendorf
Klein Lunow
Boddin
Dalwitz
Neu Vorwerk
Rensow
Stierow
Alt Vorwerk
Groß Lunow
Wozeten
Granzow
Prebberede
Jahmen Ausbau
Poggelow
Damm
Vietschow
Belitz
Neu Vietschow
Schrödershof
Schwasdorf
Altkalen
108
Neu Heinde
Klein Bützin
6
Rabenhorst
Jördenstorf
Kämmerich
Groß Bützin
Groß Wüstenfelde
Rey
Schwiessel Ausbau
Reisaus
Gehmkendorf
Matgendorf
Küsserow
Marienhof
Klenz
Schwetzin
Sukow-Marienhof
Schorrentin
Gottin
Sukow
Warnkenhagen
4
Tellow
Lelkendorf
Todendorf
Levitzow
5
Amalienhof
Thürkow
Bartelshagen
Dalkendorf
Groß Markow
Karnitz
108
Appelhagen
Zierstorf
Schlakendorf
Alt Sührkow
Neu Rachow
Wotrum
Groß Roge
Hohen Mistorf
104
Teterow
Retzow
Gülitz
1 bis 3
Niendorf
Klein Wokern
11
Neu Panstorf
Remplin
Groß Wokern
Groß Köthel
108
Malchin
Mamerow
16 bis 18
Nienhagen
Hohen Demzin
7
104
Bristow
Rothspalk
8
10
Malchiner See
Gielow
Ducko
Bülow
Basedow
Gessin
Klein Luckow
Schorssow
Ziddorf
Dahmen
Demzin
Vollrathsruhe
Schwinkendorf
Klocksin
Moltzow
Rambow
Ulrichshusen
9
Rittermannshagen

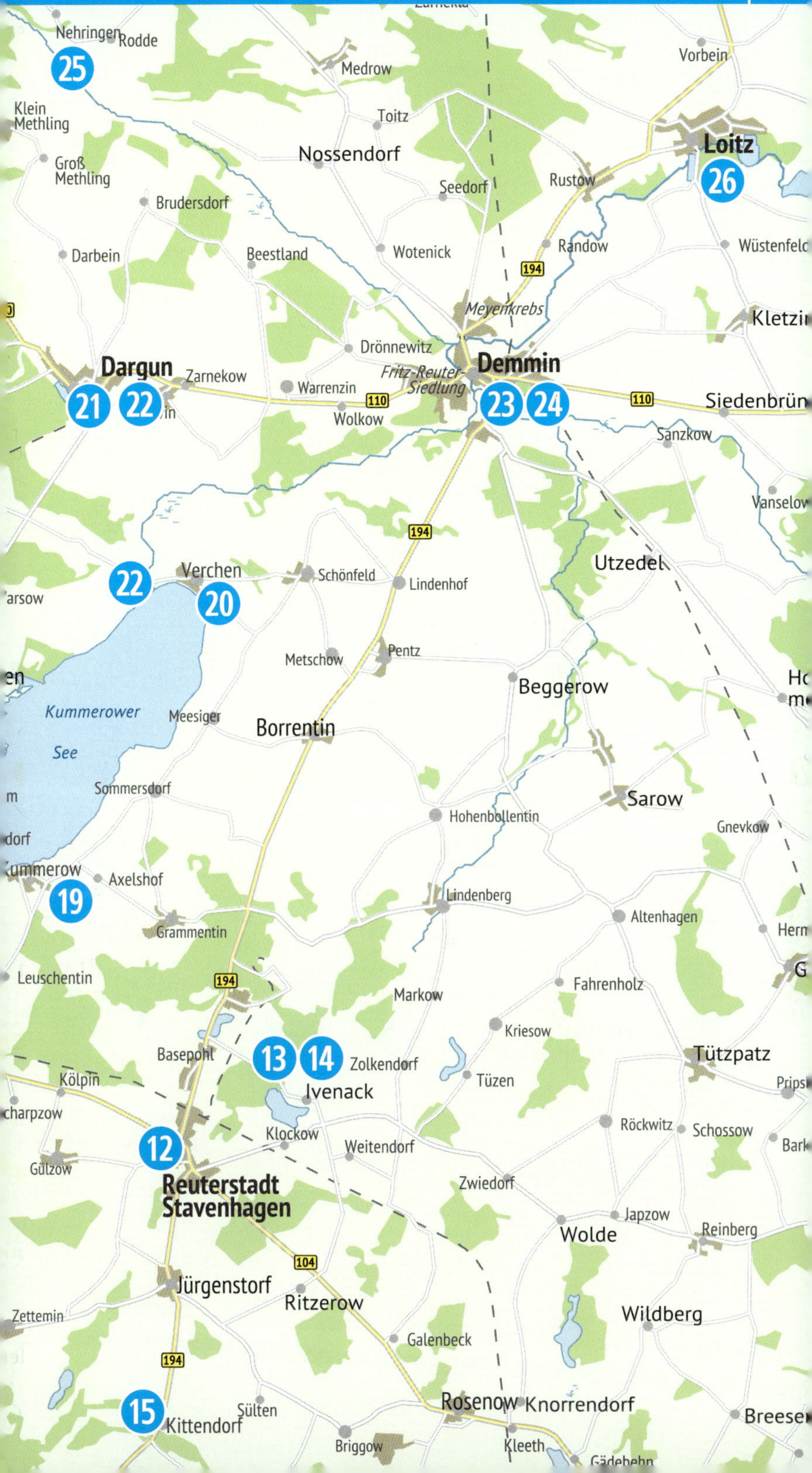

Nehringen
Rodde
25
Medrow
Vorbein
Klein Methling
Toitz
Loitz
Groß Methling
Nossendorf
26
Seedorf
Rustow
Brudersdorf
Randow
Wüstenfeld
Darbein
Beestland
Wotenick
194
Meyenkrebs
Kletzin
Dargun
Drönnewitz
Demmin
Zarnekow
Fritz-Reuter-Siedlung
Warrenzin
21
22
110
23
24
110
Siedenbrün
Wolkow
Sanzkow
Vanselow
194
Utzedel
22
Verchen
Schönfeld
Lindenhof
20
Metschow
Pentz
Beggerow
Kummerower See
Meesiger
Borrentin
Sommersdorf
Sarow
Hohenbollentin
Gnevkow
Axelshof
19
Lindenberg
Altenhagen
Grammentin
Leuschentin
194
Fahrenholz
Markow
Kriesow
Basepohl
13
14
Zolkendorf
Tützpatz
Kölpin
Tüzen
Ivenack
Klockow
Röckwitz
Schossow
12
Weitendorf
Gülzow
Zwiedorf
Reuterstadt Stavenhagen
Japzow
Wolde
Reinberg
104
Jürgenstorf
Ritzerow
Zettemin
Wildberg
Galenbeck
194
Rosenow
Knorrendorf
15
Sülten
Kittendorf
Briggow
Kleeth

4 Seite 130–173
Krakow am See
Plau am See
Malchow
Goldberg
Dobbertin
Meyenburg
Pritzwalk
Wittstock (Dosse)
Röbel (Müritz)
Heiligengrabe
Plauer See
Krakower See
Kölpinsee
Goldberger See
Malchiner See
Linstow
Alt Schwerin
Nossentiner Hütte
Damerow
Klink
Stuer
Ganzlin
Gnevsdorf
Bollewick
Wredenhagen
Karow
Dobbin
Hohen Wangelin
Vollrathsruhe
Langhagen
Kuchelmiß
Zehna
Lohmen
Jabel
Sietow
Göhren-Lebbin
Bütow
Gallin
Kritzow
Wendisch Priborn
Halenbeck-Rohlsdorf
Gerdshagen
Triglitz
Grabowhöfe
Dahmen
Bristow
Hohen Demzin
19
17
18
16
10
14
15
20 bis 22
23
24
25
13
12

Markow
Kriesow
Tützpatz
Rosema
104
Basepohl
Zolkendorf
Kölpin
Ivenack
Tüzen
Pripsleben
Gielow
Duckow
Scharpzow
Klockow
Röckwitz
Schossow
Loickenzin
sedow
Gessin
Weitendorf
Barkow
Gülzow
Alten
Reuterstadt
Stavenhagen
Zwiedorf
Japzow
Wolde
Reinberg
104
Demzin
Jürgenstorf
Ritzerow
Zettemin
Wildberg
Schwinkendorf
Galenbeck
Groß
Teetzle
Faulenrost
194
Rosenow
Knorrendorf
Sülten
Breesen
Rittermannshagen
Kittendorf
Briggow
Kleeth
Gädebehn
Kalübbe
Lebbin
Lansen
Hungerstorf
Pinnow
Wogge
Luplow
Schwandt
104
Groß
Gievitz
Alt Schönau
Mölln
(Mecklenburg)
Chemnitz
Zirzow
Lehsten
Blankenhof
Torgelow
am See
194
Wrodow
Gevezin
Weitin
NEUBR
Neu-
Schloen
Schloen
Groß
Plasten
Lapitz
Passentin
Wulkenzin
10
Klein
Plasten
Groß Lukow
Klein
Lukow
Neuendorf
Möllenhagen
Mallin
Marihn
192
Linde
96
Waren (Müritz)
Groß Dratow
Krukow
Neu
Rhäse
Lindenberg
Ave
Tollense-
see
1
4
bis
Federow
Wendorf
6
8
bis
Mollenstorf
Penzlin
Bocksee
Lübkow
Alt Rehse
Friedrichsfelde
Ankershagen
Werder
Siehdichum
Klein
Nemerow
Row
9
Groß Vielen
Wustrow
193
Groß
Nemerow
Zippelow
8
Pieverstorf
Klein
Vielen
Lieps
Hohenzieritz
ritz
Peckatel
Usadel
Kratzeburg
96
10
Blumenholz
Rudow
Thurow
Zierker
See
elow
Neustrelitz
Zietlitz
Blankenförde
198
Kakeldütt
5
Carpin
Zinow
4
Schillersdorf
Rechlin
Roggentin
Userin
11
Strelitz-
Alt
Qualzow
198
Useriner
Mühle
96
Granzow
Klein
Quassow
Fürstensee
Herzwolde
Leussow
198
Klein
Trebbow
Wesenberg
Mirow
198
Wokuhl
Starsow
122
Comthurey
Peetsch
Ahrensberg
Godendorf
Johannesruh
Dabelow
Drosedow
Schwarz
Altthymen
Wustrow
Neu Canow
Fleeth
Priepert
96
Neuthymen
Zempow
Strasen
Dierzitz
Canow
Großmenow
Luhme
Großzerlang
Kleinzerlang
Steinförde
Fürstenberg
(Havel)
Himmelpfort
Flecken
Zechlin
Zechlinerhütte
Dagow
Neuglobsow
Zootzen
Dorf
Zechlin
122
Kagar
Feldgrieben
Altglobsow
96
Bredere

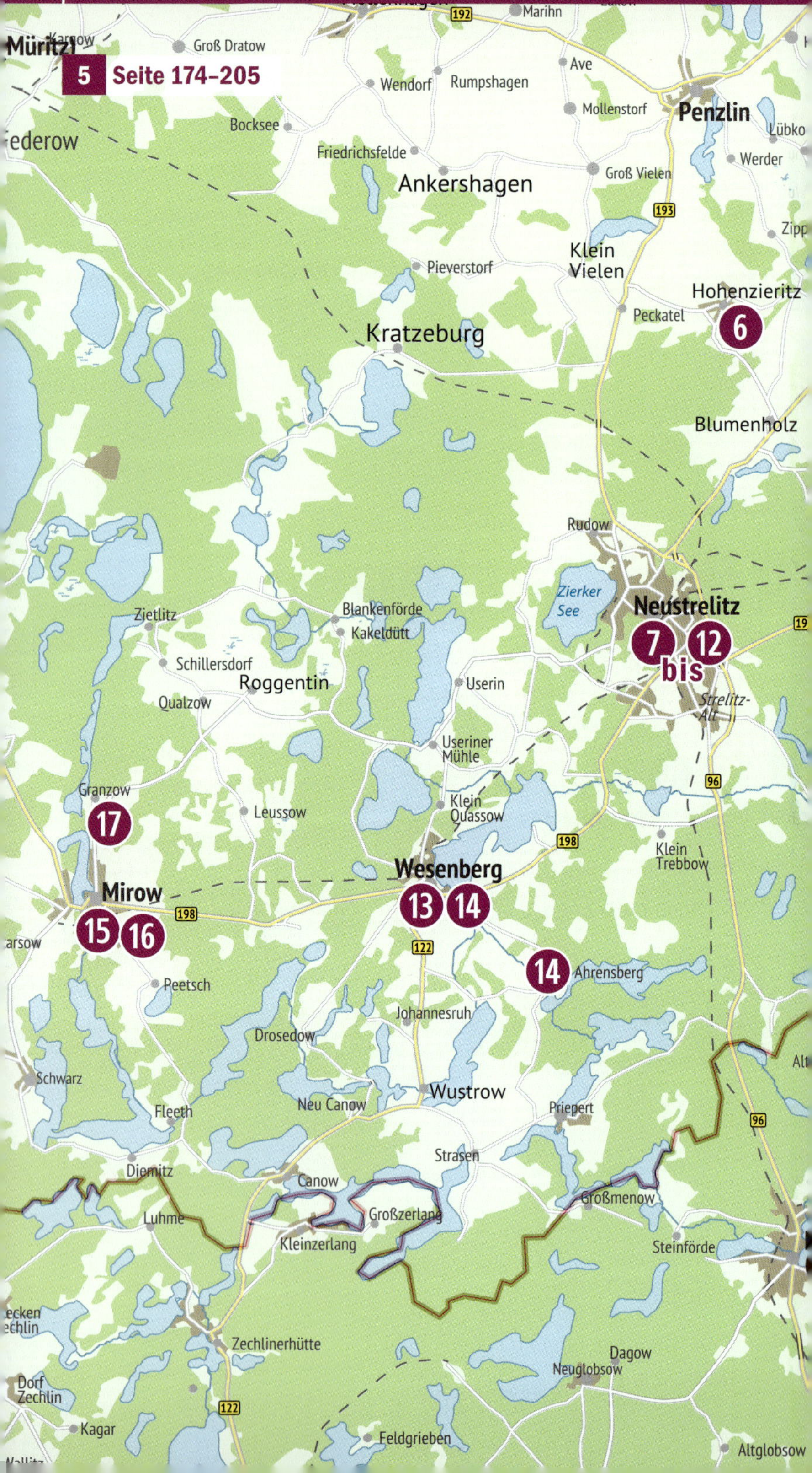
Müritz
5 Seite 174–205
Groß Dratow
Marihn
Ave
192
Wendorf
Rumpshagen
Mollenstorf
Penzlin
Lübko
Bocksee
Friedrichsfelde
Werder
Ankershagen
Groß Vielen
193
Pieverstorf
Klein Vielen
Hohenzieritz
6
Peckatel
Kratzeburg
Blumenholz
Rudow
Zierker See
Neustrelitz
7 bis 12
Zietlitz
Blankenförde
Kakeldütt
Schillersdorf
Roggentin
Userin
Qualzow
Strelitz-Alt
Useriner Mühle
96
Granzow
17
Leussow
Klein Quassow
198
Klein Trebbow
Wesenberg
13
14
Mirow
198
15
16
122
14
Ahrensberg
Peetsch
Johannesruh
Drosedow
Schwarz
Wustrow
Fleeth
Neu Canow
Priepert
96
Strasen
Diemitz
Canow
Großmenow
Luhme
Großzerlang
Kleinzerlang
Steinförde
Zechlinerhütte
Dorf Zechlin
Dagow
Neuglobsow
122
Kagar
Feldgrieben
Altglobsow

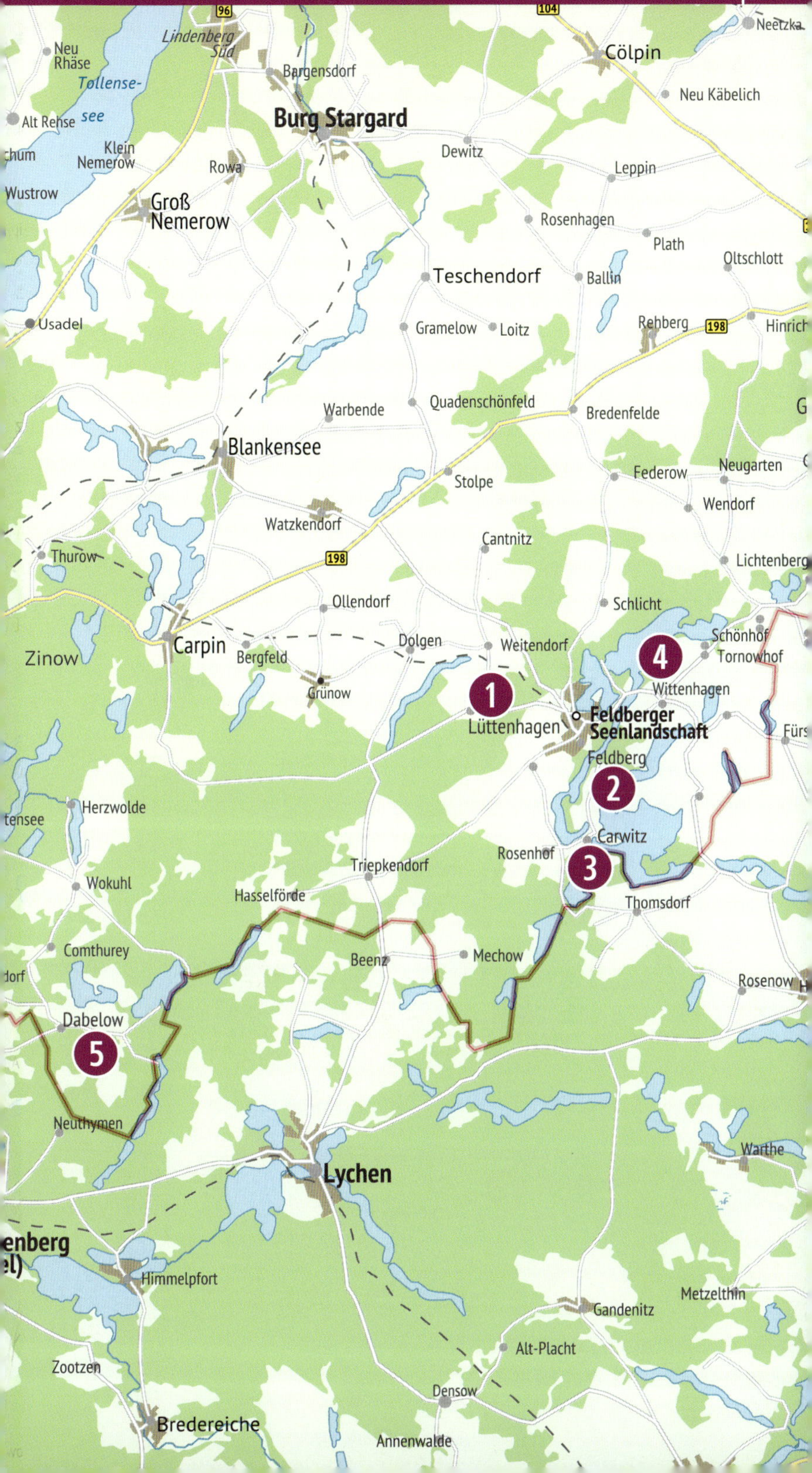
96
104
Neetzka
Lindenberg Süd
Neu Rhäse
Bargensdorf
Cölpin
Tollense-see
Neu Käbelich
Alt Rehse
Burg Stargard
Klein Nemerow
Dewitz
Rowa
Leppin
Wustrow
Groß Nemerow
Rosenhagen
Plath
Oltschlott
Teschendorf
Ballin
Usadel
Gramelow
Loitz
Rehberg
198
Hinrich
Warbende
Quadenschönfeld
Bredenfelde
Blankensee
Federow
Neugarten
Stolpe
Wendorf
Watzkendorf
Cantnitz
Thurow
198
Lichtenberg
Ollendorf
Schlicht
Schönhof
Carpin
Dolgen
Weitendorf
Tornowhof
Zinow
Bergfeld
4
Grünow
1
Wittenhagen
Lüttenhagen
Feldberger Seenlandschaft
Feldberg
2
Herzwolde
Carwitz
Rosenhof
3
Triepkendorf
Wokuhl
Hasselförde
Thomsdorf
Comthurey
Beenz
Mechow
Rosenow
Dabelow
5
Neuthymen
Warthe
Lychen
Himmelpfort
Metzelthin
Gandenitz
Alt-Placht
Zootzen
Densow
Bredereiche
Annenwalde

6 Seite 206–251
Sarow
Letzin
Golchen
Neuendorf B
Janow
Klempenow
Burow
11
15
Altenhagen
Hermannshöhe
Seltz
Gültz
Weltzin
Fahrenholz
Rosemarsow
Mühlenhagen
Siedenbollentin
Tützpatz
Pripsleben
Werder
Grapzow
Röckwitz
Schossow
Barkow
Loickenzin
Altentreptow
9
10
Grischow
Japzow
Wolde
Reinberg
20
Brunn
Ganzkow
Wildberg
Rogge
Neddemin
Groß Teetzleben
Hohenmin
Rossow
Knorrendorf
Breesen
Staven
Gädebehn
Kalübbe
Lebbin
Podewall
Buchhof
Neverin
Glocksin
Pinnow
Woggersin
Trollenhagen
104
Möllin (Mecklenburg)
Chemnitz
Zirzow
Ihlenfeld
Neuenkirchen
Blankenhof
Warlin
Wrodow
Gevezin
Weitin
NEUBRANDENBURG
1 bis 8
Sponholz
Lapitz
Passentin
Wulkenzin
Neuendorf
Carlshöhe
Pragsdorf
Mallin
Lindenberg
96
104
8
Lindenberg Süd
Krukow
Neu Rhäse
Tollense-see
Bargensdorf
Penzlin
12
Lübkow
Alt Rehse
Burg Stargard
13
14
Dewitz
Werder
Siehdichum
Klein Nemerow
Rowa
Wustrow
Groß Nemerow
Rosenhagen
Zippelow
Lieps
Teschendorf
Hohenzieritz
Usadel
Gramelow
Loitz
96
Quadenschönfeld
Warbende
Blumenholz
Blankensee

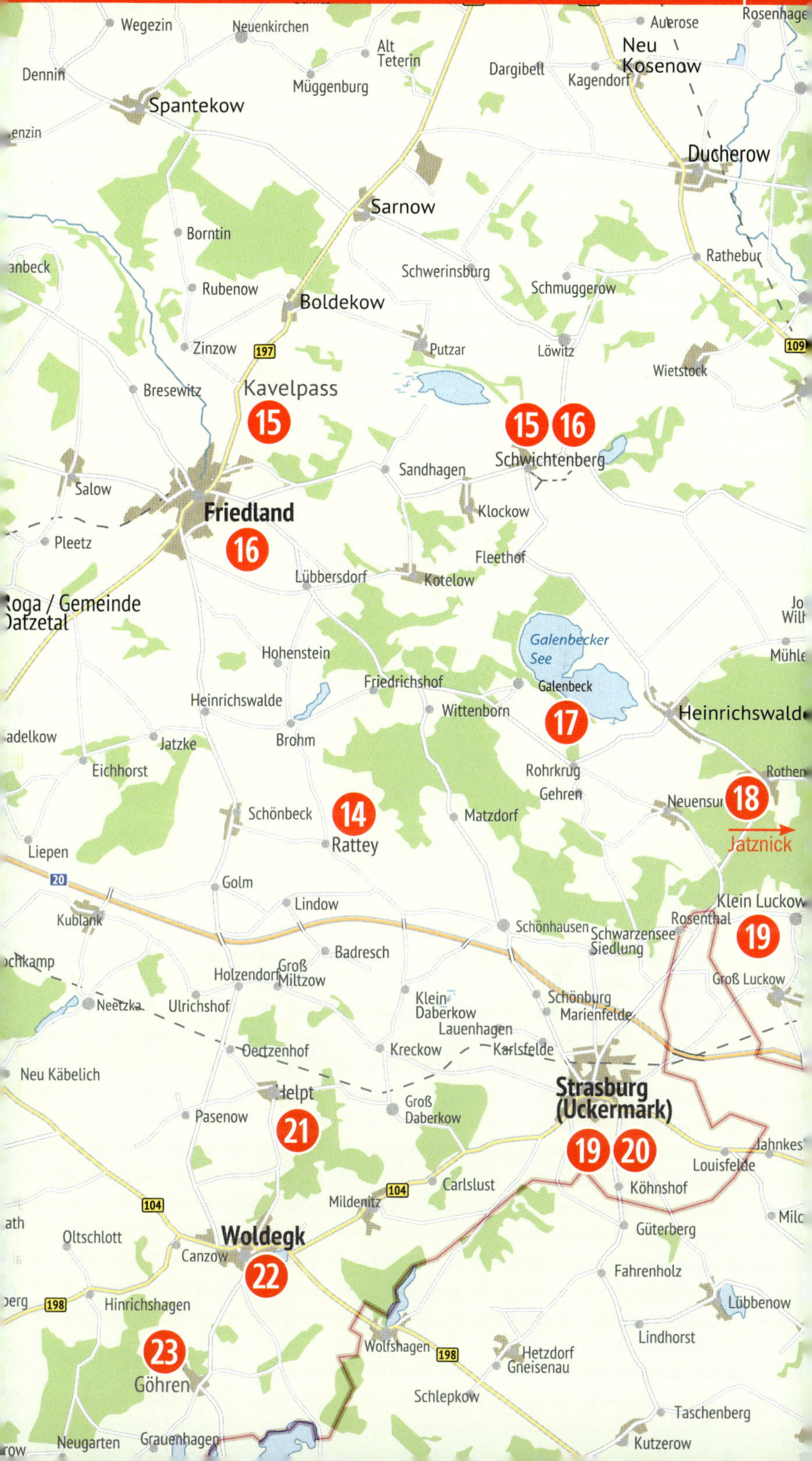
Wegezin
Neuenkirchen
Alt Teterin
Auerose
Rosenhage
Neu Kosenow
Dennin
Müggenburg
Dargibell
Kagendorf
Spantekow
Ducherow
Sarnow
Borntin
Rathebur
Schwerinsburg
Schmuggerow
Rubenow
Boldekow
Putzar
Löwitz
Zinzow
197
109
Wietstock
Bresewitz
Kavelpass
15
15
16
Schwichtenberg
Sandhagen
Salow
Klockow
Friedland
16
Pleetz
Fleethof
Lübbersdorf
Kotelow
Roga / Gemeinde Datzetal
Galenbecker See
Hohenstein
Mühle
Friedrichshof
Galenbeck
Heinrichswalde
Wittenborn
17
Heinrichswalde
Jatzke
Brohm
Eichhorst
Rohrkrug
Gehren
Rothen
Neuensun
18
Schönbeck
14
Rattey
Matzdorf
Jatznick
Liepen
20
Golm
Lindow
Klein Luckow
Kublank
Schönhausen
Schwarzensee Siedlung
Rosenthal
19
Badresch
Holzendorf
Groß Miltzow
Groß Luckow
Neetzka
Ulrichshof
Klein Daberkow
Schönburg
Marienfelde
Lauenhagen
Oertzenhof
Kreckow
Karlsfelde
Neu Käbelich
Helpt
Groß Daberkow
Strasburg (Uckermark)
Pasenow
21
19
20
Jahnkes
Louisfelde
Carlslust
Köhnshof
104
104
Mildenitz
Woldegk
Oltschlott
Canzow
Güterberg
22
Fahrenholz
198
Hinrichshagen
Lübbenow
Lindhorst
23
Wolfshagen
198
Hetzdorf
Gneisenau
Göhren
Schlepkow
Taschenberg
Neugarten
Grauenhagen
Kutzerow

Kleine Chronik von Mecklenburg-Vorpommern

8000 v. u. Z.
Mittelsteinzeitliche Siedlungen

3000 v. u. Z.
Jungsteinzeitliche Trichterbecherkultur

600 v. u. Z. bis 6. Jh.
Siedlung germanischer Stämme an der Ostseeküste

4. bis 6./7. Jh.
Abzug der Germanen, Besiedlung durch slawische Stämme

10. Jh.
Eroberungszüge des deutschen Königs Heinrich I. und Unterwerfung der Slawen

um 983
Großer Slawenaufstand, Ende der deutschen Herrschaft östlich der Elbe

um 995
Urkundliche Ersterwähnung der Mikelenburg (nach ihr ist Mecklenburg benannt) im heutigen Dorf Mecklenburg südlich von Wismar

1124/1128
Missionsreisen von Bischof Otto von Bamberg ins heidnische Pommern

1147
Wendenkreuzzug: Herrschaftsansprüche von Heinrich dem Löwen und Albrecht dem Bär; Angriff von Albrecht dem Bären auf Pommernherzog Ratibor I., Unterwerfung der Slawen

1153
Gründung des ersten pommerschen Klosters in Stolpe bei Anklam

1160
Tod des Obodritenfürsten und Stammvaters des Hauses Mecklenburg Niklot, Sieg von Sachsenherzog Heinrich dem Löwen, Gründung Schwerins

um 1167
Belehnung Pribislaws, Sohn Niklots, als Fürst von Mecklenburg durch Heinrich den Löwen

1171
Gründung des ersten mecklenburgischen Klosters Althof (später Doberan)

1179
Letzter großer Slawenaufstand in Mecklenburg

ab 1200
Deutsche Siedler aus Westfalen, Niedersachsen, Friesland und Holstein

1229
Erste mecklenburgische Hauptlandesteilung: Mecklenburg, Rostock, Parchim-Richenberg, Werle-Güstrow

Ende 13. Jh.
Entstehung der Hanse, Beitritt von Wismar, Stralsund, Greifswald, Anklam und Demmin

1295
Aufteilung Pommerns in die Linien Stettin und Wolgast

1325/1327
Erlöschen des Fürstenhauses Rügen, Rügen kommt zu Pommern-Wolgast

1523
Zusammenschluss von Ritterschaft, Städten und Klerus zur Union der mecklenburgischen Landstände

1534
Einführung der Reformation durch Herzog Philipp I. von Pommern-Wolgast

1549
Bekenntnis des Sternberger Landtags zur Lehre Luthers

1621
Zweite mecklenburgische Hauptlandesteilung: Herzogtümer Mecklenburg-Schwerin und Mecklenburg-Güstrow

1618 bis 1648
Dreißigjähriger Krieg

1625
Aussterben der Herzogfamilie Pommern-Wolgast, Wiedervereinigung Pommerns unter Führung des Hauses Stettin

1627 bis 1631
Wallensteins Truppen in Mecklenburg

1630
Landung der Schweden in Pommern

1637
Aussterben des pommerschen Herzoghauses, Erbansprüche Brandenburgs

1648
Westfälischer Frieden: Wismar, Amt Neukloster und Insel Poel werden schwedisch, Mecklenburg-Schwerin erhält die säkularisierten Bistümer Schwerin und Ratzeburg, Vorpommern und Rügen fallen an Schweden.

1695
Erlöschen der Linie Mecklenburg- Güstrow

1701
Hamburger Vergleich/Dritte Hauptlandesteilung: Entstehung der Herzogtümer Mecklenburg-Schwerin mit Schwerin und Mecklenburg-Strelitz (einschließlich der Exklave Ratzeburg) mit Neustrelitz als Residenzen

1720
Frieden von Stockholm/Aufteilung Vorpommerns: Rügen und das Gebiet nördlich der Peene bleiben schwedisch, die südliche Region mit Anklam, Demmin, Pasewalk, Stettin sowie den Inseln Usedom und Wollin fällt an Preußen.

1815
Wiener Kongress: Die mecklenburgischen Herzogtümer werden zu Großherzogtümern, Rügen und der schwedische Teil Vorpommerns kommen zu Preußen.

1871
Mecklenburg und Vorpommern (als Teil der preußischen Provinz Pommern) werden Teilstaaten des deutschen Reiches.

um 1900
Agrarische Prägung: 50 Prozent der mecklenburgischen Bevölkerung (700 000 Einwohner) lebt von der Landwirtschaft.

1903
Verzicht Schwedens auf Wismar, Neukloster und Poel

1918/1919
Novemberrevolution: Mecklenburg-Schwerin und Mecklenburg-Strelitz werden bürgerlich-demokratische Freistaaten, Vorpommern verbleibt bis 1945 in der preußischen Provinz Pommern.

1934
Unter den Nationalsozialisten Vereinigung der beiden Freistaaten zum Land Mecklenburg mit Schwerin als Regierungssitz

1939 bis 1945
Zweiter Weltkrieg: Flächenbombardierungen der Alliierten auf die Standorte der Werft- und Rüstungsindustrie Wismar, Rostock und Stralsund, Zerstörung von Innenstädten vor allem im Osten des heutigen Mecklenburg-Vorpommern beim Vormarsch der Roten Armee

1945
Besetzung Mecklenburgs durch Truppen der Roten Armee und britische Einheiten, Rückzug der Briten, Bildung der Sowjetischen Militäradministration unter Einschluss Vorpommerns (des Teils der preußischen Provinz Pommern, der laut Potsdamer Abkommen nicht unter polnische Hoheit fällt), deutsche Verwaltung des Landes ab Juli

1945/46
2,1 Millionen Einwohner, davon 40 Prozent Flüchtlinge aus dem Osten; Enteignung von Industriebetrieben, Bodenreform, Schulreform

1946/1947
Wahl des ersten Landtags von Mecklenburg-Vorpommern mit Sitz in Schwerin, ab 1947 Land Mecklenburg, um das Wort Pommern und damit einen namentlichen Bezug zu den Gebieten östlich der Oder zu vermeiden

1949
Gründung der DDR

1952
Auflösung des Landes Mecklenburg und Gründung der drei Bezirke Rostock, Schwerin und Neubrandenburg; entlang der Küste der Bezirk Rostock mit der Hafen- und Industriestadt Rostock als Sitz der Verwaltung, im Westen der Bezirk Schwerin und im Osten der Bezirk Neubrandenburg mit den gleichnamigen Städten als administrative Zentren

1989/1990
Fall der Mauer und Beitritt der DDR zur Bundesrepublik Deutschland, Neugründung des Bundeslandes Mecklenburg-Vorpommern mit Schwerin als Landeshauptstadt

Plattdeutsch für Einsteiger

Mus, Hus, wat, dat, Katt (Maus, Haus, was, das, Katze) – im Urlaubsland Mecklenburg-Vorpommern wird neben einem sauberen Hochdeutsch vor allem auf dem Land noch das Niederdeutsch oder auch Plattdütsch (Plattdeutsch) gesprochen. Es ist eine Regionalsprache, die in Norddeutschland von insgesamt rund 2,5 Millionen Menschen aktiv beherrscht und in Mecklenburg-Vorpommern von etwa 75 Prozent der Bevölkerung zumindest verstanden wird. Nach Jahren des nachlassenden Interesses an dieser »Fremdsprache« nimmt gegenwärtig die Freude daran wieder zu. Gäste werden mit Gauden Dach (Guten Tag) begrüßt und mit einem freundlichen Tschüss oder Tschüssing verabschiedet.

* * *

Seine Hochzeit hatte Plattdeutsch während der mittelalterlichen Hanse-Jahre, als man sich damit rund um die Ostsee und darüber hinaus verständigte. Die Verwandtschaft mit dem Englischen, einigen skandinavischen Sprachen und dem Niederländischen ist offensichtlich. Im norddeutschen Sprachraum setzte sich später das Hochdeutsch – ausgehend von den Amtsstuben – in breiten gesellschaftlichen Schichten durch. Plattdeutsch blieb jedoch die Alltagssprache der sogenannten kleinen Leute.

* * *

Mecklenburg-Vorpommern, wo das mecklenburgisch-vorpommersche und das mittelpommersche Platt gesprochen wird, steht in der Tradition berühmter niederdeutscher Schriftsteller. Fritz Reuter schrieb mit seinen Büchern einst Bestseller über Bestseller und erreichte damit die Menschen in Stadt und Land. In ihnen gibt es viele aphoristische Sätze, die sich wie für die Gegenwart erdacht lesen, so auch: Wenn 't kümmt, denn kümmt 't mit Hupen! (Wenn es kommt, dann kommt es haufenweise! Aus »Schurr-Murr«) oder: Narens geih 't doch narscher tau, as in de Welt. (Nirgends geht es doch närrischer zu als in der Welt. Aus »Ut mine Stromtid«)
Auch der in Mecklenburg-Vorpommern beliebte Plattdeutsch-Dichter Rudolf Tarnow, der launige Verse über das Leben des Landschullehrers »Köster Klickermann« verfasste, hinterließ mit seinen »Ringelranken«-Gedichten allzeit gültige Lebensweisheiten wie: Mötst di nich argern, hett keinen Wiert, mötst di blot wunnern, wat all passiert. (Du musst dich nicht ärgern, das hat keinen Wert, du

musst dich nur wundern, was alles passiert.) und: Kort is dien Läben un lang büst du dod, Minsch, blot nich argern, ne, lachen deiht gaud. (Kurz ist dein Leben, lange bist du tot, Mensch, ärgere dich bloß nicht, lachen tut gut.)

* * *

Plattdeutsch ist eine freundliche Sprache, eine Sprache mit »runden Ecken«, wie es landläufig heißt. So manches auf Hochdeutsch grob Klingende hört sich up Platt (auf Plattdeutsch) gar nicht so schlimm an, etwa Mien Schieter (Mein Sch...r) oder sogar Klei me ann Mors (Kratz mich am A...). Und Bummelbian für Anhängsel oder fünftes Rad am Wagen klingt sogar reizend.
Über die Jahre haben sich neue Begriffe eingebürgert, die das Humorvolle des Niederdeutschen weiterführen, so zum Beispiel der Ackerschnacker (Mobiltelefon) und der Dans up de Deel (Disco).

* * *

Man muss ja nicht gleich zum richtigen Plattschnacker (Plattdeutsch Sprechender) werden, aber für ein paar Worte sind die meisten plietsch (klug, gewitzt) genug, zumal wenn es um das Äten (Essen) geht. So heißen hier typische Gerichte up Platt:

Milchsuppe mit Klüten – Melksupp mit Klüten
Hühnersuppe – Häuhnersupp
Eintopf – Mangkokt Äten
Schweinsrippenbraten – Swinrippenbraden
Entenbraten – Aaantenbraden
Sauer eingekochtes Gänsefleisch – Wittsuergausfleisch
Spiegeleier – Bradei
Apfelpfannkuchen – Appelpannkauken
Pellkartoffeln – Pölltüfften
Kartoffelpüree – Maustüfften
Heringskartoffeln – Hiringstüfften
Bauernfrühstück – Bradtüfften mit mangrögt Eier
Weißkohlsuppe – Klöwkohl
Erbsen und Mohrrüben – Arwten un Wörtel
Kohlrüben, Wrucken – Steckräuben
Grüne Heringe, gebraten – Braden gräun Hiring
Gekochter Dorsch – Kak't Dösch
Hecht in Petersiliensoße – Hääkt in Peitersillsoß
Grütz-, Blut-, Leberwurst – Grütt-, Blaut-, Läwerwuust
Schweinskopfsülze – Sülz von Snuten un Poten
Kuchen/Blechkuchen – Kauken/Platenkauken
Pfannkuchen – Schmoltkauken mit Plummenmaus
Schlagsahne – Schlackermaschüü
Erdbeeren – Ierdbiern

Sicher ist: Bei Schlackermaschüü un Ierdbiern lässt sick dat kommodig maken (es sich gemütlich machen).

Ortsregister

Personenregister

Sachregister

Bildnachweis

Fotos von Christine Stelzer, außer:

airwatching.de, Bert Zander S. 98
Borrmann, Klaus S. 176 o.
Brandt, Jürgen S. 13 o.
Braun, Winfried S. 219 u. r.
Bücherhotel/Gutshotel Groß Breesen S. 49 (o. l.)
Droese, Lars S. 245
Elefantenhof Platschow S. 57
Festspiele MV © FMV S. 65
Festspiele MV © Monika Lawrenz S. 60
Fotolia/Carl-Juergen Bautsch S. 149
Fotolia/Gerhard1302 S. 79
Fotolia/Martin Beitz S. 40 u. r.
Fotolia/Martina Berg S. 148
Fotolia/nmann77 S. 77 o.
Fotolia/Waldukat S. 137
FRLM, Andy Flischikowsky (FlischPic) S. 104 (beide)
Gertz, Torsten S. 112 o. r., 112 u., 113 o.
Hans-Fallada-Archiv Carwitz S. 179 u.
Holmer, Johannes S. 94
Kulturquartier Mecklenburg-Strelitz, Repro: A. Seveke S. 187
Kulturquartier Mecklenburg-Strelitz/Bernd Lasdin S. 185
Kulturquartier Mecklenburg-Strelitz/Roman Vitt S. 186 u. l., 186 u. r.
Landgestüt Redefin S. 64
Lasdin, Bernd S. 217 u. r., 220 u.
Literaturzentrum Neubrandenburg/Goguel, Lydia S. 219 u. l.
Mühlenchemie GmbH & Co. KG S. 68
Müritzeum S. 131, 132 (beide)
Ruppelt, Martin S. 10
Schmidt, Stefan S. 224 u., 232 (beide), 233 (beide)
Seenfischerei Obere Havel e.G., Homepage: www.fischerei-wesenberg.de S. 199 o.
Spillner und Herfurth S. 227 (beide)
Stelzer, Christian S. 150 u. l., 150 u. r., 159 (drei), S. 236 o.
Theater und Orchester GmbH Neubrandenburg/Neustrelitz S. 193, 212 (beide), 217 o. r.
TMV Allrich S. 134 o.
TMV Grundner S. 13 r. u., S. 59 u.
TMV www.grauer-kranich.de © Thomas Hardt S. 136
Tourist-Information Plau am See, Homepage www.plau-am-see.de S. 169 o. r.
Wahl, Marcel S. 234 u.
Wikipedia S. 23 o. r. [Von B. Власенко - Eigenes Werk, CC BY-SA 3.0, https://commons.wikimedia.org/w/index.php?curid=17018462], S. 74 [Von Niteshift - Eigenes Werk (photo), CC BY 2.5, https://commons.wikimedia.org/w/index.php?curid=2915891], S. 204 u. [Von Peter Schmelzle - Eigenes Werk (Eigenes Foto), CC BY-SA 3.0, https://commons.wikimedia.org/w/index.php?curid=4816015]
Wildpark MV (Natur- und Umweltpark Güstrow gGmbH) S. 47, 48
Zander, Udo S. 85, 88 o.
Zoo Schwerin S. 25–26

Dank

Bei der Arbeit an diesem Reiseführer erfuhr ich kompetente fachliche Unterstützung. Zu danken habe ich dem Tourismusverband Mecklenburg-Vorpommern, Dr. Cornelia Nenz vom Heimatverband Mecklenburg-Vorpommern, Marco Zabel vom Fritz-Reuter-Literaturmuseum und Torsten Gertz vom Museum Malchin sowie Dipl. Oenologen Stefan Schmidt. Mein schmerzlich vermisster Kollege und Freund Thoralf Plath (†) brachte mir die Mecklenburgische Schweiz nahe. Bei allem hatte ich im Steffen Verlag einen stets verlässlichen Partner. Besonderer Dank gilt Christian, meinem strengsten Kritiker und unverzichtbaren Hinterland.

Christine Stelzer

Haftungsausschluss

Die Angaben in diesem Reiseführer wurden gewissenhaft überprüft. Für die Aktualität, Korrektheit und Vollständigkeit wird keine Haftung übernommen. Aus rechtlichen Gründen wird sich von allen Inhalten der aufgeführten Internet-Seiten distanziert.
Auf aktuelle und zukünftige Gestaltung, die Inhalte oder Urheberschaft der angeführten Internet-Seiten besteht kein Einfluss.

Impressum

Die Deutsche Nationalbibliothek verzeichnet diese Publikation
in der Deutschen Nationalbibliografie;
detaillierte bibliografische Daten sind im Internet
über http://dnb.d-nb.de abrufbar.

1. Auflage 2017

Berliner Allee 38, 13088 Berlin
Tel.: (030) 41935008, www.steffen-verlag.de, info@steffen-verlag.de

Umschlagfoto: Marina in Kummerow am Kummerower See
Foto Seite 2: Der Schmale Luzin in der Feldberger Seenlandschaft
Foto Seite 9: Am Westufer des Kummerower Sees bei Salem
Foto Seite 252: Auf Bootstour durch die Lewitz

Herstellung: STEFFEN MEDIA, Friedland – Berlin – Usedom, www.steffen-media.de

ISBN 978-3-95799-039-6